古籍保护研究

第九辑

《古籍保护研究》编委会 编

中原出版传媒集团
中原传媒股份公司
大象出版社
·郑州·

图书在版编目(CIP)数据

古籍保护研究. 第九辑 /《古籍保护研究》编委会编. — 郑州 : 大象出版社, 2022. 4
ISBN 978-7-5711-1381-0

Ⅰ. ①古… Ⅱ. ①古… Ⅲ. ①古籍-图书保护-中国-文集 Ⅳ. ①G253. 6-53

中国版本图书馆 CIP 数据核字(2022)第 043137 号

古籍保护研究(第九辑)

GUJI BAOHU YANJIU(DI-JIU JI)

《古籍保护研究》编委会 编

出 版 人 汪林中
责任编辑 吴韶明
责任校对 万冬辉 张绍纳
装帧设计 付锬锬

出版发行 大象出版社(郑州市郑东新区祥盛街 27 号 邮政编码 450016)
发行科 0371-63863551 总编室 0371-65597936
网 址 www. daxiang. cn
印 刷 郑州新海岸电脑彩色制印有限公司
经 销 各地新华书店经销
开 本 720 mm×1020 mm 1/16
印 张 14. 25
字 数 247 千字
版 次 2022 年 4 月第 1 版 2022 年 4 月第 1 次印刷
定 价 76. 00 元
若发现印、装质量问题，影响阅读，请与承印厂联系调换。
印厂地址 郑州市鼎尚街 15 号
邮政编码 450002 电话 0371-67358093

国家古籍保护中心主办
天津师范大学古籍保护研究院承办

编辑委员会

目　录

古籍保护综述

普查与编目

修复与装潢

保藏与利用

史事与人物

名家谈古籍

版本与鉴赏

书评与书话

研究生论坛

CONTENTS

勠力同心　主动作为
积极推进中国古籍保护事业蓬勃发展

——中国古籍保护协会第一届理事会工作报告

A Report on the Work of the First Council of Ancient Books Preservation and Conservation Association of China

刘惠平

摘　要:2021 年 7 月 20 日,中国古籍保护协会第二次会员代表大会暨二届一次理事会在北京召开,中国古籍保护协会会长刘惠平代表第一届理事会作了工作报告。自 2015 年成立以来,中国古籍保护协会广泛动员和引导社会力量参与古籍保护工作,在建立古籍保护行业协作机制等方面发挥了积极的引领作用。现将本次报告全文转载于本刊,以供学界参考。

关键词:中国古籍保护协会;理事会;工作报告;古籍保护

各位代表、同志们:

我受中国古籍保护协会第一届理事会委托,向协会第二次会员代表大会报告工作,请予以审议。

一、工作回顾

中国古籍保护协会第一届理事会成立于 2015 年,迄今已走过六年历程,见证了我们国家从“富起来”迈入“强起来”的新时代,也见证了本会从诞生到茁壮成长的全过程。以习近平同志为核心的党中央统筹中华民族伟大复兴战略全局,把文化建设提升到前所未有的高度。中华优秀传统文化保护与传承得到高度重视,中国古籍保护事业取得长足发展,呈现出崭新气象。

六年来，在文化和旅游部的正确领导和国家图书馆（国家古籍保护中心）的重视支持下，中国古籍保护协会以习近平新时代中国特色社会主义思想和党的路线方针政策为指导，履行社会组织职责，紧密围绕“中华古籍保护计划”的全面实施，团结全体会员和广大古籍保护工作者，发挥行业桥梁纽带作用，引领古籍保护向“公众参与时代”持续迈进，取得丰硕成果。下面从八个方面进行工作总结。

（一）组织导向明确的社会公益活动

2015 年起，协会联合各省级古籍保护中心，连续开展了“中华古籍普查文化志愿服务行动”，从高校招募具有古典文献学、历史文献学专业背景的大学生志愿者，经考试培训，由专业老师组团带队，利用暑期赴基层开展古籍普查。该项目融实施“中华古籍保护计划”、推动古籍普查如期完成、培养古籍后备力量于一体，实际成效、覆盖范围、社会影响力俱佳，荣获了 2017 年中宣部等发起的“四个 100”全国学雷锋志愿服务“最佳志愿服务项目”称号，受到文化和旅游部及国家图书馆的表彰嘉奖。六年来，来自国内外 160 所高校的 1250 名大学生志愿者，深入全国 21 个省（区、市）209 家基层古籍存藏单位，完成古籍整理编目登记 161 万册（件）。搭乘文化和旅游部实施的“春雨工程”，志愿者在新疆、西藏、云南等少数民族区域也开展了古籍普查，有力地推动了全国古籍普查进程，提高了青年学生奉献社会的使命感和责任感，使古籍保护和社会参与理念进一步深入人心。

（二）开展古籍保护技术研究和标准研制

协会秉持宗旨，努力发挥社会组织的平台作用，以“倡导融合与共享，促进合作与创新”为主题，两次在中国图书馆年会上推出“中华古籍保护计划 · 全国古籍保护技术与装备展示”活动，参展单位涵盖从事古籍原生性保护和再生性保护的 47 家企业；每年组织举办的古籍保护技术和应用论坛，展示国内外古籍保护的前沿技术和动态信息，吸引全国图书馆、博物馆、档案馆界的专家、单位用户和关联企业参与分享；协会组织研制的行业标准《图书馆古籍虫霉防治指南》，2020 年 4 月由文化和旅游部正式颁布。此外，协会还积极策划申报了“贝叶经的管理和维护标准化研究”“藏文古籍数字化标准研究”“中国传统手工纸的标准化检验方法”等多个标准研制项目。

（三）面向社会开展古籍保护专业培训

协会始终把古籍保护队伍建设作为重要任务，与国家古籍保护中心分工合作，通过多种渠道开展人才培养。2018 年以来，协会与会员单位联合举办了 10 期面向社会招生的培训班，内容涵盖印谱编目鉴定、民间古籍收藏与保护、传拓技艺、书志研学、古籍装帧与修复、古籍收藏与鉴赏等。协会与复旦大学中华古籍保护研究院联合举办的西文书籍装帧与修复培训班，邀请到世界级西文修复大师授课，引入了国际古籍修复的先进经验。协会支持天津市古籍保护中心举办津京冀古籍修复技术培训班，协助四川西部文献修复中心申请国家艺术基金资助项目等，为构建多层次、高素质、全方位的古籍保护人才培养体系，不断探索新的路径。

（四）服务会员，促进业界交流与合作

协会成立以来，不断完善服务清单，为会员提供行业活动类、技术研究类、宣传推广类、业务交流类信息咨询和政策指导；面向基层，开展调查研究，收集反映会员需求和行业诉求；以指导、主办、协办、列席等方式，支持分支机构、会员单位举办古籍保护各类活动等，促进了行业内的优势互补、供需对接和协作共赢。六年来，协会领导以多种形式走访了常务理事、理事和会员单位60余家，调研基层古籍存藏单位70余家，考察传统手工纸制产地3处。此外，协会与台湾古籍保护学会联合举办了四届海峡两岸古籍保护论坛，编撰的系列图书《海峡两岸中华古籍保护论著提要》2011—2015卷已正式出版，2000—2010卷即将出版；与会员单位杭州十竹斋艺术馆联合申报的国家艺术基金传播交流推广项目“梓墨千年——中国印刷术的传承与发展”展览，2019年在英国伦敦成功举办。

（五）引导社会公益力量助力古籍保护

协会利用各种机会和场合，呼吁全社会关注古籍保护，主动开拓社会公益资助渠道。2017年，与财通证券股份有限公司启动了为期五年的中国国家图书馆藏西夏文献修复保护资助项目；同年，在中国志愿服务基金会支持下，争取到京东方科技集团对“中华古籍普查文化志愿服务行动”的专项公益资助；两度参加腾讯公益基金发起的“99公益日”全民互联网公募活动，成都联图科技公司、天津森罗科技公司等15家爱心企业提供了大额公益配捐。由协会组织的重点公益扶持项目还有云南西双版纳傣族自治州图书馆傣文古籍文献提供中心建设、中国藏医药古籍文献出版整理、《西南彝志》影印出版与捐赠、蜻蜓FM合作项目“伴随一生的古诗”音频节目等。迄今，国家图书馆出版社等几十家企业、社会组织和个人爱心捐助的财物总额达1000余万元人民币，协会为此建立了保证公益资助安全合理使用的工作机制。

（六）建立健全运行管理机制和规章制度

协会每年召开理事会年会、常务理事会通讯会议和会长办公会，举办分支机构年度述职及与国家古籍保护中心恳谈活动，进行工作策划、协调、决策、部署和总结。改进议事机制，理顺工作流程，做到事先有议事函告、事中有意见回执、事后有会议纪要。每年5月至7月开展会员招募工作。截至目前，协会会员已从成立之初的124个发展至519个，增加了318.55%。其中，单位会员347个，个人会员172个。单位会员中事业单位会员195个，企业会员136个，其他会员16个。依据国家法规，协会制定了协会章程、理事会及常务理事会职权和工作规则、单位会员及个人会员管理办法、分支机构管理办法、专项资金管理办法等一系列规章制度，基本涵盖各项工作，使之有所遵循。

（七）重视专业委员会等分支机构建设

分支机构是协会开展工作的主要依托。在文化和旅游部、国家图书馆（国家古籍保护中心）指导和会员单位支持下，协会现已经成立和正在筹备成立的分支机构中，专业委员会有7个：传统写印材料研究专业委员会、少数民族古籍保护专业委员会、古籍鉴定专业委员会、古籍修复技艺专业委员会、典籍博览交流专业委员会、古籍文献整理与开发专业委员会、古籍阅读推广专业委员会；工作委员会有4个：文化志愿者工作委员会、民间古籍收藏工作委员会、典籍文创工作委员会、古籍印制出版（民间）工作委员会。依托分支机构，会聚了一批专家学者，各项活动有序实施，在学术（技术）研究、标准研制、项目策划、专业培训、宣传推广等方面，形成了动员和引导社会力量参与中华古籍保护与传承的优质资源。

（八）搭建古籍保护宣传推广平台

协会成立不久，便在国家图书馆支持下建立了门户网站、微信公众号和电子内刊《行业之声》，形成每天发送资讯、即时更新网站、每季推送会刊的工作机制，建立了会员招募网上登记注册系统，制定了《中国古籍保护协会信息发布与管理办法》。上述宣传窗口设置的“会员风采”“企业推介”等栏目，多角度展现了古籍保护技术研发、生产、产品和创新情况，促进了古籍存藏单位、民间收藏者、专家、企业加强交流沟通，共同关注古籍科学保护。2020年新冠肺炎疫情期间，协会在《藏书报》古籍保护专栏推出系列报道，涉及从事古籍保护虫霉防治、环境监测、文献脱酸、扫描数字化的会员单位12家，受到广泛欢迎。信息平台的资源共享，促进了中华古籍保护宣传与全民阅读推广、古籍保护技术的研发和交流，也提高了协会的社会认知度和影响力，赢得了良好的社会效益。

二、几点体会

回首过去六年，我们为所取得的成绩感到欣喜；展望未来五年，我们更需要梳理协会发展历程，推动协会工作迈上新的台阶。总结本届理事会工作，有如下体会：

（一）牢牢把握职能定位，是协会的立身之本

协会成立之初，即明确了为政府担任参谋助手，为国家古籍保护中心提供有效补充的职能定位，自觉将事业发展置于"中华古籍保护计划"大框架下，融入国家社会文化发展的大格局中，积极落实《"十三五"时期全国古籍保护工作规划》，努力将项目实施与文化扶贫、公共文化服务、文化"走出去"战略等紧密结合。依靠国家古籍保护中心、各地古籍保护中心和广大会员，用好国家政策，争取多方支持，为扎实推进古籍保护事业蓬勃发展履职尽责。

（二）广泛动员社会参与，是协会的力量源泉

六年来，协会主动引导社会力量参与公共文化服务，努力提升古籍保护的社会影响力。古籍普查志愿服务从1省试点到21个省（区、市）参与，触角延及图书馆、博物馆、档案馆、科研院所、医疗机构、学校、寺院等，足以体现社会力量参与范围之广、需求之多、潜力之大。众人拾柴火焰高，围绕国家古籍保护重点策划项目，凝聚发展共识，让每个机构和个人都能以力所能及的方式为古籍保护添砖加瓦，是作为社会组织责无旁贷的使命，也是协会茁壮成长的力量源泉。

（三）外树形象苦练内功，是协会的发展基础

中国古籍保护协会是个年轻且基础薄弱的社会组织。在认真学习领会国家社团管理系列文件基础上，协会努力摸索社会组织的运行模式，在国家图书馆支持下，建立了规章制度，理顺了工作机制，规范了内部管理。实践中，不断加强自身建设，注重意识形态管理、绩效管理和监督管理，力求各项活动在法治框架下运行，注意打造对外声誉形象，培育良好的公共关系，吸引越来越多人群的关注和支持，确保协会在中华古籍保护事业发展中行稳致远。

（四）求真务实踏实落地，是协会的生存要义

协会成立以来，无论是内部管理，还是外部工作都倡导和追求实事求是、踏实落地的风格，都自觉把学习党的路线方针政策贯穿协会建设的始终，围绕中华古籍保护工作大局，树立服务意识，大兴调研之风，统筹各方力量。协会秘书处事多人少，但五名同志对待工作一丝不苟，高标准抓好各项工作的落实，业务水平不断提升。每年协会都要接受文化和旅游部及民政部审查，均结果满意、结论合格。在庆祝建党100周年活动中，秘书处所在党支部受到国家图书馆党委表彰。

在肯定成绩的同时，我们也深深地认识到所存在的困难和不足，主要体现在两个层面：对内，作为年轻的社会组织，许多工作领域经验依然缺乏，学习调研不够深入系统，谋划工作不够主动超前；协会分支机构建设刚刚起步，许多方面需

要完善和加强;行业建设中,对基层会员服务和培训相对偏少,行业自律、行业规范、行业监管工作有待突破。对外,古籍保护相对小众,协会争取和获得政府支持力度不够;古籍保护专业性强,准入门槛高,拓展有一定难度,由于影响力还不够,协会引导社会力量的参与比较有限。这一切有待于在新一届理事会领导下,继续探索和实践,调整改变和提升。

回顾这六年,一项项成绩来之不易,一步步发展启人深思。协会的成长进步得益于文化和旅游部、民政部的重视关怀,得益于国家图书馆(国家古籍保护中心)的悉心指导,得益于理事会同仁的不懈努力,得益于广大会员的团结拼搏,得益于社会各界的关爱和支持。在此,我代表协会向大家表示诚挚的感谢!

三、今后工作建议

党的十九届五中全会擘画了中国未来五年及十五年的发展蓝图,把文化建设放在突出位置,首次明确了在 2035 年建成文化强国,国民素质和社会文明程度达到新高度,国家文化软实力显著增强的远景目标。这一切为未来做好协会工作指明了前进方向。随着中国古籍保护协会第二次会员代表大会的召开,协会将进入新的发展阶段。

今后一个时期,我会应以习近平新时代中国特色社会主义思想为指引,深入贯彻党的十九大和十九届二中、三中、四中、五中全会精神,以及习近平总书记给国家图书馆老专家回信精神,按照总书记关于传承和发展中华优秀传统文化的指示和在庆祝中国共产党成立 100 周年大会上的讲话要求,秉持宗旨,服务国家古籍保护事业大局,推动"中华古籍保护计划"深入实施,动员和引导更多的社会力量参与古籍保护工作,落实高质量建设和内涵式发展,力争做出更大贡献。现提出六点工作建议。

(一)提高政治站位,主动融入发展大局

党的十八大以来,党和国家高度重视古籍保护工作,出台了《中华人民共和国公共图书馆法》《关于实施中华优秀传统文化传承发展工程的意见》《关于加强文物保护利用改革的若干意见》等一系列法律法规和文件,提出"要构建中华优秀传统文化传承体系,加强文化遗产保护,振兴传统工艺,实施中华典籍整理工程"。今年《中华人民共和国国民经济和社会发展第十四个五年规划和 2035 年远景目标》正式颁布,《"十四五"文化和旅游发展规划》《"十四五"公共文化服务体系建设规划》等文化领域专项规划也陆续出台,明确了实施中华文化资源普查工程、国家古籍保护及数字化工程、中华经典诵读工程、中华古文字传承创新工程等，不断满足人民群众文化新期待的目标任务。

站在"两个一百年"奋斗目标交汇的历史节点上，协会要全面对标党的十九届五中全会精神，对标社会主义文化强国建设宏伟目标，认真学习贯彻党中央和部党组决策部署，切实加强古籍保护、研究和利用，在延续中华文脉、传承弘扬中华优秀传统文化、不断提高社会文明程度和国民素质方面开展更多工作；要积极参与国家公共文化服务，发挥社会组织在推动国家治理体系和治理能力现代化建设上的重要作用，不断提升自身建设水平和服务能力，抓重点、补短板，推动协会各项工作提质增效，迈上新的台阶。

（二）紧扣协会宗旨，构建古籍保护工作体系

协会在深化文化体制改革大潮中应运而生，与国家古籍保护中心按照各自职能定位，相互支撑、优势互补，建立了全国古籍保护工作体系，形成推动"中华古籍保护计划"实施的合力。协会要围绕国家古籍保护的工作重心，持续开拓事业发展的新路径。

一是坚持开展古籍保护文化志愿服务，协助全国古籍普查总结收官和成果完善，支持红色文献和民国时期连续出版物线装书普查，推动古籍普查成果展示；以"十三五"时期古籍普查文化志愿服务为基础，完善志愿服务机制，转化工作成果，创新工作思路。

二是依托分支机构，发挥专家资源优势，策划专、精、特、新、高附加值的培训活动，重点拓展民间古籍保护培训，支持民营、民办非企业文献修复中心建设，形成多层次、多渠道、社会广泛参与的古籍保护人才培养机制。

三是策划古籍保护课题和标准研制项目，完善项目申报、标准研制立项审批路径，推动传统手工纸标准化检验方法等规范预研和标准立项；面向业界，开展团体标准和企业标准研制及其机制建设；调动会员单位积极性，试点建设古籍保护研究基地，促进产学研融合。

（三）创新工作方式，拓展引入社会参与渠道

协会成立初衷之一是促进社会力量投身国家古籍保护的建设与发展。随着社会进步和经济发展，社会有识之士对古籍保护的认可和支持与日俱增，六年的积累也使协会引入社会力量支持古籍保护的渠道不断拓展，影响力和发展空间越来越大。协会要抓住机遇，乘势而上，充分发挥社会组织特定优势，为古籍保护事业谋求更多发展机会。

一是维护与已有高端合作方的战略合作，在首期合约到期的情况下，通过高层会谈和结项总结，启动新一轮的合作计划，争取第二期公益资助。

二是认真总结以往与相关基金组织合作的经验与教训,加强公益资助项目运作的学习研究和管理,找准定位,扬长避短,吸引更多类型民间机构和个人投入中华古籍保护。

三是发动各地因地制宜策划和储备一批示范性好、价值高的古籍保护项目,利用政府资助和公益资助项目,将引导社会力量参与古籍保护进一步落在实处。

四是探讨和研究社会公益资助管理机制建设,开展古籍保护社会化参与的制度研究。

(四)面向社会公众,促进中华古籍的活化利用

十八大以来,党中央、国务院高度重视中华优秀传统文化传承弘扬工作,多次强调要让古籍中的文字"活"起来。响应这一号召,协会一直将古籍保护宣传推广视为新时代文化工作重要组成部分,探索运用各种方式,努力拉近古籍与社会公众的距离,促进古籍保护工作成果服务于当代社会。协会要总结经验,更好地发挥优势,推动中华优秀传统文化创造性转化、创新性发展。

一是继续关注典籍文献整理与开发、民间古籍出版、典籍博物馆建设、典籍文创等工作,依托分支机构,开展中华古籍活化利用的研究,探索民间古籍评价、评定机制,提高社会鉴赏水平,形成行业认可的价值体系。

二是积极申报国家艺术基金、国家社科基金、文物保护基金、非遗文化传承专项基金等项目,策划专题展览展示活动和文化创意产品,挖掘整合优秀典籍资源,把握实施时机,将更多优秀传统文化艺术作品推介给人民群众。

三是创新工作思路,借鉴国家古籍保护中心合作项目中央电视台文化节目《典籍里的中国》,以及协会的合作项目蜻蜓FM《伴随一生的古诗》音频节目工作思路,充分利用传统媒体和新媒体渠道,将典籍承载的优秀传统文化进行合理化包装,扩大受众范围。

(五)树立开放思维,开展对内对外交流合作

搭建平台、促进交流是协会的初心和使命,也是提升会员参与感、获得感和认同感的重要方式。协会历来重视开展跨界合作,支持和促进古籍保护国际交流。这是一项与时俱进的工作,未来还有很大的发展空间和潜力。

一是继续发挥自身优势,争取与国家古籍保护中心、民国时期文献保护工作办公室和各地重点古籍保护单位、高校、研究机构、企业联手,做好供求对接,实现信息共享。

二是从开展行业交流、研讨、培训和展示活动入手,搭好服务平台,为全体会员和业界提供更多的交流机会,推动古籍保护学科建设和业务的提升。

三是总结与台湾古籍保护学会的交流经验，不断拓展与港澳台地区古籍保护业界交流合作的渠道和内容，形成共同推进中华古籍保护事业的良好局面。

四是发挥社会组织在国家文化建设中的积极作用，适时参与对外文化传播交流项目，争取在更加广阔的国际舞台上，开展古籍保护交流，展示中华优秀传统文化的独特魅力和深刻内涵，提升中国的国际话语权和世界影响力。

（六）强化服务意识，推动行业自律和规范发展

协会具有熟悉行业政策、了解行业趋势、对市场反应敏锐的独特优势。会员是协会的宝贵财富，是协会发展最为倚重的力量。协会将更好地向会员和广大古籍保护工作者提供优质、高效、专业化的服务，着力创新工作方式，拓宽工作领域，丰富工作内涵，提高工作质量，建好会员之家。

同时，行业自律是推动行业规范、长远发展的关键，也是协会最基本的信誉名片，未来协会将承担更多的行业规范者的责任。在此号召全体会员，以推动中华古籍保护事业进步为己任，不断增强使命感和责任感，在工作中遵纪守法，自觉守住学术底线和道德底线，带动行业形成自律风气。协会将适时推出《行业自律公约》，开展诚信创建活动，协调同行关系，凝聚行业共识，维护行业间的公平竞争，引导会员单位和业界同仁，聚精会神干事业，遵纪守法搞经营，实现可持续发展目标。

各位代表，中国古籍保护协会第一届理事会即将届满，完成历史使命，新一届理事会将选举产生并接过重任。值此协会第二次会员代表大会召开之际，我谨代表第一届理事会，再次向长期以来关心指导协会成长发展的文化和旅游部、民政部、国家古籍保护中心和社会各界人士表示衷心的感谢，向所有不辞辛苦为古籍保护事业添砖加瓦的同仁表示衷心的感谢，向即将离任的第一届理事会理事致以崇高的敬礼。

同志们，2021 年是中国共产党成立 100 周年，是实施“十四五”规划开局之年，是中国全面建设社会主义现代化国家新征程启航的一年。这一年，注定将在历史上留下极其特殊而重要的印记。对协会而言，也是重整行装再出发，实现跨越式发展，具有里程碑意义的关键之年。百年大党风华正茂，宏伟蓝图振奋人心，古籍保护事业迎来了生机蓬勃的春天。这是中国的新征程，是协会的新征程，更是我们每个人的新征程。今年是农历辛丑牛年，让我们发扬为民服务孺子牛、创新发展拓荒牛、艰苦奋斗老黄牛精神，勠力同心，主动作为，在这个伟大时代，共同谱写中国古籍保护事业的崭新篇章。

（刘惠平，中国古籍保护协会会长）

第一至六批《国家珍贵古籍名录》少数民族文字古籍评审工作综述

A Summary of the Review of the Ancient Books of Minorities in *The National Directory of Rare Ancient Books* (Batch 1 to 6)

郭　晶

摘　要:"中华古籍保护计划"正式实施以来,国务院先后批准公布了6批《国家珍贵古籍名录》,共收录13026部珍贵文献,其中包括16个文种1133部珍贵少数民族文字古籍。本文通过介绍少数民族文字古籍的评审原则、其在《国家珍贵古籍名录》中的编排体例和著录规则,解析《国家珍贵古籍名录》中收录的特色少数民族文字古籍,梳理总结少数民族文字古籍的评审工作及其对其他工作的促进与推动作用,并指出今后工作的方向。

关键词:《国家珍贵古籍名录》;少数民族文字古籍;少数民族文字古籍保护

中国是统一的多民族国家,不同民族创造了不同的民族文字,积累了种类繁多、数量巨大、内容丰富、特色各异的民族典籍文献。这些民族典籍文献是中华民族优秀传统文化的重要组成部分,不可分割。然而少数民族文字古籍(简称"民文古籍")多分布在边远地区,资源分散、文种多样、形制复杂,流传过程中损毁严重,亟待发现和保护。

2007年,"中华古籍保护计划"正式实施。次年,国务院公布了首批《国家珍贵古籍名录》(简称《名录》)。截至2020年,已先后批准公布6批《名录》,共收录珍贵文献13026部,包括善本古籍、碑帖拓本、甲骨、简帛、敦煌遗书、舆图、民文古籍等,其中16个文种的1133部珍贵民文古籍入选《名录》。

一、《名录》中民文古籍的评审原则

一至六批珍贵民文古籍的甄选工作，始终遵循公平、公正、公开原则，以“时代早、流传少、价值高”为“珍贵”古籍的衡量标准，做到入选有据，淘汰有因。

在甄选工作中，首先参照《中国少数民族文字古籍定级》标准，始终坚持在二级及二级以上民文古籍中遴选出珍贵古籍。其次，坚持实事求是，一切从实际出发，不迁就、不照顾，但也不排斥、不压低。过去落选却重复申报者，删汰有因，绝不收录；但在过去申报中因故暂时搁置者，经核实无误，达到入选标准的，应收入《名录》。最后，民文古籍不同于汉文古籍，有很多与生俱来的特殊性，诸如版本时代、流传方式、传抄内容、装帧形式等。为保留住民文古籍中这些稀见或即将消亡的文化特征和民族技艺，在评审中按照《中国少数民族文字古籍定级》标准执行，可适当放宽珍贵民文古籍的收录下限，但需严格把控，绝不滥用。

二、《名录》中民文古籍的编排体例及著录规则

（一）编排体例

为尊重“辨章学术，考镜源流”的学术传统，并体现一定的科学性，《名录》总体的编排体例先按文字类型分，分为汉文珍贵古籍、少数民族文字珍贵古籍和其他文字珍贵古籍三大类。汉文古籍又以时代先后为序，分先秦两汉、魏晋南北朝隋唐五代、宋辽夏金元、明清时期，各时期内根据文献类型惯常的分类方式分类；少数民族文字珍贵古籍按语种编排；其他文字珍贵古籍按时间编排[1]。

16个文种千余部民文古籍内容丰富而多样，每个文种的文献都反映着本民族独特的历史和文化，因此民文古籍独特性很强而共同性很弱，不适宜使用汉文古籍的经史子集四部分类法进行排序。在一至六批《名录》珍贵民文古籍的编排中，坚持《名录》总体编排原则不变，同时充分考虑民文古籍特殊性，特将编排体例设置如下：首先，按照民族文字出现的时间顺序排列。16个文种排列为：焉耆-龟兹文、于阗文、粟特文、藏文、回鹘文、西夏文、白文、蒙古文、察合台文、彝文、满文、东巴文、傣文、水文、古壮字、布依文，布依文之后又单设多文种，即三种或三种以上的民族文字撰写或者刊刻的古籍。其次，同文种古籍再以版本时代的先后为序进行排列，其中有部分古籍时代很早，虽未有明确纪年，但有鲜明的时代标志，一般用“××世纪”表示。因此每个文种的具体排序如下：八至九世纪、九至十世纪……元、明、清。再次，留存下来的民文古籍多属明清两代，尤以清代留存的古籍数量为最多，加上民文古籍多以抄本流传，而少以刻本行世，因此同文种

下的同时代古籍，再按版本类型排序，先刻本后抄本，以体现民文古籍刻本的珍稀。最后，有很多民文古籍不著录刊刻或者抄写的具体年款，一般采用模糊著录的方式进行标注，如“明刻本”“清早期抄本”或“清抄本”等，针对这部分同文种同时代模糊著录的古籍排序，遵循特色版本排前、普通版本靠后的原则，如清金银汁抄本排在清抄本前。

（二）著录规则

在《名录》中，入选的汉文古籍著录内容依次为：《名录》号、题名、作者、版本、批校题跋、馆藏单位、存卷数（卷/册次）。具体格式如：“12615　荀子二十卷　（唐）杨倞注　明刻本　钮树玉　顾广圻校　上海图书馆　存十六卷（一至六、十一至二十）”。

民文古籍在著录中的内容及顺序与汉文古籍著录基本保持一致。由于民文古籍的特殊性，大多数的古籍没有批校题跋和钤印，也不记载续修和补抄等刻书写书的相关信息，因此，一至六批《名录》收录的民文古籍在著录项中没有批校题跋这项内容。另如前所述，各文种间的共性很少，各地各单位在申报《名录》时，填写的内容各式各样，不具规范性。为尊重不同文种古籍的多样性，体现每部民文古籍的特殊性，有针对性地增加了一些客观著录的内容，以更直观更全面地反映每部书的信息。

1. 关于版本：如前所述，民文古籍的版本，不仅有“元明清”，而且还有“世纪”。藏文古籍中有部分佛经虽然没有明显时代标志，但是抄写的字体古朴，带有浓郁的古藏文特色，因此统一用“世纪”标注时代，如“11084　般若波罗蜜多十万颂　九至十世纪写本　甘肃省图书馆”。

2. 关于作者：汉文古籍中，作者前用括号著录作者的主要生活时代，后加责任方式，如“（明）唐胄纂修”。民文古籍中，有很多译作，作者多是外籍，所以《名录》中会在作者前用括号著录国别，以尊重历史，如“12154　律经根本律　（印度）功德光撰　元写本　西藏自治区普兰县科迦寺”。

3. 关于存卷/册数：很多民文古籍卷帙巨大、破损散佚，且从未清点整理过，导致一大部分民文古籍缺失总卷数、存缺卷/册数。为保持客观著录的完整性，也为保留住存卷的零散信息，即便在不知道完整卷数的情况下，也照实著录现存古籍的存卷/册数，如“06839　释迦牟尼成佛记　清刻写　中国社会科学院民族学与人类学研究所　存二十六册”。

4. 关于特殊古籍：民文古籍中的部分古籍，因其特殊性又单独增加了一些著录内容。

(1)傣文古籍:大多数傣文古籍是贝叶经,其刻印方式也与众不同。一般有两种方式:其一为抄写在以构树皮为原料制作而成的构皮纸上,其二用一种特殊材质的笔刻写在贝多罗树叶上。为客观反映出贝叶经的特殊刻印方式,在《名录》著录的版本项中增加新的著录描述"清刻写",如"09802　青年国王八册　清同治三年(1864)刻写　中国民族图书馆　存一册(六)"。

(2)察合台文古籍:古籍收藏单位为准确反映察合台文古籍的题名,一般以音译题名进行申报。为更直观地解读题名,《名录》著录时,保留了原始的音译题名,又在其后的括号中增加意译题名,如"11262　曼开白提艾孜热提谢赫阿不都卡迪尔吉拉尼传(贤人吉拉尼传)　清光绪十九年(1893)抄本　新疆维吾尔自治区图书馆"。

(3)多文种古籍:多文种古籍是历史上民族文化交流互鉴的重要成果。为客观体现多文种古籍的文种组成,一般会在题名后,依次著录出文种名称,如"13014　御制满汉蒙古西番合璧大藏全咒　(清)章嘉·若必多吉译校　满汉蒙藏　清乾隆三十八年(1773)刻本　沈阳市慈恩寺"。

三、一至六批《名录》收录珍贵民文古籍的情况及特色古籍释例

1133部珍贵民文古籍中,入选文种最多的古籍依次为藏文、满文、彝文和蒙古文古籍。其中藏文古籍376部,满文古籍156部,彝文古籍150部,蒙古文古籍110部。《名录》还收录了73部"死文字"古籍,包括焉耆-龟兹文、于阗文、粟特文和西夏文古籍。具体如表1所示。

表1　入选一至六批《名录》民文古籍汇总(按文种)

文种	各批次入选数量(部)						入选总数(部)
	第一批	第二批	第三批	第四批	第五批	第六批	
焉耆-龟兹文	1						1
于阗文	1		1			1	3
粟特文			1				1
藏文	15	63	53	143	64	38	376
回鹘文	4	1		5			10
西夏文	19	20	20	5	4		68
白文	1						1
蒙古文	12	48	16	15	5	14	110

(续表)

文种	各批次入选数量(部)						入选总数(部)
	第一批	第二批	第三批	第四批	第五批	第六批	
察合台文	9	8	13	27	6		63
彝文	11	34	35	48	8	14	150
满文	11	56	41	11	30	7	156
东巴文	5	5	10	5	2	3	30
傣文	3	1	1	2		5	12
水文	8	16	33	12	5	5	79
古壮字	4	5	12	7	3	5	36
布依文		4	7	5	2		18
多文种	6	5	3	1	2	2	19
合计	110	266	246	286	131	94	1133

《名录》中,收录珍贵民文古籍最多的三个地区分别是北京市、西藏自治区和贵州省,如表2所示。

表2 入选一至六批《名录》民文古籍汇总(按省份)

省份	各批次入选数量(部)						入选总数(部)
	第一批	第二批	第三批	第四批	第五批	第六批	
北京	56	80	88	46	23	15	308
西藏	6	16	12	124	59	14	231
贵州	8	27	46	50	7	6	144
甘肃	3	30	37	8	1	7	86
云南	9	17	22	10	4	20	82
内蒙古	12	42			4	22	80
新疆	9	9	17	31	4		70
辽宁	1	36	4		26	1	68
广西	4	6	9	5	3	7	34
青海			3	5			8
宁夏	2		4	1			7
四川				4		2	6
陕西		3					3

（续表）

省份	各批次入选数量(部)						入选总数(部)
	第一批	第二批	第三批	第四批	第五批	第六批	
天津			3				3
黑龙江			1	1			2
重庆				1			1
合计	110	266	246	286	131	94	1133

这16个文种的1133部民文古籍，从内容来看，涉及宗教内容的古籍数量占入选总数的三分之二，其中大多数为佛教经典；剩下的三分之一多为民间文学、人物传记、民族医学和名人文集等，其他内容的民文古籍所占比例很小，非常珍稀。

六批《名录》中，仅收录了2部不多见的军事古籍，均为国家图书馆收藏。一部是蒙古文清崇德刻本《军律》（《名录》号02328），该书是清政府刊刻的首个关于出征、行军和作战的军事纪律法规，虽然部分内容残缺，但仍然稀罕[2]。另一部是水文清抄本《论攻守》（《名录》号12253），该书是一部关于排兵布阵的军事著作，内容稀见。书中以特殊符号标注，鱼形表示守方，方框为指挥位置，三角形表示山头阵地，圆圈加三画表示进攻。

第四批《名录》中，收录了一部新疆维吾尔自治区伊犁哈萨克自治州文物局藏的满文清抄本《汉国书》（《名录》号11333）。这部古籍很特殊：其一，收藏单位所在的新疆地区不是满文古籍的主要存藏地，因此这部满文古籍的发现，对于新疆地区来说是一个新增的古籍品种；其二，申报说明明确表示，该书是由锡伯族人保留下来的《西汉演义》的满文译本。锡伯族是我国一个古老的民族，原来主要居住在东北。清乾隆年间，为充实新疆地区，清廷征调锡伯官兵及家属数千人西迁，故今锡伯族人多数居住在辽宁省和新疆等地。锡伯族一直流传着一种“朱伦呼兰比”文化活动。“朱伦”在锡伯语中特指长篇小说，“呼兰比”是动词，有“念”“朗读”之义，“朱伦呼兰比”即“读长篇小说”，是指用一种较松散的哼吟曲调念唱长篇小说[3]。“朱伦呼兰比”唱本改变了新疆锡伯族历代口耳相传的文学形式，开辟了以书面形式传播叙事作品的新局面。该本即“朱伦”译抄本中的一种唱本，它的出现再次证实了“朱伦呼兰比”文学活动的存在，有着很重要的历史意义。

从版本类型看，稿抄本和写本的民文古籍数量占到入选民文古籍总数的三分之二。从个别的文种来说，如察合台文、东巴文、水文、古壮字、布依文等，一至六批《名录》从未收录过刻本,全为抄本。因此,在为数不多的民文古籍刻本中,时代较早的刻本是非常珍贵的。

最具代表性的是两部藏文元刻本:一部为西藏图书馆藏《因明正解藏论》(《名录》号02286),一部为西藏博物馆藏《释量论》(《名录》号11085)。《因明正解藏论》原著录为元写本,在后来的研究中,发现书后有两则题记,明确记录该书是由忽必烈之后察必捐资刊印,至元十八年(1281)察必去世,其儿媳阔阔真继续捐资,至至元二十一年(1284)完成,所以该书应著录为至元二十一年(1284)大都刻本。《释量论》书后亦有题记,明确记载:"达玛巴拉意愿,施刊五百函。"可知此书是忽必烈第三任帝师达玛巴拉于公元1279年至1287年间在大都刊印,所以此书版本为元至元第三帝师达玛巴拉大都刻本。这两部元刻本的发现,有力证明藏文版印史自元代就有,具有重要的版本价值[2]。

在《名录》中,同时收录了几部彝文的明刻本《劝善经》,是目前已知最早的彝文刻本,可算是凤毛麟角。据马学良先生考证,此书似刻印于明代水西罗甸王时期,即明万历三年(1575),有很高的版本价值[4]。

从刻写材质看,有部分民族语言文字的载体比较特殊,具有一定的民族特色,如甘肃省武威市博物馆藏的两部藏文元写木椟《天龙八部祈祷文》(《名录》号06620)、《烟祭祈祷文》(《名录》号06621),这是两部抄写在木头上的古藏文文献;中国社会科学院民族学与人类学研究所藏傣文古籍《释迦牟尼成佛记》(《名录》号06839),是刻写在贝多罗树叶上的"贝叶经"。另有部分民文古籍色彩斑斓,抄写者使用了很多珍贵颜料,如:西藏博物馆藏藏文古籍《山法了义海》(《名录》号06623)是在蓝靛藏纸上,用珊瑚粉汁书写而成;西北民族大学图书馆藏藏文古籍《般若波罗蜜多八千颂》(《名录》号09660),全文都以用黄金和白银研磨成的汁液书写,历久弥新。

四、《名录》评审推动了民文古籍保护工作的发展

(一)与民文古籍普查工作双促进,共发展

一至六批《名录》共收录376部藏文珍贵古籍,其中231部来自西藏自治区的46家收藏单位(含机构与个人),超过60%的收藏单位是位置偏远、交通闭塞的寺庙,具体详见表3。据统计,一至六批《名录》评审工作开展以来,西藏自治区入选《名录》古籍的收藏单位数量是最多的,西藏自治区也是收藏珍贵民文古籍最多的少数民族地区。

表 3　西藏自治区入选六批《名录》的古籍收藏单位汇总

序号	第一批	第二批	第三批	第四批	第五批	第六批
1	西藏图书馆	西藏博物馆	西藏图书馆	西藏图书馆	西藏图书馆	西藏图书馆
2	西藏博物馆	巴青县布拉寺	西藏博物馆	西藏博物馆	西藏博物馆	波密县倾多寺
3	西藏藏医学院图书馆	班戈县桑姆寺	西藏藏医学院图书馆	布达拉宫	西藏自治区藏医院	措美县日麦拉康
4	布达拉宫	贡觉县卓珍寺	西藏大学图书馆	罗布林卡	西藏大学图书馆	朗县巴尔曲德寺
5		罗布林卡管理处		拉萨市政协文史民宗法制委员会	巴青县布拉寺	朗县金东乡人民政府
6		乃东县（今山南市乃东区）雯乡吉如拉康		丁青县丁青寺	丁青县米杰拉章寺	类乌齐县甲桑卡寺
7		萨迦县萨迦寺		贡嘎县曲德寺	措美县古堆乡拉沃寺	洛隆县硕督寺
8				江孜县热龙寺	革吉县直热寺	洛隆县义章寺
9				尼玛县雍仲桑丹林寺	尼木县玛江卡曲寺	扎囊县阿扎乡日追
10				仁布县维色曲林寺	尼木县切卡曲德寺	
11				日喀则市俄尔寺	普兰县科迦寺	
12				日喀则市夏鲁寺	曲水县聂唐卓玛拉康	
13				日喀则市扎什伦布寺	曲水县珠寺	
14				萨迦县萨迦寺	日喀则市夏鲁寺	

(续表)

序号	第一批	第二批	第三批	第四批	第五批	第六批
15				色拉寺	索县扎西炯寺	
16				乃东县温吉如拉康	札达县白东坡伦珠曲德寺	
17				拉萨市百慈藏文古籍研究室	札达县托林寺	
18				拉萨市甲日巴·洛桑朗杰	札达县益日寺	
19				拉萨市曲杰桑布		

这个看似偶然的成果,其实和西藏自治区古籍保护中心多年坚持不懈的工作分不开。2012 年,全国古籍普查登记工作正式启动,西藏自治区以《名录》申报为工作抓手,历经八年时间,克服重重困难,努力摸清全区藏文古籍存藏情况,截至 2021 年上半年,西藏自治区全区已完成 1160 家单位的 1.8 万余函藏文古籍普查。西藏自治区作为全国首个也是唯一一个全区开展民文古籍普查的少数民族地区,同时也是全国开展工作难度最大的地区,为其他少数民族地区开展该项工作提供了丰富的经验,树立了良好的典范。

在藏文古籍普查登记工作的开展中,同时发现了新版本、新品种的古籍及一批新的古籍收藏单位,大大丰富了《名录》的内容。如前所述,西藏博物馆藏的藏文元刻本古籍《释量论》属于新发现的版本。另西藏自治区色拉寺藏的藏文明永乐八年(1410)刻本《甘珠尔》(《名录》号 11104),为明成祖朱棣下令在当时国都南京灵谷寺刊刻,是目前已知的第一个藏文《大藏经》刻本。该本系当年永乐帝颁赐给释迦益喜之本,具有重要的历史文献价值和文物价值。第五批《名录》中收录两部新品种古籍:一部是在西藏自治区札达县托林寺发现的蒙古文清抄本《蒙古秘史》(《名录》号 12202),是西藏自治区首次发现的藏文古籍之外的其他民族文字古籍,非常难得;另一部是西藏自治区索县扎西炯寺藏的藏文古籍《扎西炯寺志》(《名录》号 12179),记录了扎西炯寺从元代以来的搬迁和修缮经过,具有很重要的资料价值，相当于汉文古籍中史部的“专志”类古籍，属于新增品种。关于新增单位，如表3所示，西藏自治区在第一批《名录》中，仅有4个古籍收藏单位的古籍入选，后来到第四、五批《名录》时，新增到十八九个古籍收藏单位的古籍入选，成绩显著，这与西藏藏文古籍普查登记工作密不可分。

（二）推动了《中国少数民族文字古籍定级》标准的实践和公布

2006年，文化部（现文化和旅游部）发布了只适用于汉文古籍的《古籍定级标准》，《名录》工作要求只收录从标准中遴选出的一、二级古籍。为进一步做好《名录》的建设及古籍普查等相关工作，2007年8月1日发布的《文化部关于印发〈全国古籍普查工作方案〉等文件的通知》（文社图发〔2007〕31号），规定“少数民族文字古籍的定级标准由国家民族事务委员会组织制定并颁布实施”。2008年1月14日印发的《国家民委关于编制〈少数民族文字古籍定级标准〉的通知》（民委发〔2008〕253号），规定由民族文化宫中国民族图书馆负责牵头编制[5]。负责编制的专家主要由《名录》民文古籍评审组的专家组成。

民文古籍在产生、发展和流传过程中存在着很多客观的差异性和复杂性，各文种专家以汉文古籍定级标准为参照基础，根据民文古籍多文种、多类型的特点，于2008年专门研究制定了《民族文字珍贵古籍入选标准》，初步拟定民文古籍中一、二级古籍的定级标准，用于《名录》民文古籍的评审工作。专家在《名录》评审时，紧密结合《民族文字珍贵古籍入选标准》，综合考量、细化条目，经反复讨论修订，于2012年完成定级标准草案。2018年9月17日，《中国少数民族文字古籍定级》标准由国家市场监督管理总局、中国国家标准化管理委员会发布，2019年4月1日实施。该标准是我国民文古籍定级的首个国家标准，对今后民文古籍定级和分级保护工作，提供了更加合理化与法制化的科学依据。

（三）以《名录》建设为依托，研发“藏文古籍普查平台”，探讨藏文古籍分类法

为加快推进藏文古籍普查登记工作，需要对每部藏文古籍进行编号，登记造册，建立藏文古籍登记制度，加强地区政府对藏文古籍的管理，方便今后藏文古籍数据统计和分析。2010年，国家古籍保护中心办公室组织藏文古籍专家、藏文古籍编目人员、汉文古籍专家、平台研发人员等，开发研制“藏文古籍普查平台”。该平台参照“全国古籍普查平台”工作模式、著录规则和著录内容，根据藏文古籍的物理性质和装帧特点，专门研发适用于藏文古籍普查登记工作的数据平台，并以此为试点，为今后开发建设各文种古籍普查登记专用平台打下良好基础。

该平台著录内容与汉文古籍著录内容基本一致，必填项均为普查编号、索书

号、题名、作者、版本、馆藏单位。再根据藏文古籍特点,量身设置各种选项,比如:装帧中增加了梵夹装;所有著录项都设置了汉文和藏文两种文字,每个著录框均为汉藏对照,以方便不同民族的工作人员操作。

民文古籍因受文种创制时间不一、流传方式不同、地域限制等很多客观因素的影响,未能形成一个统一而完整的体系,到目前为止,所有文种都没有专门的或者是流传下来的现成的分类方法和著录规则。为规范《名录》中民文古籍的分类,2010年以藏文古籍为试点,国家古籍保护中心开始了对藏文古籍分类法及著录规则的全新探索。国家古籍保护中心办公室邀请中国藏学研究中心、中央民族大学藏学研究所、中国社会科学院民族学与人类学研究所、中国藏学出版社、中国民族图书馆、西藏图书馆、国家图书馆等相关专家及工作人员,对拉卜楞寺图书总目录分类法、喜饶嘉措活佛分类法、黄明信先生分类法、东噶分类法、藏文典籍目录学分类法、西北民族大学分类法及"藏文古籍普查平台"分类法等,进行了研究与整合。专家一致认为,藏文古籍分类法一定要遵循"简单、便捷、操作性强"原则,在上述各分类法中取长补短,综合吸收各分类法优点,将传统方法与现代分类法有机结合。最后由西藏图书馆整理出《藏文古籍三级分类表》和《藏文古籍普查登记著录规则》。该项工作非常具有开创性,对民文古籍的研究是一次很重要的尝试和探索。

五、总结过去,展望未来

在过去十余年中,国家古籍保护中心围绕《名录》评审,开展了一系列的民文古籍保护工作,并进行了很多全新的尝试与探索,取得了一定的成绩,同时在工作中也发现了一些问题。

(一)人才缺口较大

民文古籍保护是一门多学科合作的复杂学科,对从业人员的专业要求特别高:不仅要能识别民族文字,还要能精准翻译文献内容;不仅要有相关历史知识储备,还要了解民族文化及其文献的发展;不仅要懂得古籍版本及鉴定版本的知识,还要了解民族文献特性。只有熟练掌握这些知识,才能准确判断出民族文献的抄写时代、记载内容及其所承载的价值。在开展《名录》评审工作的十余年间,已经故去了数位著名的民族文字专家,如藏学家王尧先生、黄明信先生,傣文专家张公瑾先生,这对于民文古籍保护工作来说是不可挽回的损失。现有从业人员和研究者,或偏向钻研文献内容,对文献版本研究不多;或从事文献管理,不精通民族文字,无法深入解读文献内容。人才的缺乏严重制约了民文古籍保护工作的发展。

（二）学科建设尚待发展

民文古籍的学科建设仍处于起步中，且不像汉文古籍那样有沿袭下来的传统的四部分类法、著录规则及版本鉴定方法，很多问题都尚待探索和研究。在以前研究中，学者更偏重民族文献内容本身及语言文字，而对于文献版本、体系和源流等问题，没有更多地深入研究，这影响了对民族文献价值的深入挖掘，也制约了民族文献版本学的发展。

2021 年，正值"十四五"时期的全新开局之际，今后工作应巩固已有成果，继续开拓，勇于创新，从以下两方面努力：

1. 推进民文古籍普查登记工作

目前已完成的全国古籍普查登记工作，主要针对的是普通形制的汉文古籍，仅有少数地区和部分收藏单位开展了民文古籍普查登记工作，还有很多民族地区尚待开展。比如在一至六批《名录》评审工作中，四川凉山彝族自治州从未申报过一部彝文古籍，对于当地彝文古籍的存藏情况一直是未知的。希望凭借民文古籍普查登记工作之力，能进一步摸清家底，挖掘出更多更好的古籍。

2. 推进民文古籍的整理出版和研究

由于语言文字隔阂，世人很难了解民文古籍的内容；又因整理出版成果少，很多有价值的民文古籍不被世人所知，更无法深度挖掘其内涵。只有加大整理出版力度，将有重要价值的民族文献或影印出版或整理研究，再将其原本翻译为汉文本、英文本或其他文字本，才能在国内外进行推广，在扩大读者群的同时，吸引学界的关注和研究，发挥其更大的作用。

（郭晶，国家图书馆副研究馆员，国家古籍保护中心办公室管理组副组长）

参考文献：

[1]中国国家图书馆，中国国家古籍保护中心. 第四批国家珍贵古籍名录图录[M]. 北京：国家图书馆出版社，2014：8.

[2]郭晶.《中华再造善本》(续编)少数民族文字古籍的甄选[J]. 国家图书馆学刊，2016(3)：89-94.

[3]佟进军. 锡伯族"朱伦"研究[J]. 民族文学研究，2007(4)：140-150.

[4]马学良，张兴，唐承宗，等. 彝文《劝善经》译注[M]. 北京：中央民族学院出版社，1986：序 1.

[5]史金波，黄润华. 开拓创新，成就辉煌：中国民族古文字研究 70 年[J]. 民族语文，2020(4)：3-14.

第六批《国家珍贵古籍名录》碑帖拓本评审略谈

A Brief Discussion on the Review of Inscription Rubbings in *The National Directory of Rare Ancient Books* (Batch 6)

王 沛

摘 要:本文以第六批《国家珍贵古籍名录》入选碑帖拓本为基础,结合此前入选的拓本,介绍《国家珍贵古籍名录》中碑帖拓本的收录范围、著录项目、编排体例及评审的整体情况。第六批入选的汉碑、新发现的《乾隆御定石经》及"游相《兰亭》"等拓本,具有极高的历史文献和书法价值。做好碑帖拓本的申报评审工作有着重要的意义,下一步的工作应是加强顶层设计,积极开展碑帖普查工作,并加快培养碑帖拓本类人才。

关键词:碑帖拓本;第六批;《国家珍贵古籍名录》;评审

碑帖拓本是传承中华文明的重要载体,是我国典籍传播史上不可或缺的重要组成部分。活字印刷术发明之前,纸墨传拓是中华民族长期使用且最为有效的文献复制手段。一般认为,纸墨传拓始于汉魏南北朝,成熟于唐,极盛于宋元明清。《国家珍贵古籍名录》(以下简称《名录》)所收录的碑帖拓本类文献,主要是以传拓方式保存下来的碑、帖及金石器物上的文字或图像。至今,国家已公布了六批《名录》共 13026 部,其中碑帖拓本类文献入选 220 部,占总量的 1.7%。

一、收录范围、著录项目与编排体例

《名录》碑帖拓本的评审以《汉文古籍特藏藏品定级　第 5 部分:碑帖拓本

（征求意见稿）》作为评判标准，经综合考量，原则上从一、二级古籍内评选出年代早、流传少、价值高的拓本。年代早，主要指传拓时间早；流传少，主要指某种拓本流传数量少，反映其珍稀程度；价值高，主要指拓本所具有的历史文物性、学术资料性和艺术代表性高。拓本中的名家题跋、考释绘图、收藏钤印、递藏情况，以及拓本本身的纸墨、装帧、传拓质量等，作为评审考量的加分因素综合评定[1]。

在著录方面，《名录》要求在尊重传统著录的基础上对拓本进行规范描述，完整、准确、简明地反映拓本信息。著录项目包括正题名、责任者（包括撰文者、书丹者、镌刻者）、刻石信息、传拓信息、批校题跋、存卷、收藏单位等。碑帖拓本的版本项著录，包括刻石信息和传拓信息，必要时加入拓本的版本特征，如"出土初拓本"等。

在编排方面，碑帖拓本整体按传拓时间分宋元拓本与明清拓本，分置于传统古籍之后，再按碑、帖、青铜器铭文编排；帖下分丛帖、单帖；各类下按刻石年代排序；若为同一种拓本，再按传拓时间排序，刻石年代不详者按撰、书者年代排序。

二、基本情况

《名录》（一至六批）共有24家单位的220部碑帖拓本入选，各批占比分别为33.2%、4.5%、4.5%、32.3%、10%和15.5%。从全六批入选总量上看，有5家单位入选《名录》拓本超过10部，分别是上海图书馆、故宫博物院、国家图书馆、香港中文大学中国文化研究所文物馆、北京市文物局图书资料中心。第六批共有60部拓本申报《名录》，经多轮评选，最终有上海图书馆、香港中文大学中国文化研究所文物馆、北京市文物局图书资料中心、清华大学图书馆、青岛博物馆、孔子博物馆、重庆图书馆等7家单位的34部拓本入选。从版本情况看，第六批《名录》入选宋拓本占全六批宋元拓本总量的9.8%，入选明清拓本占全六批明清拓本总量的22.7%。从申报材料看，此次上海图书馆、香港中文大学中国文化研究所文物馆等提供的材料完整全面，书影拍摄规范，多为关键"考据字"和批校题跋，可见馆内学者对馆藏拓本研究功力深厚，为评审奠定了极为重要的基础。同时，普查效应也在第六批《名录》拓本评审中显现出来。国家古籍保护中心曾先后在重庆图书馆、孔子博物馆举办碑帖编目培训班，完成了馆藏拓本的系统梳理和普查鉴定，其中《乾隆御定石经》等重要拓本，成为第六批《名录》和馆藏的重要新发现。

下文将结合评选情况，择取其中部分特色拓本略抒己见，以期抛砖引玉，推进碑帖拓本保护研究工作得到更多人的关注。

三、汉碑初拓本见证清季金石学的兴盛

汉碑在中国碑刻史、书法史上具有举足轻重的地位。清代出土器物日益增多,金石学异峰突起,寻访、考古活动异常活跃。彼时,对汉碑的研究几乎成为传统金石学的核心所在。康有为曾有评述:“乾、嘉之后,小学最盛,谈者莫不借金石以为考经证史之资。专门搜辑著述之人既多,出土之碑亦盛,于是山岩屋壁、荒野穷郊,或拾从耕夫之锄,或搜自官厨之石,洗濯而发其光采,摹拓以广其流传,若平津孙氏,侯官林氏,偃师武氏,青浦王氏,皆辑成巨帙,遍布海内。”“出碑既多,考证亦盛,于是碑学蔚为大国。”[2]清末以降,亲自访碑拓碑的风气也逐渐形成,如叶昌炽(1849—1917)即为亲自访碑之倡导者,其著作《语石》是他“访求逾二十年”之成果。寻访之后,藏家间把玩交流、考据研磨、临习书法,又成为一时之文化现象,多见诸拓本题端题跋。

第六批《名录》碑帖拓本中,上海图书馆有多部汉碑的初拓本或早期拓本入选,名家题跋灿然,钤印累累,递藏有序,记载了碑刻的最初发现过程和当时鸿学博儒、朝廷官员、书画篆刻家等对拓本的研究交流,记录了湮没在山林野地中的“石刻史书”被发现、研究和闪光的瞬间,洵为一部部珍贵的碑刻研究教科书。上海图书馆仲威老师对此已进行过深入的研究和整理。根据《汉文古籍特藏藏品定级　第5部分:碑帖拓本(征求意见稿)》,“初拓本”指“碑帖镌刻始成即行传拓的墨本。碑刻出土或发现后的初期拓本,称为出土初拓本”。上海图书馆此次入选汉碑拓本多符合定级细则中“二级拓本”的“汉魏六朝及以前的碑刻的清初拓本”要求,经综合考量其名家题跋(包括题签、释文、观款)的重要学术价值,予以入选。

(一)寻碑访拓,记录亲自搜访刻石之过程

《群臣上寿刻石》为现存最早的西汉著名石刻。清道光间,直隶广平(今属河北邯郸)知府杨兆璜(1778—1845)在今邯郸市永年区西六十里之娄山(俗称“狗山”)发现此石(故又称“娄山刻石”)。上海图书馆藏本为道光二十五年(1845)惠兆壬①手拓本,淡墨精拓,曾经陆玑、吴峻抱经室收藏。名碑善拓中,确认准确传拓时间极其困难,传拓者更无从谈起,而此本则可据惠兆壬题跋“手拓”款确认。故而著录时,特别尊重上海图书馆提供的信息,著录为“惠兆壬手拓本”。

《龟兹左将军刘平国摩崖》又称《刘平国斫孔记》,东汉永寿四年(158)刻立。

---

① 惠兆壬,清道光举人,在浙江一带以金石收藏负有盛名,著有《集帖目三卷》等。

清光绪五年(1879)夏,张曜(1832—1891)率军出师新疆,先遣士卒于阿克苏所属赛里木城东北二百里大山岩壁上发现此摩崖,幕客施补华[①]开始传拓研究,始知为东汉摩崖刻石。光绪八年(1882)施补华作《刘平国摩崖跋尾》一篇,详细记载了摩崖文字的发现经过,并对碑文中涉及的官职、地名沿革进行考证。光绪九年(1883)施补华自带拓工监拓数十纸,用以分赠友朋,如今所存又能确指者当稀若星凤,堪称"初拓最佳本",上海图书馆入选者即为其一。施补华既是此碑的发现者和监拓者,又是此碑的传播者和最早研究者[②]。

以上两例仅为清季寻碑访拓之缩影。当时无论达官贵胄、学人幕僚,皆嗜古成癖,于为官出仕之余搜访留意汉碑于幽山峻岭,结交同好,共习汉隶,促进学术,形成了一种尚雅的社会风尚。

(二)考碑交流,记录刻石年代考订之依据

此类题跋在传世善拓中颇为多见,一为以"考据字"定传拓年代,二为从碑文考察刻石年代,以补史阙。本批《名录》中较有特色的是《孟璇残碑》,又名《孟孝琚碑》,世称"南碑最古者"。清光绪二十七年(1901)出土于云南昭通府治南十里白泥井马氏舍旁,谢崇基[③]访得后,移至城中凤池书院藏书楼下。诸学者对其年代多有争论。有谢崇基考为汉魏刻石、罗振玉(1866—1940)先考为西汉河平四年(前25)后改订为汉桓帝永寿二年(156)、黄膺[④]考为东汉建武十二年(36)、吴昌硕(1844—1927)推为晋咸宁二年(276)或晋咸康二年(336)等说。上海图书馆此次入选者为黄膺藏出土初拓本,诸家所考之依据论断均见于此本,内容详尽,可供后学者参研。

(三)抢救遗存,再现乱世保存碑刻之艰难

《汉三老讳字忌日刻石》,清咸丰二年(1852)夏五月出土于浙江余姚东北十里客星山董氏祖墓地,旋归周世熊收藏。其时碑额已佚,四周破损[⑤]。书刻年代应在汉初建武末年或永平年间(58—75),是现存东汉名碑最早者之一,堪称"浙中第一名碑"。此碑也是迄今为止我国发现最早的载有忌日信息的碑刻,是研究古代忌日制度最直接、最原始的史料。

---

① 施补华,近代诗文作家。字均甫,浙江乌程人。入左宗棠幕府,荐擢至府同知。后随张曜驻军阿克苏,甚得张氏信赖。

② 见上海图书馆《龟兹左将军刘平国摩崖》申报书。

③ 谢崇基(1861—1922),字履庄,云南昭通人。光绪十二年(1886)进士,入翰林院为国史馆协修。居家时尝主凤池书院讲席,充日本留学生监督。宣统元年(1909)简放天津兵备道。辛亥革命后,侨寓天津,以书画自娱。著《两汉洗斋诗文集》。

④ 黄膺,生卒年不详,清同治十二年(1873)举人。

⑤ 见上海图书馆《汉三老讳字忌日刻石》申报书。

1919年，周氏后人无力保碑，转售上海商人陈渭泉，1921年碑石遂辗转至上海。沪上日本商人欲以重金收购，稀世古碑面临被劫往异国的灾难。姚文敷、沈醞石闻之，疾呼“此吾乡邦文献所系，讵可弃诸禹域之外！”[3]遍告浙江文化界人士，创议募捐，集资赎回。西泠印社社长吴昌硕、社友丁辅之等人奔走呼吁，设法抢救，在上海、杭州等地发起书画义卖和个人捐献，不到一个月即从“吾乡嗜古之士及寓公之贤者”65人中，募集8000元巨款赎回此碑，使其免遭“沦于异域”之劫难。1922年，“汉三老石室”立于杭州西子湖畔西泠印社，中华遗珍至此安全保藏。上海图书馆藏《汉三老讳字忌日刻石》有释达受题跋，落款时间距石碑出土不足四年，故知此本为出土后的早期拓本。

（四）同观共赏，再现清季文人赏玩之雅趣

《沙南侯获碑》，石在新疆哈密巴里坤哈萨克自治县焕采沟，立于东汉永和五年（140）六月。原碑文不知几行几字，今见碑石三面刻字，其中两面为汉刻《沙南侯获碑》，一面为后人刊刻地名“焕采沟”三字，传世拓本皆漫漶不可辨，只可见前三行。上海图书馆藏《沙南侯获碑》为潘祖荫（1830—1890）攀古楼旧藏六行足本①，拓工精湛，传世可能仅此一本。同治十一年（1872）潘祖荫致函边帅，令其传拓六行足本。十月，鲍康、谢维藩、陈彝、胡义赞、许赓飏、吴大澂、严玉森、顾肇熙、王懿荣、张之洞等人同观并留有碑文考释与观款。翁同龢、张之洞皆评云“世间侯获碑第一本”，吴大澂曾双钩以付梓，陈介祺题记称“是拓以无二本为可贵”。此本后经吴湖帆、蒋祖诒等递藏。从《沙南侯获碑》题跋所蕴含的信息，我们再次看到清代乾嘉以来至清末金石学研究呈现出一派兴盛之气和繁荣景象，参与者既多，又成果丰硕，全赖当时学者一片赤诚之心。

四、《乾隆御定石经》初拓本凸显古籍普查的价值

第六批《名录》碑帖评审最值得一提的莫过于《乾隆御定石经》。遵乾隆皇帝谕旨，乾隆五十六年至五十九年（1791—1794），以蒋衡手书“十三经”为底本，廷臣校勘文字、镌刻上石，计189石，又《圣谕及进石刻告成表文》一通，共190石。原石现立北京孔庙和国子监博物馆。孔子博物馆所藏《乾隆御定石经》初拓本符合定级细则中“一级拓本”的“清乾隆及以前有重要价值（如内府所刻）丛帖的完整初拓本”要求，予以入选。

《乾隆御定石经》中少数文字屡被后人磨改，现可见者多为嘉庆八年（1803）

---

① 见上海图书馆《沙南侯获碑》申报书。

重修和光绪十一年至十三年(1885—1887)磨改后的拓本,而最早的乾隆版内府拓本却十分罕见,难以认定。故宫博物院施安昌先生曾于2016年重庆图书馆碑帖普查班留意其馆藏《乾隆御定石经》,疑为初拓本。心有所念,必有回响。2019年4月,在由国家古籍保护中心主办、山东省古籍保护中心和孔子博物馆承办的"第四期全国碑帖编目与鉴定研修班"中,在文献和修改字例的双重证实下,孔子博物馆所藏《乾隆御定石经》拓本被确认为乾隆初拓本。就其发现和价值,施安昌先生和笔者曾撰专文予以介绍[4-5],此处不再赘述。

孔子博物馆所藏《乾隆御定石经》,为石经刻成之后、《钦定石经考文提要举正》确定之前的初拓本。这部拓本的发现,可为我们开展拓本普查工作提供借鉴。正如施先生所说:"像孔博石经拓本信息明确则是首次遇见,不仅提供了初拓本的参照系,而且给人以多方面的启发。鲁壁灵光,功不可没。"[4]碑刻的损泐情况多为自然风化和断裂磨损等,笔画、石花的变化往往是常规碑帖鉴定的依据。晚拓冒充早拓,多是在拓本上动手脚。而孔子博物馆藏本则是先传拓,再迫于形势在拓本上涂描挖改文字,冒作修改刻石之后的拓本,即以早拓冒充晚拓。若非细审原拓,留下的痕迹很难辨识。笔者曾到国子监细观石经原石,逐一查看,偶散见某字深陷,是后来几次修改留下的痕迹。可以想见,传拓时整纸覆面,字墨分明,磨改之字在拓本上却是很难识别的。如《乾隆御定石经》这样混合了石刻磨改、拓本挖改的复杂情况,要还原初刻石经的面貌相当困难。若假以时日能够把蒋衡原书、石经原物、拓本、文献等结合起来进行比较,将有助于对清季儒学经典和石刻拓本的研究。

通过嘉庆朝上谕档可以判断,嘉庆元年(1796)颁赐"墨刻十三经"是《乾隆御定石经》初拓本流传有明确记载的起点,赏赐名单为我们提供了寻找初拓本的线索[6]。文献记载与古籍普查相结合,《乾隆御定石经》初拓本的发现成为众多普查的一例,在天时地利人和的条件下,湮没于库房的珍贵拓本重现于世。初拓本发现的消息一经发出,故宫博物院、北京大学图书馆、北京市文物局文物信息中心先后对馆藏拓本进行了比对,重庆图书馆亦再次细校本馆所藏,并将拓本修复列入计划。一部拓本的发现,真正带动了普查、整理、研究与保护。该拓本在2020年中央电视台《国家宝藏》第三季中专题播出,以此引出并彰显"中华古籍保护计划"的价值和意义。2021年6月,该拓本又被评选为"山东省古籍普查十大新发现"之一。其实,还有大量珍贵的拓本正安静地躺在书库中,等待有心人去发现,期待早日重现风华。

五、"游相《兰亭》"单帖再现宋代书法面貌

一般意义上的"碑帖"是"碑刻"和"法帖"的统称,是中国书法史最直接的实物证明,见证了中国汉字形成、发展、变化的过程。"碑刻"是记述人物与事件的石刻文字及图画,而"法帖"则是将前人书法墨迹摹刻上石或上木,经过传拓,成为供人们效法临习的书法范本,有丛帖和单帖之分。《兰亭序》被称为"天下第一行书",是中国书法史上最为璀璨的一颗明珠,也是流传最广、摹刻最多、对后世影响最大的书法单帖。

《兰亭序》,晋永和九年(353)王羲之撰,行书,二十八行,三百二十四字。据传真迹在唐代随葬昭陵,传世皆摹本,宋后摹刻尤多。宋以文治国,除以《淳化阁帖》为代表的刻帖大兴为一时风尚外,《兰亭序》单帖也于此时产生并流行。凡贵胄公卿、士大夫等,多以家藏名迹或传世旧刻摹勒上石。清杨宾云:"藏《兰亭》最多者,宋理宗一百一十七种,桑泽卿百五十有二,毕少董三百本,杜器之、尤克斋各百种,贾师宪八千匣,王顺伯百本……"[7]《兰亭考》《兰亭续考》《南村辍耕录》等多有记载。

游似,字景仁,南充(今属四川)人。南宋嘉定十四年(1221)进士,历任大理寺丞,礼部、吏部尚书等。淳祐五年(1245)拜右丞相兼枢密使,后封国公,卒谥"清献",被誉为南宋"蜀中四贤相"之一。世传游似藏《兰亭序》百种,胡菊潭(胡世安)《禊帖综闻》载:"宋丞相游似藏有《兰亭》百本,以所得先后亦天干编次,自甲之一至甲之十,每本横表(裱),折摺作册,末题所自得自出……钤记凡五种。或用名,或用景仁其字,或用克斋其别号,或用游氏图书,或用旌德堂章。有单用者,有兼用者。前后装池用蓝笺。钤前池有珍秘小章,后池有赵孟林印,不知何许人。"[8]"游相《兰亭》"在明时多入晋藩朱棡之手,因此帖上多钤晋府之印,"如此帖上'珍秘''翰墨精赏'钤于前隔水淡蓝笺骑缝处上下角,'晋府书画之印'引首,帖心后副页钤'敬德堂图书印''子子孙孙永宝用'"[9]。另有赵孟林印钤在骑缝处,实为装池之人。现存"游相《兰亭》"装潢几乎均为此种定式。香港中文大学何碧琪女士对"游相《兰亭》"有深入研究,她认为,赵孟林印与晋府印章年代相近,且有"戊之四勾氏本"的蓝色隔水截去游似"景仁"印,推测赵孟林实为明晋王时人。故现存可见"前紧接墨汁纸及后接素笺的前后隔水,应是明代晋王朱棡时的定式"[9]。

据传,胡世安在清顺治时即购得明末清初流散民间的晋府所藏"游相《兰亭》"18册,此次香港中文大学入选者,均钤"世安之印"。此藏本后又经潘仕成

等收藏,香港利荣森1973年捐赠香港中文大学中国文化研究所文物馆。今"游相《兰亭》"存世加上翻刻计30余种,分藏于故宫博物院、上海图书馆、香港中文大学、美国芝加哥菲尔德自然历史博物馆等地。

第六批《名录》中,香港中文大学中国文化研究所文物馆入选7部宋拓游似旧藏《兰亭序》,至此该馆所藏10部全部入选。《名录》现已收录故宫博物院藏开皇本、上海图书馆藏4种[①]《兰亭序三种附陆柬之兰亭诗一种》(包括辛之六、辛之十"桂林本",壬之五"续时发本",癸之十"唐司仪兰亭诗")、香港中文大学藏10种(分别为甲之二"御府领字从山本"、乙之五"钱塘许氏本"、庚之三"莫知所出本"、甲之四"中山王氏家藏本"、甲之五"御府本"、甲之八"括苍刘泾本"、乙之一"双钩蜡笺本"、丙之八"会稽本"、□之四"汤舍人本"、临川本)。

自唐宋摹写传刻《兰亭序》种类多样,有大量书迹拓本传世,形成了独特的书法体系,至今仍是人们研习书法的重要内容。现存宋拓本《兰亭序》唯有"游相《兰亭》"最成体系,将其逐字校勘,则可回观宋时流传各本《兰亭序》面貌,比较其间的文字缺损、笔画增减及笔势变化等问题,为归纳各种《兰亭序》翻刻系统之间的关系及年代先后提供了直接证据。

六、下一步工作建议

当前,正值"十四五"开局之年,党和政府对于中华优秀传统文化高度重视,对文物和古籍保护政策支持力度空前。因此,应抓住时机,充分利用现有政策和人才优势,在古籍普查的基础上,尽快开展馆藏碑帖拓本的整理工作。

一是加强顶层设计,重视拓本整理。可开展专项工作,制定统一的碑帖拓本整理规范,为拓本保护过程中所面临的著录、修复、装具配备、数字化等诸多问题提供参考方案。同时建立碑帖数据库,不断丰富数量和内容,为普查登记著录提供样本。

二是积极开展碑帖普查工作。各古籍收藏单位在基本完成古籍普查之后,逐步开展碑帖普查工作;拓本收藏大馆应加大申报碑帖拓本类《名录》的力度,对本馆拓本类藏品做到专人专管,推进拓本编目,做好《名录》材料整理等相关工作。

三是加快培养碑帖拓本类人才。碑帖拓本是集书法艺术、摹刻传拓艺术、综合的文献历史知识于一身的复杂学问,可重点开展碑帖鉴定、规范著录、碑帖修

① 上海图书馆藏本4种合装一卷,故以1部入选《名录》。陆柬之《兰亭诗》因符合"游相《兰亭》"以天干命名的特征,故此处归为"游相《兰亭》"之一种。

复等方面的人才培养,注重传帮带、老带新,做好人才接续。

(王沛,国家图书馆副研究馆员)

参考文献:

[1]王沛.《国家珍贵古籍名录》(一至五)碑帖拓本评审述略[J].河南图书馆学刊,2018,38(11):124-126.

[2]康有为.广艺舟双楫[M].北京:人民美术出版社,2019:24.

[3]吕以春."汉三老碑"拾零[J].杭州大学学报(哲学社会科学版),1981(2):88-90.

[4]施安昌.孔子博物馆藏《乾隆御定石经》初拓本观后记[J].书法丛刊,2019(6):57-65.

[5]王沛:孔子博物馆藏《乾隆御定石经》初拓本的论证及价值[G]//《古籍保护研究》编委会.古籍保护研究:第4辑.郑州:大象出版社,2019:80-90.

[6]中国第一历史档案馆.嘉庆道光两朝上谕档:第1册[M].桂林:广西师范大学出版社,2000:13.

[7]杨宾.大瓢偶笔[M]//王伯敏,任道斌,胡小伟.书学集成:清.石家庄:河北美术出版社,2002:77.

[8]卞永誉.式古堂书画汇考[M].杭州:浙江人民美术出版社,2019:277.

[9]香港中文大学文物馆.北山汲古:碑帖铭刻拓本[M].香港:香港中文大学文物馆,2015:202.

《全国古籍普查登记目录》出版述论

Remarks on the Publication of *The Catalogue of the National Survey and Registry of Ancient Books*

张珂卿

摘　要:2007 年,全国古籍普查登记工作启动。十多年的时间内,《全国古籍普查登记目录》的出版工作取得了不俗的成绩。本文从编辑出版缘起、特点和价值三方面对《全国古籍普查登记目录》进行分析和论述。《全国古籍普查登记目录》具有覆盖范围广,参与单位多,收录古籍全,珍本、善本、孤本全面著录,专业特色、区域特色明显等特点,在文物保护、学术研究、文化传承等方面起到了重要作用。

关键词:《全国古籍普查登记目录》;编辑出版;古籍普查;古籍书目

在几千年的历史发展中,中华民族留下了卷帙浩繁的文献典籍,这些文献典籍成为中华民族宝贵的精神文化财富。但由于种种原因,长期以来,我国古籍保护存在“现存古籍底数不清,古籍老化、破损严重;古籍修复手段落后,保护和修复人才匮乏”[1]等许多突出的问题,古籍保护面临非常严峻的形势。2007 年,国务院办公厅印发了《关于进一步加强古籍保护工作的意见》(国办发〔2007〕6号),文化部(现文化和旅游部)也下发了《全国古籍普查工作方案》。文件指出,要充分认识到古籍保护的重要性,切实做好古籍的抢救和保护工作,并在全国范围内开始实施“中华古籍保护计划”,开展古籍普查登记工作,建立中华古籍联合目录及古籍数字资源库,并由国家图书馆汇总普查成果,最终形成全国统一的中华古籍目录。

一、《全国古籍普查登记目录》编辑出版缘起

2011 年 12 月,文化部办公厅颁发《关于加快推进全国古籍普查登记工作的通知》,进一步推进全国范围内的古籍普查登记工作。为此,国家古籍保护中心专门制定了《全国古籍普查登记工作方案》。按照方案的规定,全国古籍普查登记工作是通过每部古籍的"普查登记编号"和相关信息,建立国家古籍登记制度。在此基础上,"由省级古籍保护中心组织本地区各古籍收藏单位编纂出版馆藏古籍普查登记目录"[2],形成《全国古籍普查登记目录》。

《全国古籍普查登记目录》收录范围主要是"我国境内各收藏机构或个人所藏,产生于 1912 年以前,具有文物价值、学术价值和艺术价值的文献典籍,包括汉文古籍和少数民族文字古籍,以及甲骨、简帛、敦煌遗书、碑帖拓本、古地图等文献"[2]。原则上每个普查单位的数据都独立成册,但考虑到一些藏馆的数据较少而无法独立成册,则在省(区、市)内集合多个藏馆的数据合册出版。目录的编排统一按照古籍普查编号排序,但在每部书的内在排序上,各馆可以依据自己的馆藏实现情况来安排。

古籍普查登记工作自 2007 年启动至今,十多年的时间内,《全国古籍普查登记目录》的出版工作取得了不俗的成绩。2014 年,首部古籍普查登记目录——《天津图书馆古籍普查登记目录》由国家图书馆出版社出版。此后,《首都图书馆古籍普查登记目录》《国家图书馆古籍普查登记目录》《浙江图书馆古籍普查登记目录》等相继出版。截至 2021 年 12 月份,国家图书馆出版社共出版古籍普查登记目录 125 种,收录 516 家收藏单位的古籍普查数据 130 多万条,成书 193 册。其他藏馆的普查登记目录将陆续出版。

二、《全国古籍普查登记目录》的特点

此次古籍普查登记工作是新中国成立以来在全国范围内进行的第一次全面深入的调查,对我国的现存古籍进行了详细的清点和编目,所形成的《全国古籍普查登记目录》具备以下特点。

(一)全国古籍馆藏的全面参与

1. 覆盖范围广

此次普查登记工作覆盖范围广,除我国港澳台地区外,全国各省(区、市)均在普查之列。从参与普查的藏馆类型看,此次普查的范围极其广泛,国家图书馆、各省级公共图书馆、各级博物馆、宗教单位图书馆、科研院所图书馆、高校图

书馆及私人收藏机构都被纳入普查登记工作的范围。

国家图书馆作为国家古籍保护的重镇,馆藏古籍文献数量雄踞全国之冠。目前已完成《国家图书馆古籍普查登记目录》并顺利出版。

省级公共图书馆基本是各省(区、市)古籍收藏的中心,古籍编目与整理是各馆的基础业务。自古籍普查登记工作实施以来,各省级公共图书馆都能够广泛动员和组织各有关方面力量积极参与,保证了普查登记工作的质量和进度。许多省级公共图书馆都顺利完成了馆藏古籍的清点分类及编目整理,对馆藏古籍进行了登记和审校,编辑并出版了古籍普查登记目录。目前已经出版22个省级公共图书馆的普查目录,包括《黑龙江省图书馆古籍普查登记目录》《浙江图书馆古籍普查登记目录》《首都图书馆古籍普查登记目录》《新疆维吾尔自治区图书馆古籍普查登记目录》《广西壮族自治区图书馆古籍普查登记目录》《甘肃省图书馆古籍普查登记目录》等。

除省级图书馆外,各地收藏有古籍的市县级公共图书馆也参与了此次普查工作。许多地市及县城都是区域性的历史文化中心,拥有数千年的文化积淀和卷帙浩繁的文献典籍。这些城市的公共图书馆则成了区域性的古籍文献收藏中心,并以鲜明的地方文献特色而驰名远近。在此次古籍普查登记工作中,这些图书馆在国家及地方古籍保护中心的帮助下,对普查工作给予了重点推进,并取得了显著成果。目前已经出版的市县级公共图书馆类的普查登记目录有《江苏省淮安市四家收藏单位古籍普查登记目录》《沈阳市图书馆古籍普查登记目录》《湖南省八家收藏单位古籍普查登记目录(衡阳市·永州市·郴州市)》《河北省保定市图书馆古籍普查登记目录》等数十种。

此外,像博物馆、宗教单位图书馆、科研院所图书馆、高等院校图书馆等类型的馆藏单位,也依照上级部署开展了普查登记工作。博物馆方面,目前已经出版的有《中国国家博物馆古籍普查登记目录》《安徽博物院古籍普查登记目录》《宁波市天一阁博物馆古籍普查登记目录》等。高等院校图书馆方面,目前出版的有《首都师范大学图书馆古籍普查登记目录》《辽宁大学图书馆古籍普查登记目录》《吉林大学图书馆古籍普查登记目录》《甘肃省四家高校图书馆古籍普查登记目录》等。科研院所图书馆方面,目前出版的有《湖南省社会科学院图书馆古籍普查登记目录》《中国科学院上海生命科学图书馆古籍普查登记目录》等。另外,宗教单位图书馆及一些个人收藏也参与了普查工作。

2. 参与单位多

与覆盖范围广相应的是,此次普查工作参与的单位多,覆盖全国各收藏单位,其中既有古籍收藏大馆,也有古籍藏量很小的地方性藏馆,还包括一些个人所藏。

以天津市为例,天津市既有天津图书馆、南开大学图书馆等古籍收藏重要单位,也存在着诸多古籍藏量较小的单位,此次普查工作,将这些单位的古籍采用合册的形式,一并收录出版了《天津市十九家收藏单位古籍普查登记目录》[3]。该书收录了天津市19家古籍收藏单位的17374条古籍数据,其中既有公共图书馆(如天津市南开区图书馆、天津市和平区图书馆、天津市武清区图书馆等),也有博物馆(如天津博物馆、元明清天妃宫遗址博物馆等)、科研院所图书馆(如天津市社会科学院图书馆、天津市医学科学技术信息研究所图书馆)、高校图书馆(如天津师范大学图书馆、天津中医药大学图书馆、天津大学图书馆等),还收录了千牛山庄、蠹斋、宝林斋3家个人所藏。

再者如宁夏回族自治区也存在古籍藏量不足以单独成册的收藏单位,最终合册出版了《宁夏回族自治区二十家收藏单位古籍普查登记目录》[4]。该书汇集了宁夏回族自治区20家古籍收藏单位的3826条古籍数据,包括吴忠市图书馆、宁夏大学图书馆、宁夏回族自治区博物馆、固原市西吉钱币博物馆、固原博物馆等。

再如已经出版的浙江省的古籍普查登记目录基本上涵盖浙江省各级、各类古籍收藏单位。如省级图书馆有《浙江图书馆古籍普查登记目录》,市级图书馆有《丽水市图书馆等八家收藏单位古籍普查登记目录》,县级图书馆有《嘉善县图书馆古籍普查登记目录》,博物馆有《浙江省博物馆古籍普查登记目录》,高校图书馆有《浙江大学图书馆古籍普查登记目录》,科研院所图书馆有《浙江省中医药研究院等四家收藏单位古籍普查登记目录》,另外还有多部由多家单位合册出版的目录,如《西泠印社社务委员会等十家收藏单位、浙江省瑞安中学等八家收藏单位古籍普查登记目录》。

通过以上列举可以看出,《全国古籍普查登记目录》所著录目录覆盖的区域之广、单位之多,是以往其他任何古籍目录书都无法比拟的。

(二)全国馆藏古籍的全面整理

1. 收录古籍全

按照《全国古籍普查登记工作方案》的具体要求,全国古籍普查登记的范围是产生于1912年以前的具有文物价值、学术价值和艺术价值的文献典籍。可以说,本次普查登记工作是对我国现存馆藏古籍数量的一次全面大清查。因此,《全国古籍普查登记目录》是对目前我国所有馆藏古籍的全面整理和记录。如

《国家图书馆古籍普查登记目录》收录了国家图书馆所藏的汉文古籍 13 万余种，其中善本古籍 30766 部，普通古籍 102588 部，“就版本时间而言，宋元以前 1703 部，明本 16892 部，清本 114759 部；就版本类型而言，稿本 1852 部，抄本 16051 部，写本(含绘本)756 部，刻本 98618 部，活字本 2714 部，铅印本 7732 部，石印本 4433 部，影印本 892 部，油印本 87 部，钤印本等 219 部”[5]。通过该书，可见国家图书馆收藏古籍品种齐全，数量众多，版本珍贵，收藏系统。再如《南京图书馆古籍普查登记目录》收录馆藏古籍书目数据 8.6 万余部 61.4 万余册(件)，其中宋元刻本近 200 部，明刻本近 7000 部，特色藏品不胜枚举，著录详尽，“体现出了南京图书馆多年来古籍编目、古籍保护工作的积累”[6]。各馆基本做到了对现有馆藏如实登记，使《全国古籍普查登记目录》实现了对全国现存古籍数量的总记录。

2. 珍本、善本、孤本的全面著录

目前，《中国古籍善本书目》是我国最具权威性的善本古籍联合目录，收录了 781 家单位的藏书约 6 万多种 13 万部。但是以今日视角来看，《中国古籍善本书目》存在若干不足：第一，书中存在诸多讹误之处，已为学者所指出。在“中国知网”上按照“篇名”检索“中国古籍善本书目”，订正书中讹误的文章即有 26 篇，包括书名错误、著者名错误、著者朝代错误、版本不当、馆藏著录错误、遗漏著录等问题。第二，《中国古籍善本书目》编成后，所收录的各馆藏书情况发生了很大变化，如有新入藏的，有新整理发现的，有收藏发生变故的，也有当初未申报的[7]，与著录的情况已有很大不同。第三，书中只收录 781 家藏书单位的善本古籍。在当时的条件下，前辈学者已经做出了最大努力，但客观而言，《中国古籍善本书目》无法做到对国内所有馆藏单位善本的全面性普查。

相较而言，《全国古籍普查登记目录》虽然不是专门的善本书目录，但由于普查登记工作具有覆盖广、单位多、收录全的特点，因此全国各馆所藏的珍本、善本和孤本几乎全被收入。将各馆的古籍普查登记目录合而观之，则我国现存有多少珍本、善本、孤本，存在何馆何处，皆可以按图索骥。利用《全国古籍普查登记目录》，并与《中国古籍善本书目》相比照使用，将更有利于摸清我国现存的珍本、善本、孤本古籍的存世情况，以促进对这些典籍的保护和利用。

(三)部分馆藏古籍具有鲜明的专业特色与区域特色

1. 专业特色

许多行业性图书馆所藏的古籍，反映了该馆鲜明的行业性特色。通过本次普查登记工作，这些在相关领域都具有极珍贵文献价值的馆藏得到了一次系统整理、发掘和保护的机会，也使得相应的古籍普查登记目录具有明显的行业性特色，因而具备了较高的学术价值。

如中医药古籍在中华存世古籍中占有非常重要的地位，是中国传统医学和中国文化继承发展的重要知识载体。中国中医科学院图书馆藏有自元代以来的历代医药古籍6000余种6万余册，不同版本达8000余个，涵盖了我国现存中医古籍的50%，其中珍本、善本中医古籍多达2万余册。如元刻本《本草衍义》《圣济总录》《类编图经集注衍义本草》，明金陵初刻本《本草纲目》，明万历内府彩绘稿本《补遗雷公炮制便览》等，极具文物价值和学术价值。该馆还藏有范行准、萧龙友、赵燏黄、何时希等医药学家的医学古籍藏品[8]。

又如军事科学院军事图书资料馆收藏文献52万余部280万余册，其中包括大量中国古代兵书。该馆藏有明代以来各版本的《孙子兵法》、天启元年（1621）闵氏刻朱墨套印本《兵垣四编》及清朝各个时期的战图、阵图、兵器图、地域图等重要代表性军事著作与军事资料[9]。

还有许多图书馆在长期的建设和发展过程中，形成了独具优势的馆藏特色。如首都图书馆所藏古籍以小说、戏曲、俗文学为突出特色，“馆藏清以前刻本、抄本小说500余种，善本在百部之上，如舒元炜序抄本《红楼梦》，是唯一含有确切抄写年份的早期本子，对于判定《红楼梦》的成书年代，意义十分重要。戏曲文献内容涵盖宋元南戏、元明杂剧、明清传奇、近代京剧和其他乱弹种类，臧懋循辑《元曲选》、沈泰辑《盛明杂剧》等大型戏曲作品总集都有入藏。俗文学方面，藏有宝卷、变文、弹词、鼓词、民歌民谣、杂曲、唱本、谜语、酒令等十八类文献，其中比较稀见的如清乾隆五十一年（1786）视履堂刻本《二十一史弹词》、清道光二十九年（1849）抄本《英台宝卷》等。《清蒙古车王府藏曲本》则堪称首都图书馆镇馆之宝”[10]。

2. 区域特色

多年来，许多图书馆都在加强区域特色馆藏文献资源的搜集、加工、整理工作，形成了有地方特色的文献工作体系。在此基础上，许多图书馆编纂的古籍普查登记目录都体现了鲜明的区域特色。这些普查登记目录的出版，有利于进一步加强地域文化资料的搜集、整理和利用，并成为区域性历史文化研究的重要依据。

从目前出版的普查登记目录来看，许多馆的馆藏书目具备明显的区域特色，所藏图书具有珍贵的版本学和文献学价值。湖南图书馆以丰富的古旧地方文献资源而闻名，如历史上流传至今的湘人著述约有2000余种，湖南图书馆藏有其中绝大多数。湖南图书馆还藏有清代、民国间湘人稿本400余种，如陶澍《使蜀日记》、郭嵩焘《养知书屋日记》、王闿运《湘绮楼诗稿》、王先谦《蒙古通鉴长编》等，皆具有极高的原始文献价值。湖南图书馆还收藏湖南省、府、州、县古旧方志400余种1100余部，如《[万历]湖广总志》《[康熙]湖广总志》《[康熙]长沙府志》《[乾隆]湖南通志》等，揭示了湖湘历史、学术和文化发展整体脉络[11]。辽宁大学图书馆藏书以清代善本为重点，满洲八旗文献及地域文献为该馆重要的特色馆藏，如代表性文献有乾隆九年(1744)内府刻本《八旗满洲氏族通谱》、乾隆五十七年(1792)武英殿刊本《钦定八旗氏族通谱辑要》。此外，该馆还藏有铁保辑《熙朝雅颂集》，该书成于嘉庆九年(1804)，收录543位八旗诗人作品6000余首；盛昱辑《八旗文经》，收录200多位八旗作者的古文辞赋650篇，其中多数为世所罕见的珍贵资料[12]。孔子博物馆收藏古籍图书6400余部4万余册，主要以孔府旧藏典籍为主。其中馆藏稿抄本及未刊稿本多是衍圣公及其族人所作，如清抄本《安怀堂全集》《孔丛伯说经五稿》，《孔广森稿本》还被收入《中国古籍善本书目》。孔子博物馆还藏有大量孔氏族人自著自刻的书籍，这些书刻印较少、流传不广，极具版本价值和学术价值。如乾隆五十二年(1787)刻本《顨轩孔氏所著书》，道光刻本《阙里孔氏诗钞》《曲阜诗钞》等[13]。河南大学图书馆馆藏特色古籍以宋代文献和河南地方文献为主，该馆藏有清代河南名士宋继郊、常茂徕、常启佑等人手稿著作多种。如所藏宋继郊著作，除《重修祥符县志凡例》为刻本外，其余《志略备选》《祥符县采访初稿》《重修祥符县志稿》《邑乘备采》等均为稿本，极具价值[14]。

三、《全国古籍普查登记目录》的价值

(一)文物保护价值

《全国古籍普查登记目录》的出版是“中华古籍保护计划”的阶段性成果。建立全方位的古籍目录，是古籍保护、利用与开发的重要前提与保障。《全国古籍普查登记目录》对古籍的题名卷数、版本年代、版式行款、刻写收藏、序跋目录、正文附录等方面进行了条分缕析、精细入微的整理和著录，对中国古籍的现存状况进行了一次细致的梳理，是古籍保护的一项基础性工作。《全国古籍普查登记目录》的编纂出版，实现了对国内各图书馆所藏古籍文献的著录工作，这个工作的完成，可以帮助我们全面掌握各馆古籍的现存数量及质量，形成中国现存古籍的一份“固定资产账目”，有利于摸清全国的古籍家底。而且，该书目不仅为单个藏馆的古籍整理和保护提供依据，还为进一步的全国范围内古籍整理、保护和利用奠定坚实基础，提供重要保证。古籍保护是一项长期而艰巨的任务，需要科学

规范地开展保护工作。《全国古籍普查登记目录》的面世，将更加有利于今后的古籍保护工作，为中华文化的传承做出贡献。

（二）学术研究价值

清代学者王鸣盛说："目录之学，学中第一紧要事。必由此问途，方能得其门而入。"余嘉锡先生在总结中国古典目录学的功用时，强调了目录学在考辨古籍上的六种作用："一曰，以目录著录之有无，断书之真伪；二曰，用目录书考古书篇目之分合；三曰，以目录书著录之部次，定古书之性质；四曰，因目录访求阙佚；五曰，以目录考亡佚之书；六曰，以目录书所载姓名卷数，考古书之真伪。"[15]虽然余嘉锡先生所言六点功用针对的是讲古籍源流的中国古典目录学，但对于《全国古籍普查登记目录》这种图书馆工作所需的分类编目的目录而言，仍然可以起到部分"辨章学术"的作用。如依据目录，可以为了解古籍作者、版本、卷数提供可靠的数据，可以依据目录是否著录来考察古籍流传、判断古书之真伪，以目录所载姓名、卷数来考辨古书之真伪，等等。同时，也为研究古典文献学、目录学、版本学、学术史、书籍史提供了重要的可供参考的文献资源。《全国古籍普查登记目录》对存世古籍的版本源流考证清晰，使该书具备较高的内容品质与学术价值，使中国现存的古典文献书目井然彰显，对于从事中国传统学术研究的学者而言，该书将发挥"学问之眉目，著述之门户"的重要作用，更好地服务于学术研究工作。

（三）文化传承价值

文献典籍是中华文明世代传承的物质载体，是中华民族最为宝贵的精神财富。保护和传承中国古籍文献是我们不可推卸的历史责任。《全国古籍普查登记目录》的出版，从整体上厘清了我国现存古籍的数量和质量状况，将会使古籍得到应有的保护，对于我们进一步系统加强中华优秀文化遗产的整理、研究与利用，更好地继承和弘扬中华优秀传统文化，实现中华民族伟大复兴，具有重要的意义和价值。

（张珂卿，国家图书馆出版社编辑）

参考文献：

［1］国务院办公厅关于进一步加强古籍保护工作的意见（国办发〔2007〕6号）［EB/OL］.（2008-03-28）［2021-08-07］. http://www.gov.cn/zhengce/content/2008-03/28/content_5888.htm.

［2］国家古籍保护中心. 全国古籍普查登记工作方案［EB/OL］.（2007-08-01）［2021-08-07］. http://www.law-lib.com/law/law_view1.asp?id=207658.

［3］本书编委会. 天津市十九家收藏单位古籍普查登记目录［M］. 北京：国家图书馆出版社，2015.

[4]《宁夏回族自治区二十家收藏单位古籍普查登记目录》编委会. 宁夏回族自治区二十家收藏单位古籍普查登记目录[M]. 北京:国家图书馆出版社,2020.

[5]本书编委会. 国家图书馆古籍普查登记目录[M]. 北京:国家图书馆出版社,2015:前言.

[6]南京图书馆. 南京图书馆古籍普查登记目录[M]. 北京:国家图书馆出版社,2019:前言.

[7]陈先行.《中国古籍善本书目》修订刍议[G]//沈乃文. 版本目录学研究:第 8 辑[M]. 北京:国家图书馆出版社,2018:142-143.

[8]刘培生,李鸿涛.《中国中医科学院图书馆古籍普查登记目录》[M]. 北京:国家图书馆出版社,2014:前言.

[9]《军事科学院军事图书资料馆古籍普查登记目录》编委会. 军事科学院军事图书资料馆古籍普查登记目录[M]. 北京:国家图书馆出版社,2017:前言.

[10]首都图书馆. 首都图书馆古籍普查登记目录[M]. 北京:国家图书馆出版社,2015:前言.

[11]湖南图书馆. 湖南图书馆古籍普查登记目录[M]. 北京:国家图书馆出版社,2014:前言.

[12]《辽宁大学图书馆古籍普查登记目录》编委会. 辽宁大学图书馆古籍普查登记目录[M]. 北京:国家图书馆出版社,2018:前言.

[13]孔子博物馆. 孔子博物馆古籍普查登记目录[M]. 北京:国家图书馆出版社,2017:前言.

[14]本书编委会. 河南大学图书馆古籍普查登记目录[M]. 北京:国家图书馆出版社,2014:前言.

[15]余嘉锡. 目录学发微;古书通例[M]. 北京:中华书局,2007:19-21.

无锡市图书馆古籍普查札记

Notes of the General Survey of Ancient Books in Wuxi Library

陈小青

摘　要:古籍普查工作繁难复杂,需要编目人员耐心钻研。本文介绍无锡市图书馆古籍普查工作情况,并从个人编目实践出发,结合"全国古籍普查平台"的数据,以《东京梦华录》十卷等作为案例进行分析,阐述并归纳了古籍普查著录中需注意事项。最后提出两点思考:普查平台数据修改宜便捷,人才培养亟须进行。

关键词:无锡市图书馆;普查;"全国古籍普查平台";著录

无锡市图书馆(以下简称"锡图")自2010年以来,应原文化部和省文化厅要求,开始利用"全国古籍普查平台"启动馆藏古籍的普查与定级工作。几年来,根据原文化部加快普查进度的新要求,我们及时调整工作计划,充实专业人员,配置相应设备,加大了古籍普查的力度,目前已完成11324部古籍的普查。普查数据上交省古籍保护中心后,经过多次审核校对,已于2021年5月出版《江苏省无锡市图书馆古籍普查登记目录》。多年来,笔者全程参与并负责锡图古籍普查,今将普查过程中的一些发现和想法加以记录,希望对以后的工作有所促进。

一、普查工作繁难,事事需细致

古籍普查中,我们必须遵照客观著录的原则,将古籍本身所携带的信息一一记录下来,这就要求普查人员非常认真细致,不能遗漏任何一项内容。在实际工作中,我们经常会遇到如下细小烦琐的问题。

(一)著录项目多,费时又费力

有的古籍牌记、序跋、印章、刻工很多,都需要一一著录。如《抗希堂十六种》(索书号 P00083),这部书不是大丛书,参照《中国丛书综录》及书中信息很快可确定著录为"(清)方苞撰,清康熙嘉庆间桐城方氏抗希堂刻本,41 册,缺一种六卷(周官集注三至八)"。但是该书有多个牌记及序跋,且分散在各册书中,著录较费时。经过仔细翻检,我们发现总共有 14 个牌记、21 篇序跋,再将相应信息一一录入平台。又如《诠叙管子成书》十五卷首一卷(索书号 26677),此书为善本,根据已有信息可著录为"(唐)房玄龄注,(明)梅士享诠叙,明天启五年(1625)刻本,16 册"。本以为著录完成,可是我们又发现版心下面有小字,经辨认知是刻工姓名,且是多人散布于各册各页,如此我们需将 16 册书的每一页都翻阅一遍,最后确定有 14 个刻工,再将刻工姓名及其首次出现页码录入平台。

部分古籍属于丛书,子目比较多,且子目不全。如《百川学海》一百种一百七十九卷(索书号 30209)是残本,我们需逐种逐卷地翻看核对卷次,最后确定存八十五种一百五十四卷,实存卷次著录为:

存八十五种一百五十四卷(圣门事业图一卷、渔樵对问一卷、学斋占毕四卷、独断二卷、李涪刊误二卷、九经补韵一卷、中华古今注三卷、释常谈三卷、隋遗录二卷、翰林志一卷、宋朝燕翼诒谋录五卷、春明退朝录三卷、淳熙玉堂杂纪三卷、挥麈录二卷、丁晋公谈录一卷、王文正公笔录一卷、开天传信记一卷、厚德录一至二卷、韩忠献公遗事一卷、文正王公遗事一卷、济南先生师友谈记一卷、可谈一卷、河东先生龙城录二卷、前定录一卷续前定录一卷、国老谈苑二卷、晁氏客语一卷、道山清话一卷、昼帘绪论一卷、官箴一卷、祛疑说一卷、因论一卷、宋景文公笔记三卷、鼠璞一卷、善诱文一卷、东坡先生志林集一卷、萤雪丛说二卷、苏黄门龙川略志十卷、西畴老人常言一卷、栾城先生遗言一卷、东谷所见一卷、鸡肋一卷、孙公谈圃三卷、王公四六话二卷、四六谈麈一卷、文房四友除授集一卷拟弹驳四友除授集一卷、耕禄稿一卷、子略四卷、骚略三卷、献丑集一卷、选诗句图一卷、石林诗话三卷、六一居士诗话一卷、东莱吕紫微诗话一卷、珊瑚钩诗话三卷、刘攽贡父诗话一卷、后山居士诗话一卷、许彦周诗话一卷、司马温公诗话一卷、庚溪诗话二卷、竹坡老人诗话三卷、法帖释文十卷、海岳名言一卷、宝章待访录一卷、米元章书史一卷、书断四卷、续书谱一卷、试笔一卷、书谱一卷、法帖刊误二卷、高宗皇帝御制翰墨志一卷、法帖谱系杂说二卷、端溪砚谱一卷、砚谱一卷、歙州砚谱一卷歙砚说一卷辨歙石说一卷、砚史一卷、古今刀剑录一卷、香谱二卷、煎茶水记一卷、东溪试茶录一卷、酒谱一卷、本心斋疏食谱一卷、笋谱一卷、菌谱一卷、蟹谱二卷、竹谱一卷）

类似的情况不胜枚举，著录一条数据要把几十甚至几百册书翻一遍，碰到这样的书就要精神高度集中，非常认真细致地核对。

（二）看似颇简单，实则存玄机

有些古籍本不属于一套书，却由于某些原因被放在一起。普查著录时如果不能仔细分辨，而是只看表面，就难免出错。如《微波榭丛书》（索书号 P08239）是残本，原本我们依照客观情况著录如下：

存十种一百十二卷（戴氏遗书四十六卷、算经十书三十七卷、国语补音三卷、孟子十四卷附音义二卷、五经文字三卷附五经文字疑一卷、春秋地名一卷、春秋长历一卷、春秋金锁匙一卷、新加九经字样一卷附九经字样疑一卷、水经注不分卷）

后期审校数据时，核对《中国丛书综录》，其中有《水经释地》，而无《水经注》子目，顿感意外。经仔细翻看，反复比对，发现此《水经注》与其他子目书行款同但版框异，疑为单行本，所以此处需删去，改为“存九种一百十一卷”。

（三）似差之毫厘，实谬以千里

古籍普查时我们必须认真对待每一个字，有时候一个不小心就会出大错。如《圣宋文选全集》三十二卷（索书号 R00147），最初我们著录为“清光绪八年（1882）郯城於氏刻本”，前期几次审校都没发现问题，最后出版社的编辑老师提示“於氏”可能不对。经过核对原书，证实了编辑老师的火眼金睛，应为“于氏”。出现此错误，是录入数据时疏忽所致，“於”“于”作为姓氏是不同的两个字。

二、普查不简单，时时须钻研

（一）锲而不舍，寻根究底

部分古籍，能查到的信息寥寥无几，著录较困难。如《两汉儒林印谱》一卷（索书号 P06396），此书作者信息非常少，只在序跋中载其“姓夏字道生”。查“高校古文献资源库”，著录为“（清）孙穧稻辑”，不知因何而来。按照普查著录规则，作者要著录姓与名，但夏氏名实难知。我们根据书名页篆书“道生/印艸”，在网上找到一篇博客文章《莫愁前路无知己（之三十四）……说话《道生印艸》[①]，知

① http://blog.sina.com.cn/s/blog_6f6c6b6f01019iny.html.

道“夏道生，江苏江阴人，名孙穧”。又查国家图书馆藏《江阴夏氏宗谱》十八卷首一卷（清光绪十二年［1886］源远堂木活字印本），卷五第四十五页载：“孙穧，字稻孙，又字道生，一字抱一，小字嘉禾，咸丰五年乙卯六月十七日巳时生。”由此作者可确定，著录为“（清）夏孙穧制印”。

（二）旁求博考，去伪存真

也有一些古籍没有明显的版本年代，需要多方考证，才能做到有据可循。如清康熙刻本《五子近思录发明》十四卷（索书号 P00800）。其实该书没有能显示版本的牌记及序跋，我们一时无法确定它的版本年代，从刻印的风格看得出为康熙、乾隆时期刻本。但我们不能仅靠感觉来定版本年代，于是我们想到清代古籍一般会有避讳字，反复翻阅了几遍，终于看到正文“玄”字缺末笔避讳，“真”“弘”未避讳。结合刻印风格，再比对别馆藏本图片，我们可以确定该书为康熙刻本，因此我们最后将版本定为清康熙刻本。

此外，部分古籍存在版本补配的情况，需要特别仔细才能发现。如明嘉靖刻本《荀子》二十卷（索书号 27635）。最初我们根据卷端风格、版框（高×宽）20.2 厘米×14.4 厘米、半页八行十七字、小字双行同、白口、左右双边、单白鱼尾等特征，结合序跋，知道当为明嘉靖刻本。但后来无意间翻到中间几卷，发现卷四至十、十四至十七皆为四周双边且版心上有“世德堂刊”字样。由此我们怀疑其为两个本子拼凑而成。于是我们在网上搜索两个本子的图片，经仔细对照得知，我馆所藏卷一至三、十一至十三、十八至二十为嘉靖翻印本，而卷四至十、十四至十七则系嘉靖世德堂本。因此我们在版本补配一栏注明该书系两种本子拼凑而成。

还有部分古籍存在作伪现象，判别起来比较难，也比较耗时。如《新刻批点金罍子》四十四卷（索书号 28133），（明）陈绛著，陶望龄编次，李维桢批点，江文朝校，明泰昌元年刻本，版框（高×宽）20.4 厘米×15.0 厘米，半页九行二十字，小字双行同，白口，左右双边，无鱼尾，版心有字数。总卷数四十四卷，实存十四卷（一至十四）。本来版本相关的项目这样著录就完成了，但在著录印章（卷端有好几方印）的时候我们看到印章比较模糊，而且明明页面有很多空白的位置，印章却盖在了卷端的字上，令人有些费解。再翻看后面几卷，版心的“卷”字与卷数之间好像空白很大，这就更加让人疑惑。为了解答疑问，我们拿了《四库全书存目丛书》所收《新刻批点金罍子》四十四卷对照，结果发现我馆所藏此书有严重的挖补现象：卷一至四实属中篇卷一至四，卷五至七系上篇卷十五至十七，卷十至十二属中篇卷八至十二，卷十三至十四属上篇卷十三至十四。据此存卷当著录为“存十四卷（上篇十三至十七，中篇一至四、八至十二）”。

(三)一丝不苟,求同存异

相同题名的古籍可能有不同版本,也可能有同一版本的不同印次。普查过程中经常会有类似的情况。如锡图有三部《庐山志》,最初著录为:

P04860 庐山志十五卷首一卷,清康熙五十九年(1720)顺德堂刻本。

R00070[康熙]庐山志十五卷,清康熙五十九年(1720)顺德堂刻同治十年(1871)补刻本。

R03041 庐山志十五卷首一卷,清康熙五十九年(1720)顺德堂刻同治十年(1871)重修本。

后期审校数据时,经核对原书知这三部书皆为康熙年间修,故题名统一为"[康熙]庐山志十五卷首一卷"。关于版本却存在差异:P04860 有牌记,定为清康熙五十九年(1720)顺德堂刻本;R00070 无牌记,但版心有"同治十年补刊",序跋行文指明系康熙版片又历多次修补,此为同治十二年(1873)印本,故定为清康熙五十九年(1720)顺德堂刻同治十年(1871)补刊十二年(1873)印本;R03041 无牌记,版心亦有"同治十年补刊",但序跋行文指明系康熙版片又历多次修补,此为光绪九年(1883)印本,故定为清康熙五十九年(1720)顺德堂刻同治十年(1871)补刊光绪九年(1883)印本。这种求同存异的过程容不得一点马虎。

三、普查虽困难,处处有惊喜

在推进普查工作的同时,我们也有一些意外的收获,那就是在普本库的古籍普查中整理发现了不少善本,今列举几例。

(一)《东京梦华录》十卷

(宋)孟元老辑,明崇祯毛氏汲古阁刻本,版框(高×宽)18.9 厘米×13.9 厘米,半页九行十八字,小字双行同,白口,左右双边,单白鱼尾,开本(高×宽)20.7 厘米×16.9 厘米,4 册,三级甲等。

《东京梦华录》是孟元老的笔记体散文。它是记述北宋末年东京风物的专书,于都城坊市、街巷店肆、市井游观、节序风俗和当时典礼仪卫,靡不赅载。书撰成于南宋高宗绍兴十七年(1147),刊布于孝宗淳熙四年(1177)。因其不仅多有反映北宋晚期社会经济生活及仪礼典章方面的可靠资料,且与《宋史》志书颇有异同,可以互相考订,纠史事之伪舛,故颇为世人所重。该书对东京城市生活和民风民俗的翔实记载与详尽论述,为后人留下了探索当时东京社会面貌的大量宝贵资料,自南宋刊行以来,凡涉及北宋晚期东京掌故之书,莫不引证此书。如赵甡之《中兴遗史》、陈元靓《岁时广记》及陶宗仪的《说郛》,对此书的资料都有选录。由于《东京梦华录》有极高的社会与文化史的价值，海内外从事宋史与中国城市史研究的学者把此书与《清明上河图》视同姐妹之作[1]。此本是明崇祯间毛刻《津逮秘书》丛书零种，它的发现使锡图明刻古籍家族又添了新成员。

（二）《唐诗绎》三十卷

（清）杨逢春辑，清乾隆三十九年（1774）纫香书屋刻本（此书亦为无锡地方文献），版框（高×宽）16.6 厘米×13.7 厘米，半页九行十九字，小字双行同，白口，左右双边，单黑鱼尾，开本（高×宽）24.5 厘米×15.9 厘米，6 册，三级乙等。

杨逢春，字芝山，号雪村，江苏金匮（今无锡）人，约生活于清雍正、乾隆年间，诸生，有《雪村词》一卷。《唐诗绎》书中有注解，杨氏在书前的《唐诗绎题辞》中谈了自己对解诗的看法，云："曩之说诗者辄云：'诗家妙处，正不可以言传，以诗还诗，惟以不解解之耳。'噫！不解矣，又奚以解为？……余向读唐人诗，稍稍窥寻，目迷神眩，樊然不得其解。既而以我之心追作者之心，腾天潜渊，灭没无际，迟之又久，忽然忻合交通于高深阻绝之余，而端倪显豁呈露，是其绎之之效也欤？"在《凡例》中又云："注之例有二：曰注辞，曰注事。辞有根柢，事有古今，古人属辞比事，皆与诗之意义相傅而行。"凡此，都可见出他对注解诗的意见。此书各体兼收，取李、杜二家最多，以为"唐人诗至李、杜而天地之元气大泄，其藏菁华于是焉"（《凡例》）。至于他的选诗标准，《凡例》中的一段话说得最为清楚："诗教温柔敦厚，其感触在伦理之间，其发舒悉性情之正，即或事难显言，寄托深隐而香草美人，犹是不淫不乱之旨。愚持之以律，有唐一代之诗，必合乎此者乃登选焉。"可见其选诗标准亦属正统的儒家诗教观念。《唐诗绎》有清乾隆纫香书屋藏版，世不多见，且作者又是无锡人士，算得上是无锡地方文献之精品。

（三）《海虞诗苑》十八卷

（清）王应奎辑，清乾隆二十四年（1759）古处堂刻本，版框（高×宽）16.5 厘米×13.4 厘米，半页十行十九字，上下黑口，左右双边，单黑鱼尾，开本（高×宽）26.8 厘米×15.5 厘米，6 册，三级乙等。

王应奎，字东溆，号柳南，常熟（今属江苏）人。诸生，博学能诗，著有《柳南诗钞》《柳南随笔》。"海虞"为常熟古名。此书选诗自清初钱陆灿至清乾隆初叶童隐止，作者凡 183 人，诗 1688 首。常熟自钱谦益反对明前后七子模拟诗风形成虞山诗派以来，诗人辈出，其著名者就有冯舒、冯班、钱陆灿、钱曾、钱龙惕、吴历等，在清初诗坛与云间诗派、娄东诗派鼎足而三。后历时既久，"或遗编零落，散在他所；或姓氏沉沦，不省谁作。若任其放失，不简择汇成一书，久益消亡莫考"（见陈祖范序）。王氏熟谙邑中掌故，苦心搜讨二十年乃成此书[2]。今发现之版本，国内各图书馆收藏并不是很多。据查,此本四库系列丛书未收。

(四)《朱子大全札疑问目标补》二十四卷

该书依据卷端著录题名为“札疑问目标补二十四卷”(索书号 R01977),但著者及版本皆难确定。因见序言署“崇祯纪元后四壬申九月甲申后学安东金迈淳序”,便在读秀数据库搜索“金迈淳”,发现杨联陞写给钱穆的书信中称:“朱子学在韩国确甚重要,哈佛近十数年搜购韩国书籍已有可观,最便参考者有金迈淳(字台山)之《朱子大全札问标补》二十四卷,于人名、地名、思想制度背景(多引同时人著作)、辞藻、典故、宋代口语俱有极详细之解释,而且十九精当……此书不但治朱子学有用,初学治宋史者亦宜参考也……金迈淳,字台山,其《札问标补》自序在‘崇祯纪元后四壬申’,即 1812,至清中叶仍用明朝年号,亦可注意。”[3] 又见蔡茂松《韩儒朱子学专书十五种及其学术价值》一文有“《朱子大全札疑问目标补》,金迈淳(1776—1840),二十四卷,全史字版,1854 年刊”[4]。查哈佛燕京图书馆藏有《朱子大全札疑问目标补》二十四卷①,(朝鲜)金迈淳著,朝鲜 1854 年金属活字本(全史字),四周单边,半郭② 21.3 厘米×14.8 厘米,有界,半页十行二十字,上白鱼尾,开本 32.2 厘米×20.0 厘米。锡图藏本版式、行款等与哈佛藏本基本相同,因此我们认为锡图藏本即金迈淳所著朝鲜 1854 年金属活字本。据查此本存世较少,国内鲜见。虽然此书不在此次普查范围内,但却因此次普查为人所知,算是幸事一桩。

上述善本的发现虽属普查工作的正常范畴,但更是一个学术研究的过程。确定一部古籍是不是善本,我们首先要通过国家图书馆、上海图书馆、南京图书馆、“高校古文献资源库”等网站进行初步的背景调查,同时对照《中国古籍善本书目》中的所有信息进行查证,还要结合网上相关图录进行仔细比对。有时候因为某些细小的差异,我们要一起讨论研究很久,直到大家达成一致才可以确认。虽然过程不乏艰难,但看到这些成果我们心里充满了喜悦。

四、两点思考

(一)普查平台数据修改宜便捷

锡图普查数据自 2016 年上交省古籍保护中心以来,经过了六七次的审校核

---

① https://hollis.harvard.edu/primo-explore/fulldisplay?docid=01HVD_ALMA211937435770003941&context=L&vid=HVD2&lang=en_US&search_scope=everything&adaptor=Local%20Search%20Engine&tab=everything&query=any,contains,%E6%9C%B1%E5%AD%90%E5%A4%A7%E5%85%A8%E6%9C%AD%E7%96%91%E9%97%AE%E7%9B%AE%E6%A0%87%E8%A1%A5&offset=0.

② 朝鲜版本术语,即半框。

查,许多数据在 Excel 表格中几经修改,原来普查平台的数据尚需同步修改。但是由于这些数据当时由不同的人录入,如果需要修改,先要检索是哪个人录入,然后再进入对应的账户,查找到错误数据进行修改,这个看似很简单的事情操作起来却也是一项不小的"工程"。数据量较多的图书馆可能都有这个困惑吧,希望能有普查平台方面的专家加以指导,找到更为简单方便的修改方式。

(二)人才培养亟须进行

锡图古籍普查工作开展十年来,前前后后参与人员最多时有六人,其中只有一位是资深老古籍人,其余(包括笔者本人)皆为新手,而且大多古籍知识掌握甚少,有的连繁体字都不熟悉,因此普查数据难免质量参差不齐。据笔者所知,无锡市锡山区图书馆因无专业人员普查,多年来几百册古籍一直束之高阁,直到去年底才在锡图工作人员的帮助下完成普查。古籍专业人才的缺乏及流失应该是大多数地方公共图书馆都存在的问题,希望有关部门能重视并加大对古籍人才的培养及招聘力度,为未来的古籍保护工作储备新生力量。

古籍普查就是这样,让人欢喜让人忧。相信在以后的工作中我们还会不断地有新的发现、新的收获。

(陈小青,无锡市图书馆馆员)

参考文献:

[1]范立舟. 南宋全史:第 7 册　思想、文化、科技和社会生活经验卷[M]. 上海:上海古籍出版社,2016:158.

[2]傅璇琮,许逸民,王学泰,等. 中国诗学大辞典[M]. 杭州:浙江教育出版社,1999:809.

[3]杨联陞. 莲生书简[M]. 蒋力,编. 北京:商务印书馆,2017:90-91.

[4]联合报文化基金会国学文献馆. 第一届中国域外汉籍国际学术会议论文集[C]. 台北:联合报文化基金会国学文献馆,1987:367.

古籍编目中"明刻本""清刻本"版本具体化问题

A Research on the Clarification of "the Ming" and "the Qing" Edition in the Cataloging of Ancient Books

周 艳

摘 要:无论是《中国古籍善本书目》《中国古籍总目》还是"全国古籍普查登记基本数据库"及正在编制的《中华古籍总目》分省卷,都存在相当数量版本项著录为"明刻本""清刻本"的条目,其中大部分的版本信息可以进一步精确和完善。本文结合对明刻十二行本《吾学编》的版本鉴定,来说明当下已经有条件对这部分面目模糊的明清刻本进行精确化界定,并提出个人的解决策略,希望业界共同努力,还其清晰面目。

关键词:明刻本;清刻本;《吾学编》

国家图书馆张志清副馆长在《普查·总目·书志——"中华古籍保护计划"的古籍编目实践》一文中说:"古籍普查登记并不是专业的古籍编目,前者只是后者的一个初级层次,并不是真正的完善级别或者详细著录级别的古籍编目。"以后,"会在编目专业级别上进行深入,把专家原本期许的古籍编目'精华版'分成几个层次、几个时段一步一步地去实现。这也许是今后相当长一个时期内的工作任务"[1]。摸清家底之后,对馆藏古籍编目进行完善,使之更加专业化,这应是业界以后长期努力的方向。古籍编目的三个环节,无论是著录、分类还是款目组织,都有大量的工作需要进一步深化完善。作为编目基础的著录,其相关信息的正确、完善与否,直接影响到后面两个环节乃至以后古籍大数据分析的准确性,其作为地基的重要性不言而喻。而当下的现实是,相当多的图书馆在这方面的工作质量还有不少可提升的空间。目前,无论是《中国古籍善本书目》《中国古籍总目》还是"全国古籍普查登记基本数据库"及正在编制的《中华古籍总目》分省卷,都存在大量版本项著录为"明刻本""清刻本"的古籍编目条目,其中大部分的版本信息是可以进一步完善的。笔者作为一名一线普查员,在此谈谈个人的体会和浅见,就教于方家,也与业内青年馆员共勉。

一、以《吾学编》为对象的考察

笔者在古籍普查过程中发现南京大学图书馆藏有一部明人郑晓撰《吾学编》,六十九卷,版本项著录为明刻本。查《中国古籍善本书目》(以下简称《善目》),此书著录有三个版本,分别为明隆庆元年(1567)郑履淳刻本、明万历二十七年(1599)郑心材刻本及明刻本[2]。南京大学图书馆此本便是《善目》中的"明刻本"。此"明刻本"具体是明何时何人所刻?与明隆庆本及明万历本有何关系?带着这些问题,笔者展开考察。

此本行款版式为半页十二行,行二十四字,白口,单鱼尾,四周单边。框高20.1厘米,广13.8厘米。首为雷礼隆庆元年序,次郑履淳序略,次总目,次正文六十九卷,次隆庆元年郑履淳后序(抄配)。

《日藏汉籍善本书录》史部别史类亦著录此书,行款版式同南京大学图书馆藏本,版本定为明隆庆元年郑晓之子郑履淳刊本[3]。《日藏汉籍善本书录》对此十二行本的版本判定是错误的,隆庆元年郑履淳刊本为十行本而非十二行本,这一点没有疑义。王重民《中国善本书提要》史部纪传类著录美国国会图书馆"吾学编六十九卷"条,行款为十二行二十四字,版框19.6厘米×13.5厘米,与南京大学图书馆藏本为同一版本,王重民定其为"明隆庆间刻本",提要中着重辨析此书不入《四库全书总目》乃馆臣之过,对版本问题未着笔墨[4]。

隆庆元年刻竣的十行本《吾学编》,系郑晓之子郑履淳主持刊刻,属于刊刻精工的家刻本。十二行本的三个序内容全同十行本,作序时间都是隆庆元年,从字体上看,也大致是嘉靖至隆庆的苏刻本字体风格,有别于万历本的方体字。王重民定其为隆庆间刻本,没有问题。明隆庆时期总共六年,这么短的时间是谁又刊刻了十二行本的《吾学编》呢?

将十二行本与十行本进行比勘,发现以下几个问题。

首先,从版刻风格来看,十行本字体风格统一,刊刻精工;版式整齐划一,书中目录一题一行,各卷卷末必有"某某卷终子履准校正"字样。十二行本字体大部分可归为嘉靖“苏式本”风格①,也有字体略小、更为秀气的偏写刻风格,如《皇明名臣记》卷七页九至十二;刊刻水准参差不齐,如《皇明名臣记》卷六前五页,刻工水准较低;版式方面,各卷卷末不像十行本那样必有统一的“某某卷终子履准校正”字样,有的是“子履准校正某某卷终”,有的只有“某某卷终”,有的卷末无任何标识,显示出很大的随意性。另外,与十行本相比,最明显的是省版面现象。《皇明大政记》卷一末页末行“十二月李至刚为礼部尚书”中“礼部尚书”四字、“戒谕靖难功臣”中“靖难功臣”四字,皆改成小字双行,此行末端仅“一卷终”三字,这样就避免为寥寥数字再开一版,节约成本。类似现象还有多处,如卷六末页末行,仅刻“卷六终”三字;卷十二“皇明同姓初王表”前,“皇明同姓表图”中的两个表,十行本分两版刻,十二行本缩刻在同一版。

其次,从文字内容方面考察,十二行本对十行本的部分误字有所勘正,如《皇明大政记》卷一,十行本页三右数第四行“贻书元嗣君受猷识理达腊”,十二行本作“爱猷识理达腊”。但也有不少十行本正确、十二行本刻错的地方,如《皇明大政记》“洪武十年十一月”,十行本页十八右数第四行“秋七月琉球中山王”,十二行本讹作“琉璃中山王”。最明显的一处是十二行本错行脱简而误,见《皇明名臣记》卷三十,十行本页九“公谓永曰藩室乱易除国家内变不可测奈何永曰何谓公曰公岂一日忘情”,十二行本页六右数第二行作“公谓永曰何谓公曰公岂一日忘情”,这是翻刻时校勘不精容易出现的典型错误。

以上两个方面,都符合坊刻本的特点。此本各序时间均为隆庆时期,字体风格也符合此时段的特点。因此,判定此十二行本为隆庆坊刻本,应与真相无太大出入。

另外,十行本总目后附郑履准引言道:“翁尝命:‘既梓,但刷千册即毁版,或畀书肆。予终身清介,遗子孙安,毋以书劳后人。’嗟乎!没身犹计燕翼,而为翁子者仅此遗书,弗能守耶!达尊亲友谅此,他日借板不能奉命,幸勿我罪。”郑晓曾因李默案,惧连累而焚书稿,晚年重撰此书,但亦恐此书牵累子孙,曾有遗训,不欲此书多行世,“但刷千册即毁版,或畀书肆”。故其后人对此书持慎重态度,也导致此书流传不广,万历本卷首李当泰《重刻吾学编跋》曾言“比薄游两都,则都人遑遑有购是编不得者,盖一家之藏,故不能尽副通都也”,也可证明这一点。可以推断,作为家刻本而流传不广与都人往往“购是编不得”之间的矛盾,催生了十二行的坊刻本。这个本子与隆庆家刻十行本相比,内容和形式上都略逊一筹,

① 此处“苏式本”一词源于李开升《明嘉靖刻本研究》(上海:中西书局,2019)一书中的说法。

所以万历二十七年郑晓后人郑心材重刻《吾学编》,所用的底本是家刻十行本而不选此本,但作为一种历史存在,它也起到了对《吾学编》一书广为传播的作用。

以上是就笔者普查过程中遇到的具体案例进行的一个版本小考察。可以看出,过程并不复杂,只是运用考察原书与对比的方法,即可得出结论;材料也不难得,此书的三个版本在国家图书馆的"中华古籍资源库"里都已全文免费开放,只是十二行本版本项仍然沿用"明刻本"的旧称。

二、"明刻本""清刻本"模糊著录的原因

检索"全国古籍普查登记基本数据库",截至 2021 年 6 月 17 日,版本项为"明刻本"的有 8509 条,其中作者为明人的有 4700 条;版本项为"清刻本"的有 67855 条,其中作者为清人的有 46012 条[5]。另用"中华古籍书目数据库"检索统计,发现《中国古籍总目》收录"明刻本"4411 条,作者为明人的有 2704 条;"清刻本"6306 条,作者为清人的有 3116 条。《中国古籍善本书目》著录版本项为"明刻本"者 3139 条,其中作者为明人的有 1618 条;版本项为"清刻本"者 340 条,作者为清人的有 235 条[6]。

可以看出,无论是各馆馆藏目录还是《善目》,皆存在相当数量版本面貌模糊的明清刻本,且明清人的著作占半数以上。从理论上讲,这些版本不可能只能界定到"明刻本""清刻本"这样的程度。吴格《〈中华古籍总目〉著录规则》关于版本项中出版时间的规则中,第四条为:"原书无序跋、牌记、题记等说明刊刻年代者,可据其版刻特征并参考相关文献考定题为'宋刻本''元刻本''明刻本''清刻本'等。"并举例如下:

春秋经传集解三十卷　(晋)杜预撰　(唐)陆德明音义
　宋刻本
增修陆状元集百家注资治通鉴详节一百二十卷　(宋)陆唐老集注
　元刻本　(清)丁丙跋[7]

明刻明人著述、清刻清人著述,以常理推之,也可知这些条目大部分不是如吴格先生所言"原书无序跋、牌记、题记等说明刊刻年代者"。明清刻本与宋元本相比,时代晚近,大部分不会如宋元本一样残损严重,还是可以根据作者、序跋、牌记、题记等一个或多个信息,结合相关文献及原书版面特征,定出一个比"明刻本""清刻本"更为具体的版本年代的。

造成简单著录"明刻本""清刻本"这种现象的原因是多方面的,笔者归纳为如下两点:首先是历史层面,历来对明清刻本重视不够。如《善目》参与者陈先行

先生所言,明中期之前,古籍善本主要是校勘学意义上的。文物意义上的“善本”概念发端于明代中期,从那时起,将宋元本视为文物,收藏与版本鉴定之学兴起[8]。明中叶以来被冠以大藏书家之号者,无不是就其收藏文物意义上的善本而言。从藏书楼到公立图书馆的古籍收藏,其重视宋元善本的精神一脉相传,对其研究、鉴定和收藏保护都做得比较到位,相对而言,对于数量庞大的明清刻本便没那么重视,各方面的投入皆显不足。其次是现实层面工作量大,人力不足。这应该是公立图书馆成立以来就面临的困境,大量的需编目的书与少得可怜的编目人员,一直是一个巨大的矛盾,如果像对待宋元善本那样对每部明清刻本都进行详细的研究和鉴定,可能到现在都不一定有一个可供读者使用的全国性古籍目录。

对于《善目》而言,当年之所以如此笼统地界定,实在是限于历史条件,如陈先行先生所言:“《善目》是在三十七年前‘文革’结束不久的 1978 年,为完成周恩来总理‘要尽快地把全国善本总目编出来’的遗愿进行编纂的。当时的条件很困难,大部分收藏单位基础整理工作较差,缺乏有经验的编目员与鉴定版本行家;财政经费支绌,许多单位甚至买不起复制设备,不能提供书影以供版本比对。”[9]

三、对“明刻本”“清刻本”著录具体化的建议

当今社会早已进入数字化和互联网时代,多数图书馆的观念也越来越开放,依据原书校核版本已非难事,版本著录进一步精确化的条件已经具备,但现状是明刻本、清刻本的版本精确鉴定与深入研究,与宋元本相比,做得还远远不够,是一片有待深入的学术领域。理解明清古籍版本精确化研究的意义,也应跳出传统版本界“贵古贱今”“物以稀为贵”的藩篱,不因其文物意义上时代晚近、存世量大、鉴别难度不高便不重视。从版本学本身来说,存世量大反而是一个优点,可以提供足够的样本来支撑相关研究。对这部分数量不容忽视的图书版本作进一步精确化界定,可以扩大版本研究的广度,增加其深度。对版本学的相关理论总结,也需要足够数量的精确化版本著录个案作为支撑。如近年面世的明清版本研究方面的佳作《中国古籍原刻翻刻与初印后印研究》《明嘉靖刻本研究》等书,都基于对其所调查的大量版本的精确化鉴定及著录,在此基础上进行理论总结。从更广阔的文化层面上来看,对这部分版本作精确化著录,可以为文化史、阅读史、出版史、流通史等方面提供新素材,推动相关研究的深化。

“明刻本”“清刻本”与宋元本相比,单纯鉴定的技术难度不是特别高,经过系统学习的从业人员大都能掌握。但由于其数量庞大,想要真正做好,并非易

事，亦非一日之功。古籍编目中，如何做好此部分版本的具体化工作，是需要业界共同思考的课题。笔者在此仅给出一点个人不成熟的建议，供业界批评参考。

首先，国家层面制定相关政策和规则，对这部分普查数据统一进行规范化。比如由国家古籍保护中心牵头，组织专业力量，有计划、有组织地对普查登记平台中的“明刻本”“清刻本”进行摸底排查，进一步严格审校，对于确实不能进一步确定其版本情况的条目，说明原因。

其次，加大古籍版本鉴定尤其是明清版本鉴定人才培养力度。自“中华古籍保护计划”实施以来，在人才培养方面，针对从业人员举办的各种类型的业务培训班很多，但系统深入的版本鉴定与著录方面的培训尚不多见，针对明清版本鉴定与著录的，到目前为止，笔者未曾闻见。在“后普查时代”，建议多举办此类培训以提高明清刻本的编目质量。另外，近年来高校出现的古籍保护相关专业，也可以与图书馆古籍特藏部门合作，在课程设计中引入明清古籍版本鉴定与著录方面的课程，从理论与实践两方面系统培养，使未来的古籍保护从业者在这方面具有较高的专业素养。

最后，加强与读者的交流互动，鼓励读者参与古籍版本鉴定工作，作为图书馆古籍工作的重要补充。古籍读者多为某种或某类文献的专业研究者，大部分读者读的古籍也都是明清版本，加强与读者的互动，听取他们的专业意见，对我们的版本鉴定工作是有益的补充。

以上是笔者一点不成熟的思考，希望能够抛砖引玉，引起业界对这一问题的关注与深入讨论，群策群力，将我们的编目质量推向新的高度。

（周艳，南京大学图书馆古籍部馆员）

参考文献：

[1]张志清. 普查・总目・书志：“中华古籍保护计划”的古籍编目实践[G]//《古籍保护研究》编委会. 古籍保护研究：第5辑. 郑州：大象出版社，2020：1-12.

[2]中国古籍善本书目编辑委员会. 中国古籍善本书目：史部[M]. 上海：上海古籍出版社，1989：252.

[3]严绍璗. 日藏汉籍善本书录[M]. 北京：中华书局，2007：452-453.

[4]王重民. 中国善本书提要[M]. 上海：上海古籍出版社，1983：87.

[5]国家古籍保护中心. 全国古籍普查登记基本数据库[DB]. [2021-06-17]. http://202.96.31.78/xlsworkbench/publish.

[6]中华书局. 中华古籍书目数据库[DB]. [2021-07-08]. http://bib.ancientbooks.cn/docGuji.

[7]吴格.《中华古籍总目》著录规则[G]//国家古籍保护中心. 古籍保护研究：第1辑. 郑州：大象出版社，2015：256.

[8]陈先行. 古籍善本[M]. 上海：上海人民出版社，2020：4-7.

[9]陈先行.《中国古籍善本书目》修订刍议[G]//沈乃文. 版本目录学研究：第8辑. 北京：北京大学出版社，2018：142.

修复与装潢

“妙手补书书可春——全国古籍修复技艺竞赛暨成果展”综述

An Overview of the National Competition of Ancient Book Restoration and the Achievement Exhibition

范雪琳　安　平

摘　要:自“中华古籍保护计划”实施以来,国家古籍保护中心一直多措并举,大力培养古籍修复人才。2019年,国家古籍保护中心正式启动全国古籍修复技艺竞赛。本文综述此次竞赛的举办过程,分析参赛修复师及参赛作品具体情况,阐述近年古籍修复人才培养成果。

关键词:古籍修复技艺竞赛;古籍修复人才培养

文献典籍是保存中华民族数千年传统文化的重要载体,但正如周嘉胄在《装潢志》中所言,楮质素丝之力往往有限,古籍在流传过程中会遇到兵火丧乱、霉烂蠹蚀、豪夺计赚等种种恶劫,古籍修复由此应运而生。在现存文献中,关于古籍修复的记载最早可以追溯至北魏贾思勰的《齐民要术》一书,可见古籍修复技艺最晚在当时已经产生。千百年来,古籍修复技艺通过师徒口传心授的方式传承发展,但修复人才培养不易,到了中华人民共和国成立初期,古籍修复人员面临着严重匮乏的境地。为了抢救这一濒临失传的技艺,我国政府从20世纪60年代开始就专门出资在北京图书馆(今国家图书馆)、上海图书馆等单位举办培训班,但与浩如烟海的古籍相比,国内修复人才的数量显然无法满足古籍保护的需要。

2007年,“中华古籍保护计划”开始实施,修复人才培养是其中的重要任务之一。十余年来,国家古籍保护中心不断探索人才培养方式,拓宽人才培养渠道，持续推进培训基地、传习所、专业硕士培养相结合的“三位一体”人才培养模式，使全国古籍修复人员从不足百人发展到近千人，修复技艺也得到了有效传承。

为检验“中华古籍保护计划”实施以来的古籍修复人才培养成效，为业界搭建交流平台，推动古籍修复技艺水平提高，国家古籍保护中心于2019年在全国范围内开展古籍修复技艺竞赛暨古籍修复成果展示活动。通过竞赛与展陈相结合的方式，希望在总结古籍修复技艺传承经验，展示古籍保护、古籍修复成果的同时，唤起全社会对古籍保护、古籍修复的进一步关注，共同推动古籍修复的传承与发展。

一、全国古籍修复技艺竞赛与古籍修复成果展

（一）竞赛筹备工作

此次全国古籍修复技艺竞赛是新中国成立以来首次在全国范围内举办的古籍修复技艺竞赛，得到了各省（区、市）的广泛支持，广大修复师积极参与，踊跃报名。部分地区更以此为契机，举办古籍修复技艺竞赛，通过竞赛方式评选参赛作品。经过层层筛选，由21个省（区、市）43家单位推选的91件参赛作品最终入围决赛。

2019年底，参赛作品陆续被送至国家古籍保护中心。2020年初，因受新冠肺炎疫情影响，原定于年后举办的古籍修复技艺竞赛评审工作延迟至2020年8月30日进行。考虑到疫情防控要求，国家古籍保护中心缩减了评审会规模，由来自全国各地的16位传习所导师组成了专家评审组，评审组对所有作品进行现场打分，并由工作人员计分排序，最终评选出一、二、三等奖及优秀奖。评审完成后，国家古籍保护中心将获奖名单上传至中国古籍保护网进行公示。

（二）参赛修复师分析

本次入围决赛的91件作品由百余位修复师修复完成。根据统计，参赛修复师多数是“中华古籍保护计划”实施以来成长起来的。

1.“70后”与“80后”是参赛修复师的主要力量。本次竞赛中参赛修复师年龄跨度较大，最大为74岁，最小为28岁，从“40后”到“90后”均有参赛，其中“70后”“80后”人数最多，约占总人数的四分之三，可见他们已经成为现今修复师的主要力量。

2.参赛修复师学历较高。参赛修复师的学历从专科到本科、硕士不等，将近90%的修复师拥有本科及以上学历，相较于2007年前有了较大幅度的提升。同

时，有不少修复师毕业于开设古籍修复、古籍保护相关专业的学校，如南京市莫愁中等专业学校、金陵科技学院、复旦大学、中山大学等。超过五分之一的修复师具有古典文献学及文物修复（古籍修复）学术背景，这些修复师全都是“80后”与“90后”，这说明年青一代修复师在理论学习上较以往有所提高，也说明对现在的修复师而言，古籍修复已经不再是单纯的手工技术操作，而是融理论研究与前沿科技为一体的综合学科。

3. 参赛修复师分布地域较广。从参赛修复师所属地区来看，除国家图书馆外，参赛修复师较多来自浙江、上海、江苏等地。若按行政地理分区来划分，华东、华北、华南、西南、西北、华中、东北地区均有修复师参赛，覆盖率较高。

4. 参赛修复师来自不同系统所属单位。横向来看，本次参赛单位中既有各省（区、市）的公共图书馆，又有高校图书馆（如北京师范大学图书馆、武汉大学图书馆、四川大学图书馆等），还有博物馆（如天一阁博物院、西安博物院等），以及社科院所属单位（如楚雄彝族文化研究院）。将来自全国各地不同系统的参赛作品汇集在一起进行评审，这在过去是非常少见的。纵向来看，参赛单位中既有省级图书馆，又有市、县级图书馆（如湖南省凤凰县图书馆、云南省嵩明县图书馆、苏州市吴江区图书馆）。从中也可以看出，自“中华古籍保护计划”实施至今，覆盖全国的“三位一体”古籍修复人才培养模式、培养体系是卓有成效的。从人数上看，公共图书馆依然是古籍修复人才培养的主要阵地。

5. 绝大部分参赛修复师接受了“中华古籍保护计划”实施以来的古籍修复人才培养。据统计，在参赛修复师中，90%以上曾经参加过国家古籍保护中心举办的修复培训班，约有75%来自全国各地的传习所或在传习所拜师学习。可以看出，将短期培训与依托传习所进行“师带徒”技艺传承相结合的修复人才培养模式对修复师的成长起到了重要作用。

（三）参赛作品分析

本次入围竞赛的作品种类繁多，版本多样，其中不乏稀世珍品。

1. 品种丰富。参赛作品既有古籍，又有拓片（如《张留孙碑》）、书画（如《祖先画像》）。既有汉文古籍，又有少数民族文字古籍（如彝文古籍《历算书》《南部方言丧葬祭辞——报丧经》，傣文古籍《给头人上贡礼节》《驱祸》等）。可以看出，在少数民族文字古籍修复人才极度缺乏的情况下，少数民族文字古籍依然得到了保护。

2. 版本多样。参赛作品既有刻本（如早期雕版印刷古籍《佛说观弥勒菩萨上生兜率天经》），又有抄本（如清抄本《奚囊寸锦》）、稿本（如清稿本《竹山诗稿》),还有活字本(如铜活字本《古今图书集成》)。

3. 作品珍贵。此次参赛作品中有不少是珍贵古籍修复成果,其中《佛说观弥勒菩萨上生兜率天经》是五代后唐天成二年(927)刻本,也是目前国内最早有明确纪年的雕版印刷典籍。还有很多入选了《国家珍贵古籍名录》(以下简称《名录》)的珍贵古籍,如山西省图书馆推荐参赛的《妙法莲华经品前记》(《名录》号00964)、安徽省图书馆推荐参赛的明正德刻本《正德三年进士登科录》(《名录》号07911)等。

4. 修复技术既有传承,又有发展。除使用传统技法以外,科技手段的干预在古籍修复过程中也变得愈加重要,多数修复师在修复前都先要利用科学仪器设备进行纸张纤维、厚度、pH值等数据的检测,根据检测结果来制定下一步修复方案,如国家图书馆《佛说观弥勒菩萨上生兜率天经》的修复,就是在对原件纸张纤维等进行检测后,依据科学检测数据专门抄制了相似度极高的经卷补纸,使得补纸与原件在颜色上尽可能一致。在修复过程中,修复师在对传统修复技法进行传承的同时也有创新、发展和提高。科技手段的引入在一定程度上弥补了传统技法的不足之处。如国家图书馆《祖先画像》,修复师合理采用了超声波清洗技术和化学药品清洗技术,对相关病害的处理达到了很好的效果;再如辽宁图书馆《泰云堂集》,修复师创新运用了多种物理方法去除虫卵及污渍,加强了纸质纤维的韧性与强度,改善了原本絮化、焦脆的纸质,化学药剂处理后反酸的情况得到了改善。

(四)古籍修复技艺竞赛暨成果展

2020年9月1日,“妙手补书书可春——全国古籍修复技艺竞赛暨成果展”在国家典籍博物馆正式开幕,所有79件竞赛获奖作品与其他珍贵古籍修复成果如《永乐大典》、西夏文献等,一同在国家典籍博物馆第三展厅展出。展览分为四个单元:“巧技天工”单元介绍了古籍修复的原则、技法、工具、材料,“科学助力”单元展示了科技手段和科学设备在古籍修复中的应用,“生生不息”单元回顾了近年来古籍修复人才培养成果,“经典重光”单元展现了国内重大古籍修复项目。此次展览也是新中国成立以来以古籍修复成果为主题的最大规模展览,除展出古籍修复工具设备及古籍修复用纸等实物以外,还通过修复专家视频讲解、修复师现场演示、观众互动体验等方式,立体展示古籍修复技艺,引导大众深入了解古籍修复技艺,宣传古籍保护理念,营造全社会参与、关注、保护和传承古籍修复技艺的浓厚氛围,进一步推动古籍修复事业发展。

二、媒体宣传与社会反馈

本次古籍修复技艺竞赛与展览活动得到了各类媒体的持续关注,多家媒体围绕此次竞赛和展览刊发相关报道近百篇。

1. 报道内容丰富。人民网、新华社、中央电视台、中国新闻网及《光明日报》《中华读书报》《图书馆报》《民族时报》等多家媒体对活动进行了综合报道,报道多以本次竞赛和展览为重点,同时也关注到了我国古籍修复技艺传承、珍贵古籍修复项目及古籍修复行业发展等内容。部分媒体报道以修复作品、修复技艺为关注焦点,如:《北京晚报》在报道中介绍了国家图书馆"四大专藏",并以此为线索探寻了展览背后的故事;澎湃网以《赵城金藏、敦煌遗书,这些古籍是怎样被修复的?》为题,介绍了古籍常见的破损问题、古籍修复基本原则与手法等,并回顾了"中华古籍保护计划"实施以来国家古籍保护中心对古籍修复人才培养所做出的努力。还有媒体以修复师为主要关注对象,如《湖北日报》关注了武汉大学图书馆修复师袁静修复《穀梁补注》获优秀奖一事,并介绍了武汉大学图书馆馆藏古籍等内容。

2. 媒体类型繁多。包括广电媒体、平面媒体、网络媒体、新媒体在内的不同类型媒体对本次活动均有所报道,其中原发报道大多来自网络媒体。与传统媒体相比,网络媒体宣传效果更为突出,因此成为此次活动的主要宣传方式。同时,直播宣传方式的使用也提高了网友对此次活动的关注度。开幕式当天,央视新闻微博客户端以"古籍修复师的日常"为主题对展览进行了直播,观众跟随央视记者探寻展出中的各类古籍修复成果,体验古籍修复的部分环节,了解古籍修复师的日常工作及珍贵古籍修复项目的修复过程,直播播放量达到26万次,并引发了网友对古籍修复这一行业的热议,大家对古籍修复师们的薪火传承及工匠精神表示出由衷的赞美与敬佩。光明网也在2020年9月19日邀请了几位古籍修复师,以古籍修复与科学保护为话题进行直播,使观众了解"书医"的日常生活。

三、总结与展望

从本次全国古籍修复技艺竞赛暨成果展中,我们看到了"中华古籍保护计划"实施以来取得的成果,同时也看到了存在的问题和今后需要继续努力之处。

1. 此次比赛由全国范围内各省级古籍保护中心通过层层选拔方式推荐修复师参赛,有许多优秀的修复师受名额限制未能入选,未来我们将继续为更多修复师提供展示的机会。

2. 古籍修复人才分布还不够均衡。虽然各地的古籍修复师数量较十余年前有所增加,修复师奇缺的局面也有所缓解,但就整体而言,华东地区占据参赛修复师将近一半的数量,而东北、华南、华中等地区参赛修复师相对较少;各地之间也存在较大差异,西北地区的宁夏、青海、西藏等省区古籍修复人才仍然较为匮乏,东北地区仅辽宁一省有修复师参赛。同时,少数民族文字古籍修复人才依然不足。我国少数民族文字古籍藏量可观,是古籍保护和古籍修复工作中非常重要的组成部分,但是由于地处偏远,保存条件恶劣,破损情况比较严重。国家古籍保护中心十分重视对少数民族文字古籍的修复与保护,多次举办全国少数民族文字古籍修复、保护、普查、鉴定培训班,还启动了新疆、西藏古籍保护专项,但少数民族文字古籍所用纸张特殊,装帧与传统汉文古籍有别,文字识别需要专门人才,对少数民族文字古籍保护、修复人才的培养难度很大,短期内见效慢。

3. 对修复人才的培养不能依靠一家力量,需要社会合力共同完成。与浩如烟海的待修复古籍相比,现有的修复师数量仍显匮乏,仅靠国家古籍保护中心的力量是远远不够的,未来我们将促进社会力量广泛参与,同时也呼吁社会大众加强对古籍修复及人才培养的关注。

4. 古籍修复离不开科学技术的发展。从古籍修复技艺发展角度来看,传统技艺与现代科学技术的结合是发展趋势所在,古籍修复正在进行从经验修复到科学修复的历史性转化,古籍修复人才培养也需顺应学科发展特点,学习古典文献学、图书馆学、化学、材料学等多学科知识,吸收学界前沿技术成果,将理论与实践、经验与科技相结合,不断革新修复技能和修复方法。

四、结语

本次"妙手补书书可春——全国古籍修复技艺竞赛暨成果展",作为新中国成立以来首次举办的全国范围内的古籍修复技艺竞赛和以古籍修复成果为主题的最大规模展览,虽几经周折,但最终成功举办。此次竞赛检验了古籍修复师的真实水平,修复师们对不同种类的古籍修复进行了有益尝试与探索,如手札修复、少数民族古籍修复等,也为后来之人提供了许多宝贵的修复案例。后续的成果展为修复师们提供了交流与展示的平台,使大家能够互相借鉴,互相学习,也令社会大众能够看到近年来古籍修复与人才培养工作的成果。

通过此次竞赛,我们欣喜地看到"中华古籍保护计划"实施十余年来,古籍修复师在人数、学历等方面较之前有了较大提升,修复技术水平也有明显提高,这证明了国家古籍保护中心所采取的培训基地、传习所、专业硕士培养相结合的"三位一体"人才培养模式确实是卓有成效的。但相较于亟待修复的大量古籍,目前古籍修复从业人员仍显不足,古籍修复与古籍保护依然任重而道远,我们期待着能有更多社会力量参与到古籍保护、古籍修复工作中来,国家古籍保护中心也将在人才培养的道路上不断探索、不断创新。

(范雪琳、安平,国家图书馆馆员)

参考文献:

[1]庄秀芬,杨照坤.古籍修复技艺的传承与发展综述[G]//《古籍保护研究》编委会.古籍保护研究:第6辑.郑州:大象出版社,2020:63-72.

古籍修复伦理学体系建构初探*

A Preliminary Discussion of the Establishment of the Ethic Standard of Ancient Book Restoration

王 希

摘 要：古籍修复伦理学是古籍修复领域的前沿理论。研究古籍修复伦理学的概念、原则、规范及教育与评价管理等内容，建构古籍修复伦理学的理论体系，阐释古籍修复师应当具备的道德自持、责任认知、精神境界，以及在修复过程中应该秉持的原则规范，对于古籍修复工作具有重要意义。

关键词：古籍修复伦理学；古籍修复；伦理学

伦理问题，是现当代理论研究的一个热点与前沿问题。如学术伦理，对前人学术成果引用的道德规范，成为当下学术界普遍关注的社会热点。有关伦理规范的探讨在全社会都凸显出其重要性，如医学伦理学关涉到医德问题、医患关系问题。所以强化行业认知、完善道德规约、提升精神境界，是各行各业都应该予以重视并需要切实施行的重要任务。

作为古籍保护重要组成部分的古籍修复工作，伦理问题也是其必须认真对待的一个重要内容。如收藏机构对所藏古籍、古书画的过度修复与还原失真，拍卖市场上对古籍装帧的改头换面，对书画作品上印章的改款、移款等，都会使古籍、书画价值受损，为其在后世的传承留下隐患。这些问题的发生，固然与古籍

* 本文系 2019 年国家社科基金重大项目“古籍保护学科建设与基础理论研究”（项目编号：19ZDA343）研究成果之一。

修复师的理论水平、技术能力、工作经验等专业素养有关，但也涉及古籍修复师的修复观、价值观，反映着古籍修复师的职业使命和道德操守，而这就是本文所要探讨的古籍修复伦理学。

一、当前所见对古籍修复伦理学的论述

对古籍修复伦理学进行专文论述的，目前仅有张文军的《浅谈古籍修复伦理》，简述了其对古籍修复的认识及对古籍修复伦理的理解，并强调对中国传统伦理文化的重视及古籍专业技术伦理与实践的关系[1]。国内关于文献、档案修复伦理的论文，也仅有一篇《我国档案修复伦理规范构建的思考》，从修复伦理法制化、完善伦理规范、营造修复伦理环境、重视修复伦理教育四个方面，提出修复伦理构建的思考[2]。

一些专家学者的相关论述中也对古籍修复伦理学有所谈及。

杜伟生在《古籍修复事业任重道远》一文中指出，古籍修复现在还处于一个逐渐完善的阶段，在学科理论建设上需要发展和补充的地方很多，并提出六个重要部分的研究，其中第二部分即是对古籍修复伦理学的研究，包括两个方面："其一，是在古籍修复过程中，古籍修复者和收藏者的关系，古籍修复者和修复者的关系，古籍修复者和社会的关系，古籍修复者和古籍保护技术、修复技术科学发展的关系。其二，古籍修复伦理学的基本理论，古籍修复伦理学的基本原则、规范和范畴，古籍修复伦理道德的教育、评价和修养。"[3]杜伟生提出的古籍修复伦理学的研究构架具有重要的指导意义。

张美芳也在《古籍修复学科构建的若干思考》一文中指出："修复知识理论体系包括：可移动文化遗产保护、古籍修复材料学、图书修复史、修复工艺学、修复与文化、修复与装帧、修复与保护、修复与现代技术、修复与鉴定、修复伦理、修复环境、修复技术管理。"[4]并划分出核心知识、基础理论、专业基础理论等部分，修复伦理被划归到专业基础理论部分。

王国强在其《中国古籍修复可识别原则、技术及其应用》一文中说："中国古籍修复应遵守可识别原则，以保持古籍原件的客观真实，恪守古籍修复伦理，中国古籍修复需要确认合理的可识别技术。"[5]在其《古籍修复最小干预原则、技术及其应用策略》一文中，他继续说："古籍修复最小干预原则旨在减弱修复对古籍真实性的干扰，限制修复对古籍材料的损坏，恪守古籍修复伦理，具有重要的理论意义和实践价值。"[6]

但何为古籍修复伦理？目前学者们对此问题均未作明确规范的概念界定与

系统阐释。本文将从古籍修复伦理学的基本概念界定人手,参照现当代有关伦理学体系建构的研究成果,结合古籍修复学科的特性,对古籍修复伦理学的原则、规范、范畴三个方面,进行相关内容、特点及其相互关系的论述。在此基础上,提出古籍修复教育培养、综合评价与监督管理三个方面的内容及其重要作用,对古籍修复伦理学的建构作一初步的探索。

二、古籍修复伦理学的基本概念界定与分析

要知道什么是古籍修复伦理学,首先需对伦理学的相关定义进行解释,然后对涉及道德、法律的一些相关概念进行比较与诠释,才能大致认清这个问题。

王泽应在其《伦理学》一书中认为:“伦理学是一门研究伦理道德现象及其发展规律的学问。”[7]

在伦理学的相关阐释中,伦理与道德有相通共用之处,但也各有侧重。道德带有个人主观性,强调对个人品行、精神境界的修炼。而伦理更看重社会客观性,强调社会中人与人之间的关系法则和秩序规范。

古籍修复伦理学属于应用伦理学的范畴,要从对古籍修复实践经验的总结与相关现象的分析中建构其思想体系。另外,对古籍修复伦理学的探究,应基于整个社会人文价值观的道德规约,最终还应从中国传统伦理文化观念中找到其本质的精神归属。

伦理的观念意识在中国传统文化思想中,早就形成了成熟的价值体系。儒家人伦思想提倡“仁者爱人”“律己正身”“知止有度”,主张以“仁爱”为中心的道德自持;道家思想中“天人合一”的宇宙观、万物有灵的生命观,反映着古人对物的观念认知。对于古籍,古籍修复工作者应将其视为具有生命的神圣之物,存敬物之心、敬畏之情。

古籍修复伦理学是对古籍修复师的个人道德境界及相关社会伦理原则的研究,是古籍修复领域道德伦理规范的体系建构。具体而言,就是对古籍修复实践操作中的行为现象、原则规范进行研究,从而建构起古籍修复工作者在古籍修复中应遵守的伦理原则和道德规范。

在对古籍进行接收、登记、拍摄、修复的各个具体环节里,对古籍的保藏修复状态的记录健全与否,从何种角度去建立古籍修复档案,以及修复人员在交接工作中的言语行为,此中各种表现都与修复人员的专业素养、责任意识与职业使命感有关,均涉及古籍修复伦理学问题。

古籍修复师在具体的修复实践中,总会接触到隐性的、模糊地带的处理环

节。《中华人民共和国文物保护法》第四十六条中，提出了对馆藏文物修复、保藏的要求："修复馆藏文物，不得改变馆藏文物的原状；复制、拍摄、拓印馆藏文物，不得对馆藏文物造成损害。"但不改变古籍原状的修复，其中度的把控，需要修复师在具体操作过程中去权衡，不仅要视古籍各自不同的破损状态而定，更与修复师的经验、修复观、道德观密切相关。所以，古籍修复伦理学的道德规约，常常是在法律法规硬性要求的条文之外的，是古籍修复师在古籍修复活动中所应具有的道德自持。

基于上述认识，对古籍修复伦理学的基本概念，大致可以定义为：古籍修复伦理学是以古籍修复师的道德意识与道德活动为研究对象的伦理规范体系，是古籍修复师应具备的价值观念、道德理想及需要遵循的职业行为规范的总和，关涉到古籍修复师在职业活动中所面对的相关社会关系、道德现象、道德原则及其所能达到的修复境界。

质言之，古籍修复伦理学大致包括两方面内容：一是研究古籍修复师应具备的个人品质、专业素养、精神境界；二是研究古籍修复师在古籍修复各环节中，要涉及的相关社会关系的道德原则、道德规范，比如古籍修复师与服务对象的关系，修复师之间的业务责任对接，古籍修复技术的传承理念，等等。

古籍修复伦理具有显性和隐性两种特征。显性特征是政策、法规、相关规章制度及公认的道德规范，每个古籍修复师都应遵守。隐性特征则与古籍修复师个人的品行、素养、操守有关，例如，对一些古籍的修复，修复师有多种可行的修复方案与手段，在修复前可选择不同成分、用量的清洁材料，可选用的修复材料在性能、价格上也会有不同，在修复过程中可采用的手法不同、所需修复的工时也不相同，导致修复后的古籍在文物价值、资料价值、艺术价值上会有不同程度的细微差别，并且修复后的古籍在保存寿命上也会有差异。预判这些在表象上差异不明显的修复效果，修复师会采取何种修复方案，进行何种方式的处理，除取决于其所具备的专业素养与所达到的技艺境界外，部分也取决于古籍修复师所秉持的伦理道德观念。再如修复师是否愿意分享其独门秘技、个人经验教训等，属于修复师的内心活动，旁人是不知道的，也无法对其发号施令或求全责备，只能靠古籍修复师的个人素养和思想境界来决定。

三、古籍修复伦理的原则、规范、范畴

古籍修复伦理原则，是修复师在修复职业活动中，进行自我规约的原则，以及处理各种利益关系所要遵循的最根本的行为准则。其为古籍修复师在具体的

修复活动实践过程中出现的有关各种伦理问题提供策略和方法,对修复行为与技术活动起导向作用。

古籍修复伦理规范,是在整体修复活动中调整人们之间各种利益关系,判断修复师修复行为的具体价值标准,是修复师职业伦理原则在古籍修复中的直接体现,以具体指导修复师的实践和评价修复师的修复行为。

古籍修复伦理范畴,是对概括与反映古籍修复师所应具备的伦理道德本质的基本维度的研究。对其进行归纳总结,将从宏观、中观两个层面引导修复师进行伦理规范行为与境界的整体提升。

在古籍修复伦理学的体系建构中,修复师的职业伦理原则具有主导地位,修复伦理规范具有具体的约束力,修复伦理范畴则反映修复伦理原则和伦理规范建设的界域要素。

此处笔者将参照现当代有关伦理学体系建构的研究成果,结合古籍修复学科的特性,对古籍修复伦理学的原则、规范、范畴三个方面进行阐释。

(一)古籍修复原则

要想认识古籍修复伦理的原则、规范,首先要了解古籍修复的相关理念与定位,尤其是古籍修复的相关原则。

传统的古籍修复观念为“补处莫分”“略不觉补”,要求浑然天成的“修旧如旧”,是一种要恢复原状的“复原性修复”。这种修复观念的生成,与传统文人的哲学观、美学观密切相关,力求整体和谐完满、气韵贯通的精神理想。其中,将古籍、书画视为具有青春、生命的事物,并始终以敬畏恭谨之心进行修复与装潢之事,这种思想认识更是具有重要价值,需要后世永葆传承的。

现当代的古籍修复原则,大致于20世纪50年代开始提出,国家图书馆在修复《赵城金藏》时,贯彻了“整旧如旧”的修复原则[8]。在此后相继开展的敦煌遗书、《永乐大典》及西夏文献等重大修复工程中,逐渐确立了古籍修复界所遵循的四项基本原则:“整旧如旧”“抢救为主,治病为辅”“最少干预”“过程可逆”[9]。关于古籍修复基本原则确立的成因,杜伟生在《古籍修复原则》一文中回顾道:“1991年开始,国家图书馆开始修复馆藏敦煌遗书。在借鉴国外敦煌遗书修复经验,充分考虑本单位技术、财力等综合因素的基础上,国家图书馆设计出一套修复方案,从四个方面制定了相应的修复原则。”[8]可见,起初这些原则建构的立足点,是与当时的修复环境与修复技术密切关联的。同样参与了这项修复工作的张平在《浅析古籍修复的基本原则》[9]一文中对四项原则的归纳与诠释,则是将古籍纳入到文物的范畴,从文物保护的视角所进行的解读。这些古籍修复原则的制定，体现出将传统古籍修复观念“复原性修复”转化为“现状性修复”的要求，是针对古籍所具有的文物“三性”即历史文物性、学术资料性、艺术代表性而制定的。

这四项修复原则的生成，无疑是受到西方文物修复理念的影响，可追溯到意大利人布兰迪在《修复理论》中较早提出的相关修复理念，如“最少干预”“过程可逆”。在四项修复原则中，“整旧如旧”依然是最为重要的原则，但其与传统修复观既有根本的共同之处，也具有一定区别。共同之处，即均是在古籍保护理念下生成的修复观，都要求修复要以延续古籍生命、保证古籍安全为第一要义；其区别之处在于：当代古籍“整旧如旧”的原则，不是要还原古籍到原始的面貌，也不是要完整性复原，而是要对古籍进行现状修复，旨在使古籍的文物历史价值得到最大限度的保持。经深度剖析后，我们认为这些古籍修复原则的确立，首先是对技术层面的要求；当技术发展成熟到一定阶段，便逐渐生成立足于整体社会文化价值观评判下的原则规约。但显然，这些古籍修复的原则并不能对修复过程中出现的全部现象与问题进行规范。

杜伟生在《古籍修复原则》一文中，根据其多年修复古籍的实践经验，将古籍修复原则归纳为八项，即安全性原则、真实性原则、最少干预原则、可逆性原则、可识别性原则、适宜性原则、相似性原则、规范性原则，丰富了之前学界公认的古籍修复四项基本原则，对古籍修复工作的整体优化开展具有重要的价值，对古籍修复伦理原则、规范的建构也具有重要的指导作用。

（二）古籍修复伦理原则

古籍修复伦理原则是修复师在修复职业活动中进行自我规约的原则，是处理各种利益关系所要遵循的最根本的行为准则，也是古籍修复伦理学的重要理论支柱，为古籍修复过程中的伦理问题提供策略与方法，对行为与技术活动起导向作用。具体包括：

1. 敬物

指古籍修复师要对古籍有敬畏之心，并具有古籍保护的使命感。敬物原则，首先体现在面对不同级别、不同类型的待修复古籍时，修复师都应平等对待，将其视为具有生命的事物，以“守其神，专其一”的态度进行保护修复。更重要的是，这种敬物原则，要贯穿于古籍修复的各个环节中。比如在接触古籍时，修复师内心要心怀敬畏，对所修复的古籍进行全方位的无损诊断，并建立客观的古籍修复档案。古籍修复师在认知范畴内，以恭敬之心对古籍进行调查与记录、修复与保护，即是古籍修复伦理中隐性自持属性的价值观体现。较具体而言，如修复师在修复古籍中要把控的"度"的问题[10]，不仅体现于触碰古籍对其进行调查存档时，动作手法的轻重缓急、检测方式的规范安全，更体现于在修复过程中怎样达到不过度干预，又能恰当精准地完成古籍的抢救与保护工作。

敬物原则也是古籍修复伦理原则中最根本、最高标准的要求，体现为高贵的道德信念。

2. 诚信

诚信原则指古籍修复师在具体修复实践各环节中处事交往的原则态度。如处理文献档案的实事求是工作态度；利用科学仪器进行检测的报告要真实记录古籍的资料信息，如文献病害成因、残存现状及之前的修复痕迹等。即是说，古籍修复师要在其认知领域范畴中，对古籍的信息进行全面的调查与完整的资料录入，以最大限度地记录其原生态的真实面貌。

此外，诚信原则也体现于古籍修复师在处理各种社会关系时的具体表现，如古籍修复师与服务对象、同行之间的关系要诚实守信、不欺不瞒。具体而言，公立图书馆修复人员在工作对接时，对古籍资料信息要完整真实地记录，对存在问题要真实陈述；民间修复机构的修复师对服务对象也要诚信守约，对古籍原始信息及价值如实评测和告知。

3. 敬业

指古籍修复师对古籍保护的热忱，对修复工作的责任感。敬业原则，并不是简单地指对古籍修复工作的严谨认真，或古籍修复技能的娴熟与修复完成古籍的数量，更是指古籍修复师要具有钻研精神，深钻专业技能，拓宽研究视野，将古籍保藏相关学科的理论知识融入古籍修复的实践当中，以丰富完善古籍修复知识体系的建设，不断提高古籍修复的技艺水平，提高古籍修复的质量。

4. 保密

指古籍修复师在修复工作中，对所修复古籍的资料信息的保密，尤其是对珍贵善本、珍稀性文献资料的保密。古籍修复师在具体的修复过程中，必须遵循对外保密的原则，对所修复古籍的载体形式、所承载的资料信息，与围绕古籍修复展开的各项工作记录，如修复前录入的图片、影像资料，各项材料的检测报告，制定的修复方案与修复技术，形成的修复日志与修复后的影像资料、结项报告书，以及交接登记表等，在向有关上级呈报并获准公开之前，均应全面保护，不得对外泄露。

5. 开放

指古籍修复师要具备主动吸收中外各界有关古籍修复学科实践与理论的开

放性学习精神。也指古籍修复师在修复实践与科研工作中不仅要具有互相尊重、互相学习的态度，更要具有开放交流的精神，积极地进行智慧经验的分享。古籍修复师在常年的修复工作中，接触并完成了一定的修复案例，具备了一定修复工作的经验积累。修复师在此时可将其所积累的得失经验进行分享，通过案例撰写、归类分析、整理评述，进行科研论文的产出。通过信息的公开，获得客观的社会评价，以使成功经验得到传承，失败之处得到规避，整体提高古籍修复的质量和水平。

（三）古籍修复伦理的基本规范

古籍修复伦理的基本规范，是对应于古籍修复伦理原则而制定的，是具体指导古籍修复师进行修复活动的道德行为准则。

1. 全过程、多面向、安全地记录古籍的信息资料

从修复师开始接触待修复古籍，进行资料的登记、材料的检测分析，到修复过程中的各个具体工序，在整个工作流程中的每一环节、每一具体操作步骤，均要对古籍进行安全的、多面向的信息资料完整记录，形成图文并茂的修复日志。其中，对古籍资料的录入，不仅要包括古籍本体信息，还要包括历史修复遗存，以及一些后人添加于古籍之上的历史信息，如浮签、题跋等等。在各个工序中对被修复古籍进行图像资料的全方位录入时，也要对修复过程中涉及的相关问题与重难点进行文字记录与分析说明。

2. 综合多学科方法进行古籍的价值评定，制定多种科学安全的修复路径与执行方案

古籍修复师要参与古籍修复工作的综合价值评估与方案制定的全过程，对专家和研究者的研究成果进行全面掌握，并严密地计划可行的修复路径与多种备选方案。在具体的修复工作中，要始终贯彻“敬物”原则，对古籍进行精心、谨慎的保护，全面贯彻古籍修复原则，以最大限度地保存古籍的独特价值。

3. 交接工作的全方位信息交互

古籍修复师在每一个具体修复环节完毕后，要进行修复日志的完整记录，将修复中解决问题的具体方法、使用技术及完成情况进行详细说明，并要对共同参与修复工作的修复师进行全面、真实、具体的信息资源的交互，以使接受下一个任务的修复人员可以准确地把握当前古籍的修复状态及相关问题，进行多方案的得失评估，以遵循最佳的修复路径与方法。

4. 对外信息保密

修复师在承接待修复善本古籍时，要具有《中华人民共和国文物保护法》《中

华人民共和国文物保护法实施条例》等法律法规所规定的保密责任意识，不违法犯法。尤其是民间修复师，在承接修复项目时，不能因商业的驱使、经济的诱惑、权威的压力，而泄露古籍的信息。

（四）古籍修复伦理范畴

古籍修复伦理范畴，是概括与反映古籍修复师伦理道德本质的基本维度，是反映修复伦理原则和伦理规范建设的界域要素。

1. 使命信念

使命信念是指古籍修复师要具备对古籍保护事业的敬畏之心、热爱之情与道德自持。敬畏之心与热爱之情，源自内心对古籍保护事业深刻全面的认知；道德自持，则表现在修复行为中，以事业责任心、职业道德操守去抢救破损古籍，守护古籍的原生态信息与珍稀价值。此维度的要求，是古籍修复师提升修复境界的灵魂之基。

2. 职业素养

具备精深的专业技术功底与研究能力，以及对相关文物保护技术、相关法律法规的认知，是古籍修复师能够落实修复伦理规范实践的重要前提。要求对古籍修复专业能力全方位地完善，包括对修复技能与理论专业知识的深层钻研，与对化学、物理学、材料学、美学等相关学科知识的学习，使古籍修复师具备全面深厚的职业素养。古籍修复伦理范畴中的职业素养维度，是古籍修复师提升修复境界的实力根基。

3. 品德境界

品德境界指古籍修复师在实现古籍修复伦理规范中所要达到的品格道德的高度。即古籍修复师在从事修复活动的各环节中，能始终保持开放的胸怀和相互尊重、共同守护的团体精神，乐于分享经验得失的道德境界。这是古籍修复伦理学能否真正全面落实到修复实践中的关键维度。

四、古籍修复伦理学的教育培养、综合评价与监督管理

（一）古籍修复伦理学的教育培养

古籍修复伦理学的基本原则与规范的实现，是要通过古籍修复伦理学的教育培养，以及综合评价与监督管理进行转化与完善的。

古籍修复伦理学的教育培养包括形式和内容两个方面。

传统古籍修复技术的教育模式大致是言传身教的师徒教习模式，这种传授方式的优点是重实践技能，操作性强，基本功扎实，但理论层面较缺乏系统性的

整理与总结。现代的古籍修复学科的教学模式大都采用传习所、大专院校的统一培养,将理论与实践的培养融为一体。古籍修复伦理学的教育模式应融入古籍修复学科的教育体系之中。

根据古籍修复伦理学的特性,古籍修复伦理学的教育内容大致包括两个部分。

第一个部分是掌握古籍修复伦理的相关原则规范,提升道德情操、品格境界。此部分是规范古籍修复师的伦理准则、塑造价值观念、铸造道德理想与升华境界格局的重要层面。大致包括两个方面:一方面,全面掌握古籍修复师应具备的伦理道德规范、业务工作的相关标准规范,以及国家颁布的相关文件、文物法律法规,使古籍修复师从宏观、中观上认知古籍修复师应遵守的伦理原则、道德操守、行业标准、法规制度;另一方面,从道德情操上培育古籍修复师的"敬物"情感、坚定修复师的使命信念,以及增强修复师开放性的交流精神,尤其是提高修复师在处理修复过程中涉及的各种社会关系时所体现的道德境界,提升古籍修复师的品格境界。

第二个部分是全面淬炼职业素养。此维度是使古籍修复师能将使命信仰、道德理想真正付诸修复实践中的根本基石,也包括两个方面:一方面,对古籍修复学科的专业知识、核心知识、基础知识的学习;另一方面,还应包括对其他学科如文献学、古籍版本鉴定、材料学、物理学、化学、美学等学科的相关技术与理论的学习。

(二)古籍修复伦理学的综合评价与监督管理

古籍修复伦理学的评价,相对于修复技能标准的可定量评判而言,是一个不容易实现量化的评判系统。对古籍修复伦理学相关原则的坚守和伦理规范的实现,更多地源自古籍修复师的道德自持和使命良知。在此笔者初步提出两点建议:

1. 结果评价和过程评价并重

结果评价的主要依据,取决于修复后古籍的品相。此部分的评价内容,可参照《古籍修复技术规范与质量要求》(GB/T 21712—2008)中的相关标准,以古籍修复后的实际成果来对古籍修复师的技术水平和合作效果进行评价。

但此种评价,并不能鲜明地评判出古籍修复师在修复过程中对伦理道德规范的遵守。伦理道德规范的评判,更多地要从修复过程中所体现出的道德意识与具体规约行为来进行评判。所以,修复档案记录的信息即是最好的评价依据。根据修复档案信息记录的全面性、选择的检测方法、检测过程的分析、图像文字记录的角度,以及修复过程与技术应用的文字、图像、影像的具体记录,可对古籍修复师在工作的各环节践行道德伦理规范的实际情况进行评估。另外,在具体交接过程的档案管理记录,如出库单、交接单、入库单据中,古籍修复师对古籍信息的检测与核查,对古籍修复信息记录的完整性、真实性都是同等重要的评判依据。

2. 进行古籍修复伦理学的追溯性评价

还有一个十分重要的方面,即对古籍修复完成一段时间后的追溯性检测评价,包括对古籍外观与内在的质量检测,尤其是要定期进行酸碱度的检测。这个环节的评价需要长时间的跟踪检测,并将是考察古籍修复师在修复过程中践行古籍修复伦理学情况的根本标准。

将修复档案中对修复方案、手段、方法的记录信息及预期达到效果的设想,与复原古籍在一段时间之后各项检测的实验数据相比对,即可得出更加准确的评价结论,也可反映出古籍修复师在此中坚守修复伦理原则与规范的真实情况,对古籍修复技术的发展方向产生指导作用。

3. 通过健全古籍修复管理系统进行综合评价与监督管理

一个健全的古籍修复管理系统,不仅是对古籍修复档案的规范记录和对信息资源的归类整合,更是对古籍修复人员进行综合评价与监督管理的重要平台。

目前国家图书馆的古籍修复管理系统,大致分为信息资源的规范记录、分解工作程序、实施权限管理等功能模块。信息资源的记录部分,如古籍修复前的信息记录,一般由多人分工操作完成:古籍编目人员进行文献书目录入,典藏人员对破损现状进行录入,高级修复师进行修复方案的确立,实验员进行材料检测,修复人员进行拍照[11]。分解工序的操作流程,不仅保证了专业人员在各自负责领域内的职责归属,更形成了协同合作的监督管理系统。专人负责各自领域,并通过权限设置由高级人员进行宏观与中观操控管理,无疑从档案管理与责任对接两个方面都进行了共同维护与监督。

在此基础上,还应设置修复师自我评价与同行评价模块,修复师在每一个项目、每一个阶段都可将个人的研究心得与相关指导经验形成文字和图像信息,上传数据库中存档,以形成个人阶段性相关成果的记录总结。此方式不仅可促使修复师在一定阶段与节点进行相关修复经验的理论总结,还可通过权限设置对相关内容资源进行限制级别的开放及对知识产权的保护。对于古籍修复师伦理规范的评价,也可以在管理系统中进行相关数据、内容的检索与统计,通过多项古籍修复工程的综合数据进行评价考核。

4. 建立示范评优机制

根据古籍修复师伦理规范的综合评价与考核,建立示范评优机制。对专业技术精深、道德品格高尚的古籍修复师,予以评优评先的激励表彰。并通过导师制度的设置,将其宝贵的技术经验进行分享与交流,对其人格修养进行精神传承。同时,还要重视鼓励优秀修复师及其优秀团队的示范引领作用,通过树立典范与社会传播,将其成熟技术经验与团队文化精神发扬光大,化育各级古籍修复机构工作人员。

五、结语

本文通过对古籍修复伦理学的概念、原则、规范及教育与评价管理等内容的研究,对古籍修复伦理学的规范体系进行了初步的建构。本文建构的古籍修复伦理规范体系,是在中国传统伦理文化价值观的根性上所生发的,是针对古籍修复全过程中的相关问题与现象阐发的原则规约。文中对古籍修复师所要具备的道德自持、责任认知、精神境界及其在整个修复过程中应该运用的原则规范进行了阐释,并试图通过教育培养、综合评价与激励机制的建构,对古籍修复师进行约束和管理,充分发挥优秀修复师及其团队的示范引领作用。关于此一问题的讨论,敬请方家指正。

致谢:本文撰写得到姚伯岳先生悉心帮助与修正,也得到杜伟生老师、汪帆老师的专业指导,在此一并感谢!

(王希,天津师范大学古籍保护研究院副教授)

参考文献:

[1]张文军. 浅谈古籍修复伦理[J]. 发展,2015(9):102,104.

[2]张志惠. 我国档案修复伦理规范构建的思考[J]. 档案学通讯,2017(5):76-80.

[3]杜伟生. 古籍修复事业任重道远[G]//国家古籍保护中心. 古籍保护研究:第 1 辑. 郑州:大象出版社,2015:189-193.

[4]张美芳. 古籍修复学科构建的若干思考[J]. 图书情报工作,2018(10):5-9.

[5]王国强. 中国古籍修复可识别原则、技术及其应用[J]. 图书情报工作,2020(6):33-38.

[6]王国强. 古籍修复最小干预原则、技术及其应用策略[J]. 图书馆论坛,2021(7):141-148.

[7]王泽应. 伦理学[M]. 北京:北京师范大学出版社,2012:2.

[8]杜伟生. 古籍修复原则[J]. 国家图书馆学刊,2007(4):79-83.

[9]张平. 浅析古籍修复的基本原则[G]//国家图书馆善本特藏部. 文津学志:第 3 辑. 北京:国家图书馆出版社,2010:294-301.

[10]汪帆. 论古籍修复中"度"的把握:以《唐诗拾遗》一书修复为例[J]. 图书馆研究与工作,2018(5):76-79.

[11]张志清. 浅谈古籍修复的科学化管理[J]. 国家图书馆学刊,2004(2):60-63.

黄丕烈购书修书价格考略*

A Research on Huang Pilie's Expense for Book Collection and Restoration

段羿仲　李勇慧

摘　要:黄丕烈是中国历史上最著名的藏书家、文献学家之一,收藏稀见宋元明本书数百部。本文通过对黄丕烈855部藏书中题跋的整理,梳理并分析与购书、修书价格相关内容,揭示了以黄丕烈为代表的清中期苏州地区古书购买与修复价格。从这个角度,亦可看出黄丕烈为求真求实、遵循旧貌而不惜工价以求良工的护书理念。

关键词:黄丕烈;黄跋;购书价格;修书价格;古籍修复

黄丕烈(1763—1825),字绍武,又字绍甫,号荛圃、荛夫、复翁等,清江苏吴县(今苏州)人,生于乾隆二十八年,卒于道光五年,享年63岁。黄丕烈是乾嘉盛世下最负盛名的藏书家之一,藏书以"人间未见书"[1]599 为旨趣,书斋名亦为"读未见书斋"[1]760。其好作藏书题跋,所作题跋被后人称为"黄跋",涉及内容广泛且细致,如缪荃孙曾评价称:"其题识于版本之后先、篇第之多寡、音训之异同、字画之增损、授受之源流、翻摹之本末,下至行幅之疏密广狭、装缀之精粗弊好,莫不心营目识,条目缕析。"[1]3 本文从黄丕烈所藏并作题跋的855部①书中有关购书价格、修书价格内容的跋文着手,研究修书价格与购书价格之间的比值关系,并

* 本论文获国家公派留学基金(编号:201909370006)资助。

① 著名版本目录学家沈燮元先生搜集整理黄丕烈题跋共855种,2019年9月4日拜访沈先生时承蒙告知。

且从价格的角度揭示黄丕烈为求真求实、遵循旧貌而不惜工价以求良工的护书理念。

一、黄丕烈购书修书价格相关研究概述

有关黄丕烈购书价格的相关研究成果颇丰,学术界亦十分重视黄跋中购书价格内容对研究清中期古籍市场发展状况乃至经济史方面的价值。袁逸在《清代书籍价格考——中国历代书价考(上、下)》中以黄跋中所载购书价格相关内容为研究对象,整理出"《士礼居藏书题跋记》载宋刻本购进价""《士礼居藏书题跋记》载元刻本价""黄丕烈购入明刻本价"等表格[2-3]。黄寿成在《外国银圆在中国的流通》一文中强调了黄跋对研究清中期经济史的价值,作者查阅到《荛圃藏书题识》《荛圃藏书题识续录》中共有121条记载了书价,并对黄跋购书价格中以外国银圆作为交易货币的内容进行列举[4]。姚伯岳在著作《黄丕烈评传》中以"重金购书"为章节名,结合清中期货币与购买力对黄丕烈购书价格进行深入研究,并对黄跋中涉及购书价格的内容进行举例分析[5]183-187。孙文杰在《清代宋刻本书价考略》《清代元刻本书价考略》《清代抄本图书价格与分析》三篇文章中,利用黄跋中所载购书价格相关内容对清代宋刻本、元刻本及清代抄本书价进行整理分析,并对影响书籍价格的因素进行探讨[6-8]。陈东辉在《黄丕烈题跋所反映的清中期古书价格诸问题探微》一文中对此前有关黄跋中书价问题的研究进行梳理,并以清中期古书价格及白银、番钱之比为切入点,探讨黄跋对研究清中期古书价格的重要价值[9]。徐书林在《黄丕烈买书考》一文中,从黄丕烈买书过程中所作题跋入手,对黄丕烈买书对象、交易方式、买书价格与影响因素进行论述,指出黄跋中有关买书方式与书价的资料是研究黄丕烈藏书活动的重要组成部分,亦是清中期书籍交易的缩影[10]。

以上研究多集中于黄丕烈购书价格,而有关黄丕烈修书价格的考察却易被忽视。因此本文在延续黄跋中购书价格相关研究的基础上进行整合、深入,并对修书价格进行整理分析,将黄跋中购书价格与修书价格进行对比,以论证作为藏书家的黄丕烈亦十分重视古籍的修复与保护。

二、黄丕烈购书修书价格考察

黄丕烈购书交易方式主要有三种:第一,付以银钱。第二,以书相易,其中包括黄丕烈别本藏书或黄丕烈家刻书。抄本《游志续编》黄跋云:"余爱之甚,因索直二十金,因循未即交易,至今春始以家刻《国策》十部相易,盖价亦约可抵

也。"[1]147 第三,银钱与文玩等一并交易。如宋刻本《陶靖节先生诗注》四卷黄跋云:"遂倩人假归,议久始谐,百金之直,银居其大半,文玩副之。"[1]379

经笔者实地寻访黄丕烈藏书,核对其题跋,以及整理《荛圃藏书题识》《荛圃藏书题识续录》《荛圃藏书题识再续录》等黄丕烈藏书题跋集进行统计,黄跋中共有 121 种明确记述了购书成交价格与修书价格相关内容,其中 117 种记述了黄丕烈购书的成交价格,14 种记述了修书价格,10 种同时记述了购书价格与修书价格①。具体如表 1:

表 1　黄丕烈购书修书价格一览表

序号	题名卷数	版本	分类	册数	购书价格(两)	购书年代	修书价格(两)	修书年代
1	天下郡国利病书	稿本	史	34	数十两	1792	不详	不详
2	高季迪缶鸣集	明刻本	集	2	0.48	1794	不详	不详
3	元统元年进士题名录不分卷 **	元刻本	史	不详	0.09	1795	数两	1795
4	三谢诗一卷	宋刻本	集	不详	每页 0.2 两	1795	不详	不详
5	冲虚至德真经八卷	宋刻本	子	2	60②	1795	不详	不详
6	吴郡图经续记三卷	宋刻本	史	不详	50	1795	不详	不详
7	新序十卷	北宋本	子	5	20	1795	不详	1796
8	游宦纪闻十卷	影宋抄本	子	不详	6	1795	不详	1795
9	北山小集四十卷	抄本	集	不详	2	1795	不详	不详
10	回疆志	抄本	史	不详	0.67	1795	不详	不详
11	汪水云诗不分卷	校旧抄本	集	不详	0.67	1795	不详	1795
12	盐铁论十卷	明抄本	子	不详	0.56	1795	不详	1803
13	书经补遗五卷	元抄本	子	不详	0.53	1795	不详	不详
14	白氏文集十七卷	宋刻本	集	10	13.33③	1796	不详	1797
15	魏鹤山集一百二十卷	宋刻本	集	不详	60	1796	不详	1797
16	韩非子二十卷	影宋抄本	子	不详	30	1796	不详	1802

① 同时记述购书与修书价格的 10 种在表 1"题名卷数"一栏以"**"标记,只记述修书价格的 4 种以"*"标记。

② 此书与宋刻本《新序》十卷(见表 1 序号 7)共以 80 两购得。

③ 此书与元刻《伯生诗续编》三卷(见表 1 序号 17)共以 20 两购得。

（续表）

序号	题名卷数	版本	分类	册数	购书价格（两）	购书年代	修书价格（两）	修书年代
17	伯生诗续编三卷	元刻本	集	不详	6.67	1796	不详	不详
18	历代纪年十卷	宋刻本	史	不详	4	1796	不详	不详
19	文温州集十卷	明刻本	集	不详	0.3	1796	不详	不详
20	温国文正司马公文集八十卷 **	宋刻本	集	14①	60	1797	120	1799
21	孙尚书内简尺牍十卷	校宋本	集	不详	8	1797	不详	不详
22	存悔斋诗不分卷	元抄本	集	1	6	1797	不详	不详
23	抱朴子内篇二十卷外篇五十卷	旧抄本	子	不详	3	1797	不详	不详
24	南部新书十卷	明刊本	子	不详	1.33	1797	不详	不详
25	绍兴十八年同年小录不分卷	校旧抄本	史	不详	1	1797	不详	不详
26	咸淳临安志九十三卷 *	宋刻本	史	48②	不详	1798	数十两	1802
27	吴礼部文集二十卷	元刻本	集	不详	30	1798	不详	不详
28	图画见闻志六卷 *	宋刻配元抄本	子	1	不详	1799	2.67～3.33	1799
29	不得已二卷	抄本	子	不详	一锭	1799	不详	不详
30	齐乘六卷释音一卷	明嘉靖刻本	史	不详	1 两左右	1799	不详	不详
31	愧郯录十五卷	宋刻本	子	不详	16	1799	不详	不详
32	孙真人千金方三十卷	宋刊配元明刊本	子	不详	2.4	1799	不详	1817
33	槎翁文集十八卷	明刻本	集	不详	2.4	1799	不详	不详
34	唐御览诗一卷	抄校本	集	不详	0.81	1799	不详	不详
35	雪庵字要一卷	旧抄本	子	不详	0.67	1799	不详	不详
36	诸葛忠武侯传	宋刻本	史	1	8③	1800	不详	1800

① 此书原装 14 册。

② 此书原装 30 册，后经黄丕烈重装为 48 册。

③ 此书与明刻本《练川志》同购，单价不详。

（续表）

序号	题名卷数	版本	分类	册数	购书价格（两）	购书年代	修书价格（两）	修书年代
37	新定续志十卷	宋刻本	史	不详	30	1800	不详	不详
38	幽兰居士东京梦华录十卷	元刻本	史	不详	24	1800	不详	不详
39	颜氏家训七卷考证一卷	宋刻本	子	3	16	1800	不详	不详
40	中州集十卷	金本	集	不详	9.3	1800	不详	不详
41	铁崖先生诗集	抄本	集	3	6	1800	不详	不详
42	浮溪文粹十五卷	明刻本	集	2	0.6	1800	不详	不详
43	孔氏祖庭广记十二卷	元刻本	史	5	30	1801	不详	1801
44	伤寒要旨二卷	宋刻本	子	不详	3 两余	1803	不详	不详
45	东坡乐府二卷	元刻本	集	不详	30①	1803	不详	不详
46	书法钩玄四卷	旧刻本	子	不详	约 0.1 两	1803	不详	不详
47	参寥子诗集十二卷	宋刻本	集	不详	30	1803	不详	不详
48	茅亭客话十卷	宋刻本	子	不详	18	1803	不详	1803
49	朱庆餘诗集一卷	宋刻本	集	不详	8.1	1803	不详	不详
50	乙巳占十卷	旧抄本	子	不详	8	1803	不详	不详
51	唐女郎鱼玄机诗一卷	宋刻本	集	12 页	4.05	1803	不详	不详
52	中论二卷	明刻本	子	2	1.62	1803	不详	不详
53	衍极五卷	明刻本	子	不详	0.6	1803	不详	不详
54	夏小正戴氏传四卷	明刻本	经	不详	0.3	1803	不详	不详
55	梁溪集三十五卷 **	宋刻残本	集	20	数两	1804	20	1804
56	雅颂正音五卷 **	明刻本	集	不详	0.81	1804	0.81	1804
57	太平御览三百六十卷 **	宋刻残本	子	不详	240②	1804	数十两	1805
58	管子二十四卷	宋刻本	子	12	120	1804	不详	1806
59	鉴诫录十卷	宋刻本	子	2③	26.73	1804	不详	1804
60	鉴诫录十卷	抄校本	子	不详	4.05	1804	不详	1804
61	林霁山集□卷	旧抄本	集	2	4	1804	不详	不详
62	唐语林二卷	抄本	子	不详	3.4	1804	不详	不详

① 其中以日本刻《简斋集》抵银 6 两。

② 以家藏其他宋刻书抵其半。

③ 此书 2 册，共 57 页。

(续表)

序号	题名卷数	版本	分类	册数	购书价格(两)	购书年代	修书价格(两)	修书年代
63	易林十六卷	陆敕先校本	子	2	3	1804	不详	不详
64	陆游南唐书十八卷 **	校本	史	不详	0.81	1805	几倍于书价	1805
65	稽神录六卷补遗二卷 **	旧抄本	子	2	0.5	1805	数倍于书价	1805
66	嵇康集十卷	旧抄本	集	不详	32.4①	1805	不详	不详
67	宋朝南渡十将传不分卷	元刊本	史	不详	16.2②	1805	不详	不详
68	史载之方二卷 **	宋刻本	子	2	30	1806	2.1	1806
69	舆地广记三十八卷	校影宋本	史	不详	4	1806	不详	不详
70	逃虚子一卷续一卷	抄本	集	不详	1	1806	不详	1807
71	周职方诗文集二卷	明刻本	集	不详	2 两余	1807	不详	不详
72	说苑二十卷	北宋刻本	子	不详	30	1807	不详	1807
73	公羊解诂十二卷	宋余仁仲本	经	不详	120	1808	不详	不详
74	舆地广记三十八卷	宋刻本	史	不详	120	1808	不详	不详
75	五代会要三十卷	旧抄本	史	不详	11.34	1808	不详	1808
76	棠阴比事一卷	宋刻本	子	不详	11.34	1808	不详	不详
77	灵宝毕法三卷	旧本	子	不详	2.43	1808	不详	不详
78	毛诗传笺残本□卷 **	宋刻本	经	不详	100(含修书价)	1809	100(含购书价)	1811
79	陶靖节先生诗注四卷	宋刻本	集	2	100③	1809	不详	不详
80	乐府新编阳春白雪十卷	元刻本	集	51 页	41.31	1809	不详	1809
81	普济方	残宋本	子	3	16	1809	不详	不详
82	新编张仲景注解伤寒百证歌五卷新编张仲景注解伤寒发微论二卷	元刊本	子	4	13.77	1809	不详	1817

① 此书与残本《元朝秘史》、元刻《契丹国志》、活本《范石湖集》共计 32.4 两,单价不详。
② 此书与旧刻本《杨铁崖古乐府》同购,单价不详。
③ 此书价中含少部分文玩抵价。

（续表）

序号	题名卷数	版本	分类	册数	购书价格（两）	购书年代	修书价格（两）	修书年代
83	东莱先生诗律武库三十卷	校宋旧抄本	集	2	1.62	1809	不详	不详
84	详注周美成词片玉集十卷	宋刻本	集	3	20	1809	不详	不详
85	后山诗注一卷*	宋刻残本	集	1①	不详	1810	1	不详
86	丁卯集二卷	宋刻本	集	不详	30	1810	不详	不详
87	孟东野文集十卷	宋刻本	集	不详	5.4	1810	不详	不详
88	云间志三卷	抄本	史	不详	4.05	1810	不详	不详
89	藏春诗集六卷	校抄本	集	3	2.43	1811	不详	1811
90	小字录不分卷	明活字本	子	不详	1.62	1811	不详	不详
91	石屏续集四卷长短句一卷	汲古影宋本	集	不详	1.62	1812	不详	不详
92	桐庵文稿一卷	抄本	集	不详	8.1	1813	不详	不详
93	大定新编四卷	明刻本	史	不详	3.24	1813	不详	不详
94	翠微南征录十卷	抄本	集	95 页	1 两余	1814	不详	不详
95	诸葛忠武侯传	旧抄本	史	1	0.04②	1814	不详	不详
96	图画见闻志六卷	元郭天锡抄残本	子	1	12.96	1814	不详	1813
97	纬略十二卷	旧抄本	子	不详	9.72	1814	不详	不详
98	宝晋英光集六卷	校旧抄本	集	不详	1.215	1814	不详	不详
99	范德机诗集七卷	旧抄本	集	1	0.67	1814	不详	不详
100	太医张子和先生儒门事亲十二卷*	金刻本	子	9	不详	1815	倍于书价	1816
101	玄珠密语十七卷	旧抄本	子	不详	6.48	1815	不详	1815
102	清庵先生中和集□卷	元刻本	子	不详	4.05	1816	不详	不详
103	陶杜诗选□卷**	清查岐昌抄本	集	不详	0.4	1820	0.33	1820
104	席上辅谈□卷	抄本	子	不详	4.05③	1823	不详	1823

① 此书 1 册，共 32 页。
② 0.04 两购得一捆书，内含此书。
③ 此书以等价家刻书交易。

（续表）

序号	题名卷数	版本	分类	册数	购书价格（两）	购书年代	修书价格（两）	修书年代
105	草莽私乘一卷	明抄本	史	不详	12	1824	不详	不详
106	礼记残本（存卷五）	宋刻本	经	1	8.1	1824	不详	不详
107	刘随州集□卷	抄本	集	不详	1.62	1825	不详	不详
108	汉书	北宋刻本	史	不详	250	不详	不详	不详
109	编年通载四卷	残宋本	史	不详	44	不详	不详	不详
110	职官分纪五十卷	抄本	史	不详	30	不详	不详	不详
111	王右丞文集十卷	宋刻本	集	2	26	不详	不详	不详
112	佩韦斋集二十卷	旧抄本	集	不详	6.48	不详	不详	不详
113	文心雕龙十卷	校宋本	集	不详	6	不详	不详	不详
114	事类赋三十卷	宋刻抄补本	子	40 页	3.6	不详	不详	不详
115	闲闲老人滏水文集二十卷	旧抄本	集	不详	2	不详	不详	不详
116	括异志十卷	旧抄本	子	不详	2	不详	不详	不详
117	耕学斋诗集十二卷	抄本	集	不详	1.62	不详	不详	不详
118	三十代天师虚靖真君集一卷句曲外史杂诗一卷	校旧抄本	集	不详	0.81	不详	不详	不详
119	新刻原本王状元荆钗记□卷	明刻本	集	不详	0.81	不详	不详	1811
120	岑嘉州文集八卷	旧抄本	集	不详	0.33	不详	不详	不详
121	庶斋老学丛谈三卷	旧抄本	子	不详	0.33	不详	不详	不详

数据说明：1. 以 1 枚银圆为 0.81 两、1500 文为 1 两计。2. “版本”一栏据黄跋著录。

从表 1 可以看出，黄丕烈购书价格高低与书籍的版本等级相关。以版本计，包含宋刻本 41 种、元刻本 10 种、元抄本 3 种、金刻本 2 种、明刻本 14 种、明抄本 2 种等，其中宋元金本 56 种，约占总数的 46%。对上表中有详实册数记录的古书册均价进行计算，购宋金元刻本册均价为 8.37 两，购明刻本册均价为 0.45 两，宋金元刻本册均价 18.6 倍于明刻本。但在此普遍规律上也存在特殊情况，如书贾在售书时不知此书的版本情况，低估其价值，黄丕烈的购入价格便较低，元刻本《元统元年进士题名录》不分卷黄跋载：“余曰：‘子如不索重价，我当置之。’主人曰：‘我需钱一百四十文，君嫌贵乎？’余曰：‘无用需贵价，有用索贱值。君等类如是,我何为不得?’遂如数归之。”[1]91 书贾认为的“无用”之书,仅出价 140 文,黄丕烈购买后向史学名家钱大昕请教时,知其可补《元史》,不惜花费数十倍于书价之费用修复裱托并作跋记之:“余既重其书之有补于《元史》,且重先生之跋足以表章是书也,急为重付装池,再加表托,其费几至数十倍于书价而不惜,诚不敢如书贾之视有用为无用耳。”[1]92

黄跋中有关购书价格内容的记录,最早为清乾隆五十七年(1792)黄丕烈花费数十两购得的稿本《天下郡国利病书》,而最后记录购书价格者是清道光五年(1825)其花费两饼金购买的抄本《刘随州集》。在 34 年间,黄丕烈购书共花费多少银钱? 以纵向的角度对黄跋中有关购书价格的内容进行整理可更加清晰地看出一二,参见表 2:

表 2　黄丕烈年购书数量与年购书总价相关列表

年代	1792	1793	1794	1795	1796	1797	1798	1799	1800	1801	1802	1803
数量(部)	1	0	1	11	6	6	1	7	7	1	0	11
购书总价(两)	不详	0	0.48	80.45	114.27	79.33	30	22.28	85.9	30	0	76.67
年代	1804	1805	1806	1807	1808	1809	1810	1811	1812	1813	1814	1815
数量(部)	9	4	3	2	5	7	3	2	1	2	6	1
购书总价(两)	161.99	1.31	35	30	265.11	92.7	39.45	4.05	1.62	11.34	24.56	6.48
年代	1816	1817	1818	1819	1820	1821	1822	1823	1824	1825	不详	合计
数量(部)	1	0	0	0	1	0	0	1	2	1	14	117
购书总价(两)	4.05	0	0	0	不详	0	0	0	20.1	1.62	373.98	1592.74

数据说明:1. 仅对黄跋中可量化的购书价格进行统计,购书总价具有一般参考价值。2. 以 1 枚银圆为 0.81 两、1500 文为 1 两计。

从表 2 可以看出,黄丕烈购书花费巨大。自乾隆五十七年(1792)至道光五年(1825),此 34 年间仅黄跋中明确记录购书价格者即有 117 部,可统计整理的总价已达 1592.74 两,统计数量仅占黄跋 855 种的 13.7%。除此之外,黄丕烈藏书中近九成未明确记录购书成交价格。

三、从购书修书价格见黄丕烈之旨趣

黄丕烈藏书题跋中对购书交易过程的记录相当细致，如黄丕烈藏书过程中与书贾的交流及购书价格、修书价格等，世人有不以为然者，然黄丕烈购书修书旨趣亦蕴其中。

（一）“惜书之癖”胜于“惜钱之癖”

黄丕烈家境殷实，姚伯岳先生指出：“黄家并非贫寒之家，黄丕烈从其父亲手中继承的是一份比较雄厚的家产，当然也包括田产和房产。其家中蓄奴养婢，是当时苏州城里的富户之一。”[5]12 黄丕烈曾言自 30 岁时即“喜收书”，其跋明居敬堂刊本《法藏碎金录》十卷云：“余于而立之年即喜收书，遇旧刻即收。”[1]787 此后藏书、购书、修书活动更加频繁，且不吝银钱，自谓“痴绝”。其跋宋刻本《鉴诫录》十卷云：“书计五十七叶，并题跋一叶，以叶论钱，当合每叶四钱六分零。宋刻书之贵，可云贵甚，而余好宋刻书之痴，可云痴绝矣。”[1]316

有时黄丕烈亦在“钱”与“书”之间犹豫不决，但“惜书之癖”终胜于“惜钱之癖”。嘉庆八年（1803）黄丕烈跋宋刻本《唐女郎鱼玄机诗》一卷云：“书仅十二叶耳，索白银八金，惜钱之癖与惜书之癖交战而不能决。稽留者数日矣，至是始许以五番售余，可云快甚，而后乃令百宋一廛又添一名书。”[1]446

嘉庆九年（1804），42 岁的黄丕烈请友人陶蕴辉代购宋刻本《管子》二十四卷，此书要价“一百二十金”，即 120 两，黄丕烈仍购之。黄跋载：“甲子岁，余友陶蕴辉鬻书于都门，得大宋甲申秋杨忱序本，板宽而口黑，亦小字者，因以寄余，索直一百二十金，毫厘不可减。余亦重其代购之意，如数许之，遂得有其全本。”[1]180《钦定大清会典》卷十八载：“在京文职、八旗武职，一品官，百八十两；二品，百五十五两；三品，百三十两；四品，百有五两；五品，八十两；六品，六十两；七品，四十五两；八品，四十两，均正从同禄；九品，三十三两；从九品，三十一两。”[11]清乾隆时期京城六品文职官员每年俸禄为六十两，黄丕烈购买此书的花费与六品官员两年的俸禄相当。

黄丕烈对书籍修复装潢亦不吝钱财，自云“好事之至”。其跋宋刻本《咸淳临安志》九十三卷云：“今夏六月始命工重装，细加补缀，以白纸副其四围，直至冬十一月中竣事。装潢之费复用去数十千文，可云好事之至矣。分装四十八册，以原存部面挨次装入，俾日后得见旧时面目。”[1]125 同样作以“好事之至”评价的还有修复装潢宋刻本《太平御览》三百六十卷，黄跋云：“岁甲子冬，议直二百四十金，以余所藏他宋刻书抵其半，酬介者以十金，此书遂归余。……去冬始付装潢，半年乃就,工费又数十金,凡破损及断烂处悉以宋纸补之,可谓好事之至。"[1]303 黄丕烈亦自谓"书魔",宋刻本《史载之方》二卷黄跋云:"余之惜书而不惜钱,其真佞宋耶?诚不失为书魔云尔。"[1]202 现藏于日本静嘉堂文库的宋刻本《史载之方》二卷,书仅 107 页,黄丕烈购此书花费 30 两,修复用纸为灰白色宋纸补缺,接补天头,以薄皮纸溜口,所用衬纸为太史连纸,加之装潢合计每页花费 0.3 两,全书仅装潢修复费用已达 2.1 两。自表 1 可见,此书装潢修复花费已与购买明刻本价格相近。

黄丕烈虽家境殷实,但在其近四十年的藏书生涯中受回禄之灾、亲人病故、自己抱恙染疾等变故的影响,以致黄丕烈常有生活维艰之时,但却未改其志,其曾在残宋本《普济方》跋语中自言:"然可以解忧者,惟书。"[1]198 乾隆六十年(1795)六月二十日夜家中失火,仍继续蓄书,其跋抄本《北山小集》四十卷记云:"余许其每册一金,卒以物主居奇,倍价易得,复以二金酬之。亲朋见者,无不笑余痴呆。余曰:'天灾忽来,身外之物俱尽,所不尽者,唯此书籍耳。'"[1]478

为购得心仪古书或维持开销,黄丕烈有时不得不卖书或以旧藏古书交换欲购古书。嘉庆十九年(1814)其跋宋刻本《圣宋文选》三十二卷云:"家道日落,未免割爱及此。"[1]599

(二)修书价格倍于购书价格

黄跋中共有 10 种同时记录了修书价格与购书价格,其中修书价格倍于购书价格共有 5 种(见表 1 序号 3、20、55、64、65),修书价格与购书价格相同的共有 1 种(见表 1 序号 56),合计占 60%,体现出黄丕烈为求真求实、遵循旧貌而不惜工价以求良工的护书理念。

在修复宋徽宗时刊本《史载之方》二卷时,黄丕烈"重加装潢,遇上方切去原纸处悉以宋纸补之,尾叶原填缺字亦以宋纸易去"[1]202。以宋纸补缀宋本书籍,以求古雅,可见黄丕烈对修复材料的选用并不吝惜银钱。

黄丕烈为求良工,不惜工价,这一点与明代周嘉胄"不遇良工,宁存故物"的观点相同。其跋清抄本《近事会元》五卷云:"是册装池尚出良工钱半岩手,近日已作古人,惜哉!其子虽亦世其业,而其装池却未之见,不知能传父之手段否。"[1]260 黄丕烈藏书修复与装潢多出钱瑞正之手,而钱瑞正便是黄丕烈心目中的良工,为此他不惜工费,厚而聘之。

(三)依书籍稀见程度决定是否修复

黄丕烈不吝工费修复装潢,不局限于版本等级高低,主要在于书籍内容是否"稀见"。对于稀见明本,亦不吝钱财,悉心修补。如明刻本《雅颂正音》五卷,虽为明刻,却存元刻气息,黄丕烈花费与书价相同的价格进行修复装潢,却自嘲为

“愚”。黄跋云:“刘仔肩《雅颂正音》五卷,家俞邰《明史艺文志》有其目,然世不多有。此刻信属明初旧本,楮墨间犹饶元刻气息……是册出吴枚庵家,余以一番钱得之,稍有破损,兼为字纸衬其腹,因命工重装,以旧纸补缀之,工料费又加一番钱。爱明刻书如此,余不当自笑其愚邪!”[1]626 又如明抄本《稽神录》六卷《补遗》二卷黄跋载:“余以白金五星易诸书友郁姓。郁姓喜甚,以为此字簍中物,而竟有出银易之者,且其同伴亦以为此五星意外得来,遂拉往饭铺为沽酒市脯计……但不加装潢,仍恐后之见是书者复为书友之续,因重装之,工费较书直奚啻数倍。”[1]346 物主因书品破烂,不识其价值,黄丕烈仅以银两五钱购得此书,为免后人不至因其书品不佳而不识其价值致书籍亡佚,便悉心修复,工费亦几倍于书价。

四、购书修书价格反映当时社会经济情况

黄跋中反映的黄丕烈购书价格信息对研究清中期的宋版书、元版书、明版书乃至清代图书的古籍成交价格与清代图书市场的发展都具有重要的意义。从黄丕烈购书修书价格中,不仅可以看到当时的社会经济情况及乾嘉道时期用以交易的货币名称,而且黄跋中直接记载了外国银圆流入与清代银本位经济之间的比值关系,为清代货币制度研究提供了史料依据。

黄丕烈购书修书题跋中交易货币的单位有斤、两、金、星、番、饼、枚、圆、文、钱、吊、贯等。按币种不同可分为三类:第一类,白金、白镪、朱提,此类多为白银的俗称。第二类,铜钱,此类为制钱的俗称。关于白银与制钱的比值,受白银纯度、铸币量和物价波动等多重因素的影响,在清代不同时期比值并不相同。彭信威《中国货币史》考证清嘉庆四年(1799)江苏白银一两合制钱1450文[12]614。从黄跋中亦可看出白银与制钱的比值关系,嘉庆十四年(1809)跋宋刻残本《普济方》载:“百忙之中出见银一斤置此残帙……共计一百四十四番,以叶论价,合每叶青蚨一百九十五文。”[1]198 即白银一两合制钱数1755文。第三类,番饼、番银、元银,此类为外国银圆的俗称。外国银圆与白银的比值,在清代不同时期并不相同。《黄丕烈评传》中载:“洋银因成色不纯,一元约只合银七钱。”[5]185 即1圆为0.7两。不同时期、不同地域银圆与白银的比值亦有所波动。黄跋中明确记载有可计算外国银圆与清代银钱比值的内容,嘉庆九年(1804)黄丕烈跋宋刻本《鉴诫录》十卷云:“余闻斯言,知物主未必无去志,缘谋诸书贾之素与往来者,久而始得见其书,索直白镪卅金。余爱之甚,且恐过此机会难以图成,遂易以番钱三十三圆。书计五十七叶,并题跋一叶,以叶论钱,当合每叶四钱六分零。”[1]316 据此可

计算1圆约为0.81两。

黄丕烈生活的乾嘉时期物价波动较大,尤其是粮食价格,受旱涝灾害、生产力落后等因素的影响,整体价格并不稳定。乾隆十六年(1751)至嘉庆五年(1800)每公石米价合制钱数平均为1626文,嘉庆六年(1801)至嘉庆十五年(1810)每公石米价合制钱数平均为3262文,十年间米价上涨一倍[12]619。嘉庆十九年(1814)黄丕烈跋校旧抄本《毗陵集》二十卷也记录了米价的变化:"甲戌夏旱,米价遽贵,枚庵不无去书,稍佐薪水之费。"[1]389

因此,社会经济情况是研究黄丕烈购书与修书价格的重要因素,而黄跋中有关购书、修书价格的记录亦可为乾嘉道时期社会经济研究提供史料佐证。

五、结语

黄丕烈毕生致力于藏书事业,藏书之多,版本之善,题跋之详尽,对古书之痴迷,在中国历代藏书家中都堪称典范。同样,黄丕烈在近四十年的藏书生涯中,修复与保护书籍的活动也伴随其始终。他重视古籍修护,重视修复材料,以及对修书人不吝惜银钱地重用,方使得众多原本残破的善本古籍如"病遇良医",延寿至今。可以说,黄丕烈关于古籍修复的理念在同时期的藏书家之中已经具有很强的先进性,亦可为现世的古籍修复和古籍装帧提供参考与借鉴的价值。而且黄丕烈书籍修护不吝钱财,技艺精良,装潢古雅,守正创新,这些内容都值得进一步整理与研究。

(段羿仲,山东艺术学院文物鉴定与保护[古籍保护]方向硕士研究生;李勇慧,博士,山东省图书馆研究馆员)

参考文献:

[1]黄丕烈. 黄丕烈藏书题跋集[M]. 余鸣鸿,占旭东,点校. 上海:上海古籍出版社,2015.
[2]袁逸. 清代书籍价格考:中国历代书价考之三(上)[J]. 编辑之友,1993(8):71-75.
[3]袁逸. 清代书籍价格考:中国历代书价考之三(下)[J]. 编辑之友,1993(10):64-70.
[4]黄寿成. 外国银圆在中国的流通[J]. 中国典籍与文化,1994(4):121-124.
[5]姚伯岳. 黄丕烈评传[M]. 南京:南京大学出版社,2006.
[6]孙文杰. 清代宋刻本书价考略[J]. 出版科学,2009(4):93-97,92.
[7]孙文杰. 清代元刻本书价考略[J]. 图书情报工作,2009(9):130-140.
[8]孙文杰. 清代抄本图书价格与分析[J]. 编辑之友,2010(12):109-112.
[9]陈东辉. 黄丕烈题跋所反映的清中期古书价格诸问题探微[J]. 文献,2013(9):123-131.
[10]徐书林. 黄丕烈买书考[J]. 山东图书馆学刊,2019(12):38-44.
[11]允祹,等. 钦定大清会典[M]//景印文渊阁四库全书:第619册. 台北:台湾商务印书馆,1986:156.
[12]彭信威. 中国货币史[M]. 上海:上海人民出版社,2015.

古籍修复中的“简修”不简单

——浅谈古籍简修的特点与方法

Remarks on the Characteristics and Methods of Simplified Ancient Book Restoration

王　岚

摘　要:古籍简修,是指采取简单快速的方式修补古籍。简修主要针对文献仅为书皮破损、若干书页有难以打开的折角、书页个别部位有少量破损等情况。作为一种急救式修复方法,简修不必将书册全部拆开,只需简单修补破损部位,具有修复页数少、修复范围小的特点。依据不同破损状况,简修的方法也各有不同。

关键词:古籍修复;简修;掏补;揭纸

通常来说,古籍修复是一项速度较慢、耗时较长的工作,大多要经过从拆书、补书页、喷水压平到装订成册等一系列工序。修复人员经常连续十天半月甚至几个月埋头对着同一册书进行修补。但有时也根据具体情况,只对破损文献作简单处理。

一、简修的缘由和目的

有些文献的破损状况并不是特别严重,如常见的书皮破损、订线断裂,或前后书页粘连等,大多只需要重新装订,或揭开书页即可。还有一些书页有卷角翘边的现象,也只需捋平书角,整册压平就可以了。工时少则半天,多则一天就能解决。

此外,也有一些破损较为复杂,简修起来略有难度的古籍。例如古籍数字化时,临时发现一两张书页有折角压在订线下,难以拆开,挡住了文字,影响扫描内容的完整性；或书库人员在整架时，发现某些成套文献中仅一两册破损，虽然破损面积不大，却影响了全套书的整体美观，在读者翻阅的过程中还会缩短古籍寿命等。

如果拆书修复，一是扫描工序的时间等不及；二是以整套书来说，若只拆单册修补，很难保证书页纸张在喷水、压平之后的伸缩度还能够还原到之前的状态，俗称“纸张回不去”，书口会参差不齐。这就需要修复人员在不拆装书籍的情况下，只针对破损部位进行修复处理。因其修复方式从简，故称“简修”。虽说是简修，但修复过程仍要遵循“整旧如旧”的基本原则，遵守古籍修复操作的相关规定，并且最终效果也要达到书册整体美观。

笔者结合近年来工作中遇到的古籍简修情况，对几种有代表性的简修方法作一个概述性总结，并就简修的特点与难点提出相关思考与探讨。

二、简修常见破损及处理办法

（一）书页边缘断裂

此类破损常见于书库临时送来的文献藏品，破损位置多在天头地脚的纸张边缘处。古书纸张大都比较薄软，如毛太纸、竹料纸等，因年代久远导致不同程度的酸化，纸张纤维变得非常脆弱，当读者翻阅时，稍有不慎便会在纸边造成一道裂口。为避免裂口越来越大，必须及时修补。

修复方法：可采取掏补的方式，在薄皮纸上涂浆水，用较厚的卡纸托起补纸，用竹启子撑开书页内层，将补纸缓缓送入。补纸对准需要修补的地方，轻轻贴在裂口处，确认位置无误后，再夹入撤潮纸压紧，使之粘牢。

这种修复方式的优点是不用拆书，但也无法像平日修书那样，展平书页从背面修补，而是只能掏着书页对折的部分进行操作，所以也称作“掏补”。

2017 年，笔者在陕西省图书馆参与修复《古今图书集成》时，在万群老师的指导下，对其中一部分书册即采用了掏补方式。作为中国最大的一部类书，陕图的一级善本《古今图书集成》共有四千多册，其中很多需要修复。面对如此庞大的待修数量，一册册拆补非常耗时费力，选择以掏补方式进行局部修复不仅加快了修复速度，还能更好地确保修复完成后的书册可以与全套书保持整体统一（图 1）。

图 1 《古今图书集成》多张书页掏补效果

(二)书口局部开裂

修复技术的优劣在很大程度上取决于“补破”这一工作的处理[1]。掏补书页,不失为简修古籍的一个好方法。在笔者历年处理过的各类古籍掏补简修案例中,相对于书页边缘破损,书口处掏补的难度更大一些。如清刻本《周易指》的破损部位只在最后一张书页,下部的书口开裂,上部的书口有断续的破损(图2)。因古籍书库要求当日完成修复,时间紧迫,虽然单页破损较为严重,也只能作简修处理。

修复方法:首先分析破损情况,由于书口位于书页中缝对折的位置,掏补的难度加大。必须先将书口撑开、展平,再塞入补纸(图3)。

贴好补纸后仍需保持书口展平的状态,覆上撤潮纸压平,因为修复后书口还要重新折回,压平书口时需注意两边不能压出死褶,否则修复后的书页会留下明显压痕。待纸张晾干后,折回书口,修复完成(图4、图5)。

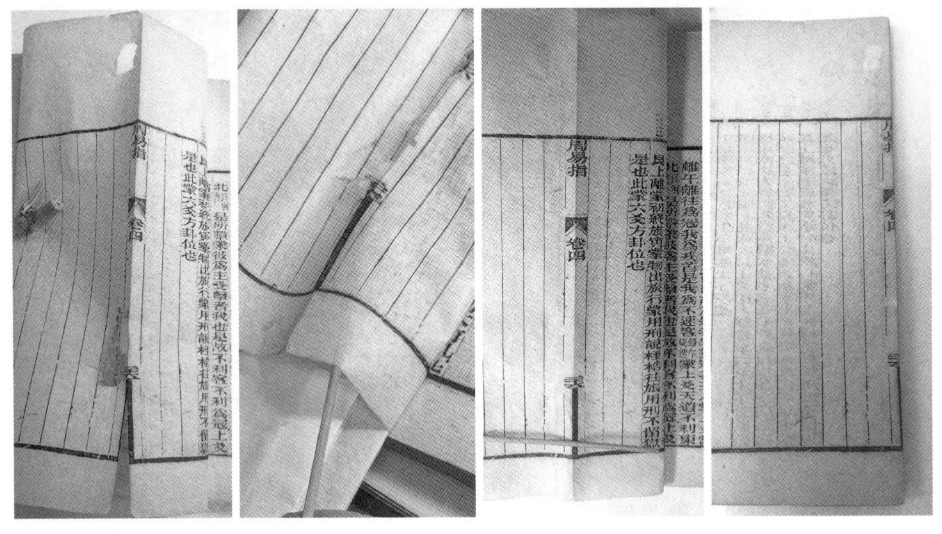

图2 《周易指》书口　　图3 掏补溜口　　图4 掏补修复后　　图5 书口折回效果

(三)内页折角

随着古籍数字化工作的推进,越来越多的古籍文献被收录在数据库中,以高清数字影像的形式供人们阅览。对研究者来说,文献资料的完整度极为重要。尤其古文言简意赅,如果文字被遮挡,内容表述上会造成“失之毫厘,谬以千里”的误差。然而许多古籍长期被束之高阁,无人翻阅,待到扫描时才发现书页中存在折角或褶皱等问题,严重者会影响扫描录入的准确性。

类似明刻本《枫窗小牍》的内页折角情况(图6),在扫描数字化的送修书中并不少见,其特点是书页折角面积大,其中一侧牢牢地缝在订线后,非专业人员很难将其打开，需由修复人员进行处理。

修复方法：用针锥将折角嵌入订线后的部分轻轻划开，先使折角打开，让文字和版框显露出来（图 7）。再将划开的纸边轻轻塞入订线后，用针锥粘稍厚的稠浆固定。之后将书册反复开合几次，调整塞入订线后的书页位置，确保书页平整（图 8）。

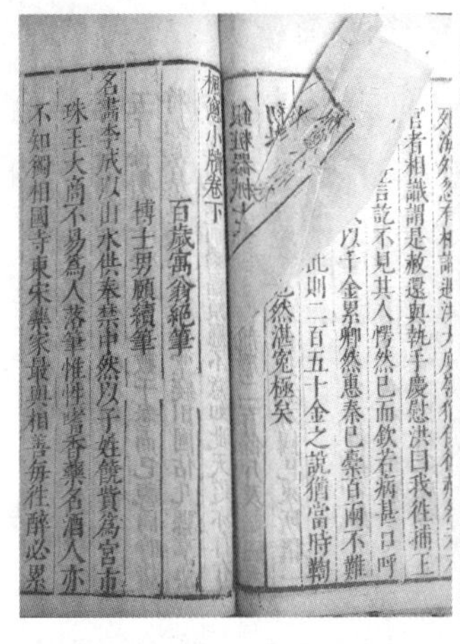
图 6 《枫窗小牍》内页折角

图 7 展开折角

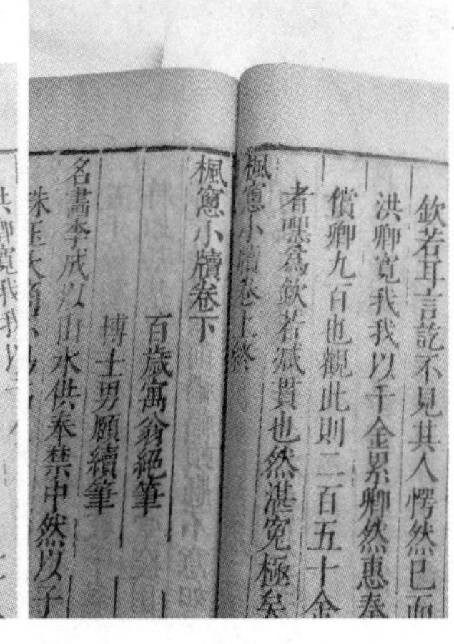
图 8 折角修复后

一般而言，根据古籍修复原则中的最少干预原则，修复过程中应尽量避免破坏书体。但是，这种形式的折角已经严重妨碍了阅览和扫描书籍内容，且展开折角后，多出的纸边裸露在书体外部，无论日后扫描还是借阅，都易再次对文献造成损伤。在与相关人员沟通之后，根据借阅的需要和书体美观的要求，将折角书页的纸边裁至与书口齐平。裁下的多余纸边也是重要的书体信息，不能随意丢弃，放入密封袋封存，标注书名与书号，与此册书的修复档案同时存放。

三、简修的难点与注意事项

（一）纸张干湿度不一致的问题

古籍修复工作除修补书籍的破损部位以外，书体外观的整体一致性也是衡量修复质量的重要标准之一。采用掏补的方式从很大程度上减少了对书体全貌的破坏，但由于仅在书页局部上浆水，会导致同一张书页纸张的干湿程度不一，纤维伸缩度不均匀。若处理不当，会产生如浆水痕迹滞留纸上形成明显水渍、纸张起皱等遗留问题。

尤其是在书口范围进行的掏补操作，由于书口破损部位浸湿了浆水，补纸边缘必然会出现褶皱，折回的书口呈波浪状，无法与原书口齐平。因此待书页晾干后，需重新翻开书口，少量喷水，增加书口处的湿度，再在修补过过的前后书页里垫上撤潮纸，置于压书板下压平。增加湿度后，因浆糊皱起的纸张纤维会重新伸展，从而解决掏补后书口不平整的问题，同时喷水的轻微潮气也有助于化开浆糊水渍。

（二）掏补与纸张厚度的问题

掏补是一种快捷的简修方法，旨在对古籍作小范围局部修补，但选配补纸时仍要遵循纸张的成分、厚度与原书页一致，纸张色泽宁浅勿深等原则。

如果只是掏补一两张书页，修完后处理得当，从外观上基本看不出修补痕迹。但有时也会遇到缺损部位从上至下贯穿了整个书体的情况。这时候采用掏补法，不仅要着重考虑补纸的质地、颜色，还要考虑每一页补纸搭口的宽窄问题。当补纸搭口在相同位置逐页叠加后，修补的部位会比原书口明显高出一截，同样不符合修复标准。

这种情况主要有两种处理办法：

1. 粘贴补纸时，让每一页补纸的搭口宽窄错开，修补中不断观察补纸的厚度。这样可以有效控制修复后全册书摞在一起的搭口厚度。

2. 选用颜色相近的薄皮纸与补纸相互搭配修补缺损部位，薄皮纸和补纸的厚度穿插交错，一定程度上能够缓解补纸搭口摞在同一位置所产生的书册过厚问题。

两种方法的目的都是保证修复后书册的整体效果。总之，掏补的面积越大，需要考虑的因素也就越多：补纸的选配、浆水的稀稠，都会影响修复后的效果。需要工作人员根据具体情况采取相应的处理方式。

（三）修复中的特殊情况

在以往的修复工作中，有时会在拆开书后，发现实际的破损程度远大于未拆书时看到的样子，古籍简修时也会面临这个问题。

清同治刻本《薛淮生先生稿》的外封皮为后人补加，与原书皮粘连严重，按照要求揭开外书皮后，发现书脑处有手抄墨字。鉴于这些文字是非常重要的历史信息，需要继续完整揭出字迹。但干揭有可能将字迹连带纸张一起揭下损坏。中度粘连的文献用干揭法不能揭开时，应采用湿揭的方法[2]。

处理方法：先用毛笔蘸温水软化覆于墨字上的纸膜，再用镊子和针锥一点点地刮削。由于外书皮和书脑粘连时间过长，浆糊已经渗进纸张纤维里，虽然看上去只有薄薄一层，但实际上已与墨字牢牢相接，刮揭过程中稍有不慎就会刮下字体墨迹，导致笔画缺失。因此在刮削纸张时，要特别细致小心，避免揭纸时刮坏字迹（图 9、图 10）。

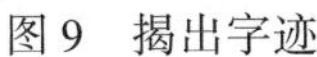
图9　揭出字迹

图10　《薛淮生先生稿》修复后

这个在简修过程中的意外发现，增加了修复难度。在修书工作中经常会遇到类似的情况，这也考验着工作人员临时改变修复策略的能力。

四、简修的步骤与标准

（一）修复步骤

相比拆开书册逐页修复的方式，古籍简修耗时较短，修复步骤较少，通常只再现了《中国古籍修复与装裱技术图解》中所提到的一两个环节。例如仅需换书皮、重新订线的文献，修复人员做好装订即可。

掏补书页的简修方式，在操作技法上比较复杂烦琐，但基本上也只属于补书页的范畴。

揭开粘连的书页，是简修中常见的问题。条件允许的情况下，尽量采用干揭。如果干揭实在无法揭开，再使用温水软化的方式。浸湿书页纸张时，一定要注意后续处理残留水渍。不能让水渍和浆糊痕迹留在纸上，否则会给古籍造成二次污染。

总而言之，简修古籍时要先考虑周全再动手，尽量做到一次性解决问题。

（二）修复标准

虽然简修古籍简单快速，但具体操作中仍要依循古籍修复原则和《古籍修复技术规范与质量要求》（GB/T 21712—2008）的规定。不允许因急于完工而使用化学黏合剂或进行不恰当的修复操作。

许多简修处理的古籍文献也会因使用目的不同，有不同的标准要求。比如数字化扫描的古籍,一般只为展现书体原貌,不遮挡文字即可;另有一些善本类文献,则需简单修整,以便于收藏和展览,同时满足当日回库的要求等。

面对古籍的简修工作,修复人员应详细询问送修人员的要求,做到发现问题及时沟通,以便在快速完成工作的同时确保修复质量。

五、简修的档案记录

修复档案是记录文献修复前后客观状况、修复方案和修复过程的数据[3]。简修是修复方式上的操作从简,但是修复档案的记录仍要明确详细,不能马虎。

简修的档案记录与其他修复档案记录在内容上大体无异,包括修复前后的对比照片,修复过程及重点修复环节的影像资料,记录文献书名、书号、破损情况、修复页数和修复方法等。修复人员与送修单位要签交接单,质量验收时双方认可后签字,再交付藏品。

有时简修的古籍需要快速处理,档案记录的内容较少。但最基本的也要记下书名、书号、修复的页数和修复方法,每隔一段时间将简修的档案记录作一次汇总,为修复工作存下宝贵资料,具体见表1。

表1　古籍简修档案记录汇总表

序号	古籍题名、版本等信息	页数	破损情况	修复方式	送修单位
1	丙五 269 明刻本《枫窗小牍》	2	内页折角(卷六,页十三) (卷六,页二十四)	单页折角修复,撤下的书页纸边保存	历史文献部
2	丁 14866 清刻本《薛淮生先生稿》	2	书皮粘连(外书皮为后加牛皮纸,揭下)	揭开书皮后有字迹,刮削覆于字迹上的纸膜,令字迹清晰重现	历史文献部
3	庚 171 清刻本《周易指》	1	书口开裂 (卷四,页二十六)	掏补溜口,喷水压平书册	古籍书库

修复时若遇到必须从书中撤出的纸张、线头或其他书体信息,要装进专门的密封袋,标注书名、书号,与修复后的文献一同交还送修人员或送修单位妥善保管。书体信息与修复记录也是重要的档案资料,不能因为是简修就草率对待。

六、结语

如果把待修的古籍比作病人,把修复工作者比作医生的话,拆书逐页修复,让修书工序走完全部流程的方式，就像给病人做一个大手术，需要医生付出细心和耐心；而不拆书的简单修复则如同门诊的挂号小手术或急诊处理，虽然操作技法上稍显单调，但破损情况的多元化及对修复速度的要求更加考验了修复人员的应变能力。

简修中最值得注意的一点是，单张书页修补后的纸张伸缩度能否与其他书页保持一致。这就需要修复人员对不同纸张的特性有一定的了解，从配纸到控制浆水的稀稠均能准确把握，从而避免修复后书册的书口部位不整齐问题。古籍简修需要相对丰富的修书经验，只有对修复材料乃至各种装帧形式熟稔于心，才能在短时间内不拆书也做到修完修好，这也是古籍简修工作中最为“不简单”的一点。

无论是拆书逐页修补，还是简单修复，都需要我们认真专注，时刻秉承“破损无繁简，医者有恒心”的敬业精神，根据书册破损状况和藏品持有者的要求给予恰当适合的修复方案，最终呈现理想的修复效果。

（王岚，首都图书馆馆员）

参考文献：

[1]杜伟生. 中国古籍修复与装裱技术图解[M]. 北京：中华书局，2013：4-5

[2]张平，吴澍时. 古籍修复案例述评[M]. 北京：国家图书馆出版社，2012：191

[3]苏品红. 文献研究与文献保护[M]. 北京：国家图书馆出版社，2009：242

《雅尚斋遵生八笺》修复纪要*

The Outline of the Restoration of the *Yashangzhai Zunsheng Ba Jian (Yashangzhai's Edition of Eight Guidelines for Health)*

安文萱

摘　要:民间藏书家委托天津图书馆修复的明刊本《雅尚斋遵生八笺》全书凡十册,虫蛀和老化情况比较严重。通过对其第一册的修复,可以了解古籍修复中准备、修复、还原的具体工作流程;通过反思修复过程中出现的问题,对古籍修复中把握力度、随机应变、整体思维及敬畏之心的说法也有了较为深刻的认识。

关键词:《雅尚斋遵生八笺》;线装;古籍修复

明高濂所撰《遵生八笺》是一部内容广博又切实用的养生专著,也是我国古代养生学的主要文献之一,其内容分为《清修妙论笺》《四时调摄笺》《却病延年笺》《起居安乐笺》《饮馔服食笺》《灵秘丹药笺》《燕闲清赏笺》《尘外遐举笺》八个部分,故名"八笺"。

2019 年,笔者有幸在资深古籍修复专家、天津图书馆万群老师的指导下,修复民间藏书家委托该馆修复的明版线装古籍《雅尚斋遵生八笺》中的第一册。此册包括书衣、护页、叙、目录、正文,共计修复 114 页。现介绍本次修复的过程,进而就修复过程中发现的问题略作阐述。

* 本文系 2019 年国家社科基金重大项目"古籍保护学科建设与基础理论研究"(项目编号:19ZDA343)研究成果之一。

一、古籍修复前之状况

明刊本《雅尚斋遵生八笺》全书凡十册，雅尚斋为高濂书斋名。根据高濂自序的落款“万历辛卯年”可知，《雅尚斋遵生八笺》的初刻年大致为万历十九年（1591）。由于明万历间建阳书林种德堂也曾出现一翻刻本，此本版刻精良、印刷考究，版心下方刻有“夏尚宝镌”“唐”“陶”“钱”“杨”“邵”“欧”等刻工姓名，虽暂时不能确定为初刻本或种德堂翻刻本，但为明刊本应属无误。

此本半页九行，行十八字，四周单边，白口，上下双鱼尾，版心上方刻书名，下方镌页数；版框 20.4 厘米×13.5 厘米，开本 28.1 厘米×16.9 厘米，四眼线装。

经观察，本册的破损情况为：线断、书口断裂、书脑脆化掉渣且伴有少量虫屎、天头地脚虫蛀严重、上书衣丢失、下书衣残破、书根磨损、书根字较浅、护页上有黑色霉斑。破损原因主要为虫蛀和老化。护页上三下二，分别内夹红丹纸，其中，第一页护页仅剩红丹纸和护页各半页，红丹纸裸露表面充当上书衣。前五页有修复痕迹，皆内夹衬纸。

二、修复前准备工作

（一）建立修复档案

每一部待修复古籍都需要建立档案，以便后续集中管理。修复档案一般包括以下信息：出库信息及责任者，所修复古籍文献的名称、版本、册数、卷数，每册书的页码、排序、破损情况，修复历史、修复要求、修复方案、修复前后影像，古籍文献存档信息等。

（二）准备修复材料

在古籍修复中，由于修复材料是修复质量的决定性因素之一，修复人员需提前准备好浆糊笔、蘸水笔、浆糊、镊子、喷水壶、修书板、压书板等必要的工具。此外，还需备齐足够的修补用纸、撤水纸、书皮纸、装订丝线等材料。

补纸的选择是重中之重。修复人员应依循“整旧如旧”的原则，在自然光下寻找与原书颜色相当、纹理接近、厚薄相同的补纸，宁薄勿厚，宁浅勿深，避免配纸不当。此册《雅尚斋遵生八笺》为竹纸刷印，于今难以获得与原书纸张相同的补纸。考虑到现实情况，我们选择了与其帘纹相当、颜色相近、薄厚相同的竹纸作为补纸。

由于此书书口断裂，也需要制备溜口纸。我们选择了与原书颜色相当且较薄的皮纸，对好帘纹后手撕为宽 0.5~1 厘米的长条备用。

三、修复操作

修复本册《雅尚斋遵生八笺》的操作步骤有拆书、标页码、揭页、去污、补书页、修补护页、喷水压平、剪边、锤书、压实、加书衣、齐栏、订书捻、原眼回线、拍书影等。

(一)拆书标码

再次检查是否已对原书做好详细的数据与影像记录后,开始拆书。先将待修复的书册置于平整的桌面上。书册与桌面间插入隔层衬纸,以及时收集拆书过程中掉落的残渣。

将装订书册的丝线剪断取出,再旋转取出纸捻,拆下的线和纸捻分别保存留档。

在每页书角内侧用铅笔轻轻标上序号。由于本册书脑部分经反复装订且虫蛀严重,纸张明显脆化,并出现掉渣现象,为避免造成新的破损,不宜将每一页分别取下,而在拆掉书捻后,保持原书不动,打开书角,于书根处小范围内标码,待修复时再依次取下书页。

(二)修补书页

修补书页是修复的中心环节,应遵循"先中间后两边"的原则。本册《雅尚斋遵生八笺》书口老化开裂,因此皆需溜口。

1. 溜口

首先,取书页。取书页时可使用毛笔蘸少量水,在镊子的配合下缓缓取下,用以处理书页粘连的情况。

将书页背面朝上平铺在修书板上,根据版心的文字、栏线等内容将两半页版框对齐,距离要适当,不可相互覆盖,以便留出修复过程中纸张抽胀的空间,确定位置后用尺子压上固定。

右手拿毛笔蘸稀浆糊从上往下均匀地涂在将要溜口的版心处,选取溜口纸一条,左手持溜口纸上端,右手持下端将溜口纸托起,从上往下轻轻覆盖于书口破损处。确定好溜口纸的位置后,用右手中指指肚轻压固定,使溜口纸与书口贴合。再用毛笔蘸水涂抹在溜口纸上,使溜口纸完全贴合书页,随后用撤水纸撤水。溜口时,一个书口分两至三段完成,以减少误差。此外,对于书口处的残破和缺口,应先用补纸补齐后再溜口。

2. 补虫蛀

书页版心溜口加固后再修补书页虫蛀。本册书中,曲线形和圆形虫眼交叉并存,几处严重的虫蛀贯穿整册书,地脚破损最为严重。修补虫蛀应遵循"先大洞后小洞"的原则。

清除虫蛀周围的虫屎后,涂抹稀浆糊于虫蛀周围,选用合适的补纸贴在虫蛀处,用毛笔蘸水涂抹使补纸与原书的贴合度更高。随后用镊子撕去补纸多余的部分,继而用撤水纸撤水。最终的效果以补纸与虫眼边缘搭口距离保持1~2毫米为宜。完成一至两处的修补后,须移动书页,以防粘贴。另外值得注意的是,本册《雅尚斋遵生八笺》地脚处有书根字,故补纸距离地脚须缩进1毫米左右。

对原书内有衬纸的五页及夹有红丹纸的护页,必须保证护页与相对应书页、衬纸同时进行修复工作,避免后续整合时出现误差。

考虑到全书的美观,并非所有的虫洞均需修补。纸捻和线孔位置的破洞、太小的沙眼不需补。若有三两个小虫眼在一起则用皮纸补上,防止日后该处断裂。此外,修补齐边时也可先将补纸一边裁齐,降低后续剪边的难度。修补完的每页书要用撤水纸隔开,以防书页粘连,并用压书板叠压修补后的书页,夹上标签,填写详细的修复记录。

(三)喷水折页

书页修补之处,由于水与浆糊的存在,纸张的伸缩性也会不一致,导致书页整体上不平整,故修复完成的书页须统一喷水处理。修补之处或有褶皱,添入的补纸亦不易展平,可用毛笔蘸水在修补部位轻划几下再统一喷水。

喷水时左手将书页拿起,右手持喷壶,确保喷壶的水雾均匀,对准书页正面并保持一定距离均匀地喷水。喷至书页潮湿即可,然后将书页展平在撤水纸上,每一页都用撤水纸隔开,两页之间从右向左错开2~3厘米以免粘连。同一处可叠放10页左右,并于每张撤水纸上夹放标签。另可放置多张撤水纸于修复完的书页之上。这一举措更有利于撤潮。为了完全展开书页中的褶皱,并保持撤水纸与书页的贴合状态,在覆盖撤水纸时可用小臂均匀地轻压纸张并同时向外延展。最后在撤水纸上盖压书板,其上放置铅块或大理石。

书页干透后,将书页依次取出,检查其中是否有褶皱与水痕,再依照书口的原有折痕折页。将书页平放,对齐对折,避免造成新的折痕。折页后,可继续用压书板压上,并将前五页中的衬纸和护页中的红丹纸折页后放回原位一并压上。喷水压平环节能清除书页上残留的灰尘和较淡的水痕。倘若书页中依旧存在褶皱和水痕,可重复喷水、压制的步骤。

(四)剪边锤书

修补完成的书页,经折页、压平后,需要仔细修剪每一页的边角。在修补过程中,书页外延,尤其是天头、地脚及书背处,可能产生多余的补纸。外溢的补纸可能在原书页的基础上仅仅外延一两毫米,且多为修补时留下的毛边,所以修剪有较大的难度。

书页修剪完成后,将书页按顺序排好。此时整册书的厚度约为修复前的3倍。因为虫蛀一般具有贯穿性,所以一册中贯穿性的修补之处明显更厚。在这种情况下需要锤书。按照页码顺序,每8~10页为一组,将分好的书页整齐放在撤水纸上,置于石板之上,书与书锤间衬一层纸,避免书页被锤破或砑光。锤书时右手持书锤,直上直下锤打,先顺时针绕四周一圈锤打,继而对修补过的位置有针对性地锤平。锤书的力度以敲出的声音清脆为宜。锤书的同时左手手指轻压书面凸起的位置,随时把握书页情况。每组锤完之后,再与前后相邻的书页叠加锤平,最后使每张书页都能更好地相互贴合。

(五)齐栏压平

锤书工序完成后,书页间彼此较为贴合,可进行齐栏压平的工序。齐栏以地脚边和下栏线为准,齐栏时左手四指按住书页下方,大拇指顶住书口,右手中指、食指和拇指插进书页,注意对齐书页。完成一册书的齐栏后,书页上下各放一块书板固定。

本册书口及天头地脚对齐后,栏面也基本整齐。但本书原有的书根字在修复过程中受到不同程度的干扰,字迹变淡,出现缺笔的现象。故采取最原始的方法,将书口一页一页对齐,最终拼凑完整书根字。本书共十册,单一书册修复后不描书根,待整部书完成修复后,再统一上描。

完成以上工序之后,整册书上下重新添加两张护页,使用压书机处理,时间为三天左右。

(六)原眼回线

本册《雅尚斋遵生八笺》为四眼线装,使用制备的两个纸捻按原书眼固定书页,而后应添加书衣。由于本册上书衣缺失,下书衣仅剩少半,且无法取得与原书衣颜色相近的书皮纸,故另选纸装配全新的书衣。原书衣留作纸样,以备后续研究。

根据本书序文后书页的订线孔位,可知本书已装订超过两次。经观察,本册十余订线孔位中的任意四个均不可能构成直线。仅有贴近天头、地脚的两孔可构成直线,且垂直于书根。根据最少干预原则,并考虑书册的美观,选择此天头、地脚的两孔进行原眼回线,并依据四眼订线比例重新打书眼两处,最后选定与原书用线相近的丝线进行四眼订线。此时,已基本完成整册修复。

四、修复过程中的问题及思考

古籍修复工作既复杂又精密，又具有一定的灵活性，不同古籍应采用不同的修复方案。笔者针对《雅尚斋遵生八笺》一书的修复，简要谈谈修复过程中发现的问题及相关的思考。

（一）把握力度

修补完的书页经过溜口和添补虫蛀后，书页上沾有浆糊，在喷水压平、取书页时可能出现部分书页和撤水纸粘连的现象。遇到这种情况，修复者不宜用力拖拽，防止撕破书页，也不宜蘸水，避免影响书页的平整与伸缩性，较为合适的操作手法是朝向粘连部分的撤水纸哈气。若此法不足以分离书页与撤水纸，可蘸取少量水使其分离，再对蘸水部位的书页铺吸水纸。出现粘连问题的主要原因在于浆糊，修复书页时所用的浆糊须浓稀合宜，以避免取书页时出现补纸脱落或与撤水纸粘连太紧的情况。

本册《雅尚斋遵生八笺》的修复部位主要集中于书口和地脚处。考虑到修复部位的厚度，需要用书锤将不平整的部位锤平。由于每页都进行了溜口且虫蛀往往具有贯穿性，导致修补多在相同部位，故整平工序需要耐心与技巧。锤书时要掌握力度与顺序，保持平稳的心态，切不可着急，避免用力过度。其中的力度与技巧较为微妙，需要在长期操作过程中总结经验。本次操作中，笔者在锤书时以顺时针的方向完成了整平工作。

（二）随机应变

古籍修复工作者在坚持修复标准和修复原则的同时，还应具备敏捷又准确的随机应变能力。

本册《雅尚斋遵生八笺》中，几处严重的虫蛀贯穿整册书。但不同书页在同一位置的破损情况也有细微的不同，须随之调整修复方式。举例来看，从页二十四开始下书口破损程度减轻，修复范围减少，不需要用补纸大补，下书口用溜口纸补即可。与此同时，该书页右上角树枝形虫蛀破损变大，笔者首先尝试以较薄的皮纸修补两层，但效果不佳，因而撤掉皮纸，重新使用与本书相近的竹纸修补，效果尚可。又如本书页三十二至页三十四上书口部分缺失且断裂处有折角，这种情况下则需打开折角，多出部分剪下留作补纸以修补书页缺失之处。又如自页三十二始，地脚处破损程度逐渐减轻，下书口不再进行大面积修补，小补却较为密集。考虑到书页脆化严重且有断裂迹象，特于此处溜边加固。

(三)整体思维

修复古籍时多需要拆开书册,逐页修缮,修复完成后须重新装订成册。就此过程而言,修复者在处理单一书页时要有整体思维,要考虑到之后装订成册、合函的形态。本册《雅尚斋遵生八笺》的破损主要集中在书口和地脚。由于破损形状与规模大体一致,导致补纸位置大体相同,于是将书页叠放在一起时,修补过的位置会明显高出未修补之处,且会和未修补部分形成一个凹槽,不利于整平乃至书册的整体美观。由此可知,修复时若遇到贯穿性的虫蛀,当以整体思维考虑整册书的美观,在修补时每隔几页就有意识地考虑稍微错开补纸的位置。此外,对于溜口后书口较高的问题,若锤书后仍未平整,可以夹衬纸,衬纸距书口空 1 毫米左右。对于本书修完后出现的书口较厚的情况,已在锤书环节逐渐锤平。

总而言之,整体思维与修复完的"整旧如旧"及"最少干预"原则息息相关。在重要位置的零散且较小的虫眼不需要逐一修补。较为集中的虫眼可用皮纸加固。修复过程中要有大局意识,考虑装订成册后的形态,以便在修复过程中及时调整修复策略。

(四)敬畏之心

古籍多已历经百年,经过了好几代人的守护,见证了无数的人世沧桑。笔者在研习古籍修复阶段,能与此明刊本《雅尚斋遵生八笺》相遇,并成为她的守护者之一,感觉非常荣幸。在她面前我们只是她生命中的匆匆过客,而我们的任务就是在自己所处的几十年里护她周全,保她平安,让她带着我们的期许,将自己所承载的历史文化传播得更广。只有带着这样一颗敬畏之心去修复古籍,才是一件很有意义的事情。

五、结语

古籍修复任重道远,延续古籍的生命是每一个古籍保护工作者义不容辞的责任和使命。笔者对明刊本《雅尚斋遵生八笺》第一册进行了具体的修复,初次修书就能遇到如此珍本深感难得。在整个修复过程中,从拆书到修复再到还原的每个细节,笔者积累了一定的经验,收获了古籍修复中关于把握力度、随机应变的技巧,并认为应在修复时运用整体思维,保持对古籍的敬畏之心,也对古籍修复师的工作有了更深刻的感触。

(安文萱,天津师范大学古籍保护研究院 2018 级古籍修复与出版方向硕士研究生)

不独装池称绝艺

——古诗文中的装潢匠人*

On the Book Mounter Portrayed in Ancient Chinese Literary Works

张榕榕

摘　要:中国书画装潢历史悠久,它蕴含着丰富的民族文化,富有时代特征,是我国传统文化中一朵绚丽的花。然而,装潢匠人作为书画装帧艺术历史的创造者却鲜有记载,对装潢匠人的相关学术研究更是少之又少。从古代诗文中探寻书画装潢人物技法和相关历史典故,可以发现这些装潢匠人"不独装池称绝艺",还有着科学的装潢修复原则和理念,为中国优秀传统文化的保存和传承做出了显著贡献。

关键词:装潢匠人;古诗文;装潢修复;装潢修复理念

一、引言

装潢又称装治、潢治、装池、装褫、装裱、裱褙、装背等。古人曾谓:"装潢者,书画之司命也"[1]1,"宝书画者,不可不究装潢"[1]7,可见装潢对于书画的重要性。

我国书画艺术自战国的帛画缯书到如今已有两千余年的历史。而装潢技艺跟随书画艺术的发展而发展,并为书画艺术的发展保驾护航。流传至今的书画珍品不计其数,也充分证明了我国装潢技艺水平的高超。

---

* 本文系2017年国家社科基金项目"中国古籍传统修复技艺的知识保存与研究"(项目编号:17BTQ045)研究成果之一。

唐代张彦远在《历代名画记》卷三中提及:“自晋代已前,装背不佳;宋时范晔,始能装背。”[2]晋以前装潢技术尚不成熟,范晔也成了史料中最早被记载的装潢匠人。唐代由于统治阶级对书画艺术的喜爱,官方多次组织大规模的书画收集和整理,并设立专门的机构进行管理,这使得装潢技术得到显著提高,装潢匠人数量增多,社会地位也得到提升。张彦远《历代名画记》的成书,也反映出装潢艺术在这个时期的繁荣发展。宋代受统治阶级“重文抑武”思想的影响,文化愈加繁荣。宋徽宗设立翰林图画院,专门设置装潢官职;一些书画家还亲自参与装潢,比如苏轼和米芾,米芾还在《书史》和《画史》中论述了自己对装潢的独到见解。宋代还形成了“宣和装”这一装潢样式。书画装潢技艺在宋代趋于成熟。明清两代是我国书画装潢艺术的集大成时期,装潢能手辈出,还形成了不同的流派,其中“苏裱”最为出名。装潢技术千年来的流传、创新和繁荣离不开一代代装潢匠人的辛勤劳动和智慧。

虽然书画装潢历史久远,但留存的资料并不多,与装潢匠人相关的史料更加稀少,目前有关装潢匠人的专题研究尚属空白。笔者有幸参与到《古籍修复知识辞典》人物部分的编纂,借此机会辑录了一些珍贵史料,其中便有古代文人赠给同时代装潢匠人的诗文,读来意趣盎然。这些诗文不仅赞叹装潢匠人的技艺高超,也蕴含着文人和装潢匠人先进科学的修复理念,使笔者受益匪浅。下文便择选四篇比较有代表性的古诗文加以浅述。

二、古诗文中的装潢匠人和装潢理念

书画装潢作为中国传统文化的重要组成部分,伴随着书画艺术的发展而发展,但是装潢修复技艺在很长的历史时期都只被当作“工匠之术”,多在师徒之间口传心授,即使后来因文人士大夫们的参与提升了行业的社会地位与关注度,其著述依然较少,并多限于技术层面,所涉及的观点与理念多散见于各家笔记随笔之中,未能形成系统化、科学化的理论体系[3]。但是这些修复原则和理念在实际的装潢修复工作中却真实存在,它指导着装潢匠人的工作,并传承千年,与当今已成系统的原则和理念相一致,甚至一脉相承。下文将通过古诗文将这些零散的装潢理念进行整理和分析。

(一)晏裱背:存藏环境和使用习惯比手艺更值得被重视

《赠晏裱背》出自宋末元初时期的学者王炎午所著的《吾汶稿》卷三。王炎午,初名应梅,吉州安福(今属江西)人。临安陷落之后,他拜谒文天祥,竭尽家产捐助军饷,进入文天祥幕府。母亲得病后,返回家乡。元朝建立后,闭门著述,更名炎午,终身不仕。著有《吾汶稿》《梅边稿》。“晏裱背”为王炎午同乡,以装潢为业,因求王炎午赠言“以行四方”,便有了这篇《赠晏裱背》[4]:

庐陵阛阓间,装理书画者,署其门曰“表背”。往往裁饰其外之谓“表”,辅衬其里之谓“背”。余谓“表”当作“褾”,韵书:褾,装饰也。汉《艺文志》则称之为装潢,惜未有拈出者。吾乡晏氏子某,业此以世,略通文艺,喜讽议人物。一日,求吾言,以行四方。余诘其巧拙敏钝何如,则曰:“余常患不巧不敏,而亦有时拙而钝,系所遭耳。”问之故,则曰:“余之艺,理新易,缉旧难。于缉旧之间缀理经籍,则巧敏于富贵之门,而拙钝于寒畯之屋;至装饰图画则反是。”余笑而问之曰:“手一也,经籍图画一也,手在我,而巧拙敏钝系于彼,何居?”则谓余日:“贵富家经籍,茧纸而丝缝,髹匣而丝绦,新若未触,惟糊力败尔,故巧而敏;其图画则朝宴夜饮,有张无弛,暑风梅溽,腐溃龟裂,难于缉旧,故拙而钝。彼寒畯之家,其文集则朝吟夜诵,方册成员;其图画则客少草窗,旷岁不设。故巧拙迟速,不可强也。”余闻其言,召子侄而诫之曰:“自今后,使晏氏子理吾事,当使经籍拙钝,而图画巧速则免矣。”遂书赠之,且志斋壁。

其中晏裱背所言的“系所遭耳”,指的便是书画的存藏环境和使用习惯。富贵人家的经籍“茧纸而丝缝,髹匣而丝绦”,本身就用料考究,制作精良,又“新若未触”,故而修复整理起来就简单;而富贵人家的图画经常在宴会上展示,易受到“暑风梅溽”等不适宜环境的影响,长霉开裂,酸化腐朽,所以修起来就很困难。相比之下,出身贫寒而有才能的人家,手持文集日夜吟诵,书卷都磨成圆角了,所以修起来就很难;至于图画,则鲜少展示,修复整理起来就简单。故适宜的存藏环境与良好的使用习惯对书画的保护非常重要。晏氏的这段话也讽刺了富贵之家贪图享乐,朝饮夜宴,不思进取,进而训诫世人。故而王炎午“遂书赠之,且志斋壁”。

文章通过王炎午与晏裱背的对话,反映出晏裱背的装潢理念。晏裱背认为装潢匠人的技艺固然重要,但是适宜的存藏环境,科学的使用方法,能降低装潢修复的难度,延长书画的寿命。其实我国自古以来便注重书画的存藏环境和使用习惯。在存藏环境方面,历朝历代的皇家藏书机构为了能更好地存藏图集文献,都不惜物力,极尽巧思。如:汉代有“石室金匮”;隋代的观文殿设有机关,门窗能自动开合;明清两代存藏档案的皇史宬冬暖夏凉,温湿度相对稳定,还能防火、防霉、防虫。民间也有大量的私人藏书楼,比如传承至今的宁波天一阁藏书楼,在防火、通风、防潮方面也独具特色。

书画的使用方面,陈继儒《读书十六观》:"赵子昂跋书云:聚书藏书,良非易事。善观书者,澄神端虑,静几焚香。勿卷脑,勿折角。勿以爪侵字,勿以唾揭幅。勿以作枕,勿以夹刺。随损随修,随开随掩。后之得吾书者,并奉赠此法。"[5]范景中《藏书铭印记》:"近世藏书家,余最景仰吾乡周叔弢先生,犹记老人谆谆告诫之语,其《自庄严堪手写自订善本书目》云:'当赠书时,须附一条例,即展阅者应严守赵文敏毋以爪侵字,毋以唾揭幅之训,保存古籍,斯为最要,典掌者宜熟知而谆戒也。'又题《双鉴楼善本书目》云:'余每见人以爪侵字,以唾揭幅,心痛之如割截肌肤,不知天下多少好书为此辈毁却。纸之筋络极细,一断即不可复续矣。'"[6]古往今来,良好的使用习惯成为爱书藏书人的共识。

如今,书画的保护修复工作更加科学化、标准化和规范化,如《图书馆古籍特藏书库基本要求》(WH/T 24—2006)和《图书馆古籍书库基本要求》(GB/T 30227—2013),这些标准的制定是对古人书画保护经验的传承和改进。

(二)顾勤:"残山剩水成完幅"引发"整旧如旧"原则的思考

《题装潢顾生勤卷二首》是清代著名文学家、学者、藏书家朱彝尊为装潢匠人顾勤所写,收录在朱彝尊的《曝书亭集》。朱彝尊与清初著名藏书家梁清标交好,顾勤帮梁清标整理修复书画,朱彝尊被顾勤的高超装潢技艺所折服,故而作《题装潢顾生勤卷二首》[7]以赞颂:

梅边亭子竹边风,添种梁园一捻红。
不独装池称绝艺,画图兼似虎头工。

过眼云烟记未曾,香厨争藉理签縢。
残山剩水成完幅,想像张龙树不能。

诗中"添种梁园一捻红",梁园就是指梁清标的府邸。梁清标于正定城内筑有书楼"蕉林书屋",藏书画、古籍多至数十万卷,其所藏历代书法、名画尤为珍贵。

"残山剩水成完幅,想像张龙树不能。"张龙树是唐贞观时期的裱褙能手。这句诗原本是夸赞顾勤修复技艺高超,后来却成为一些学者质疑《千里江山图》真伪的一个论据,认为"残山剩水成完幅"是顾勤拼接作伪《千里江山图》的画面描写,由此引发了学术界的热议。对此,本文不作评论。

但是"残山剩水"是否应该修复成"完幅",引发了笔者关于"整旧如旧"原则的思考。"整旧如旧"作为目前中国文物修复行业最为普遍认可的修复标准,其实是20世纪50年代由梁思成先生在谈及古建筑修复意见时提出的。梁思成先生认为古文物建筑就应当保留其原本的“古意”，即保留历史的沧桑感和时间遗痕[3]。而书画修复的意义，应当是通过对书画材质的修理和复原，挖掘书画潜在的艺术和历史价值，一定程度上延长其保存使用寿命。所以“整旧如旧”的“旧”不能死板地理解为文物最初原貌的“旧”或者是经历史洗礼后如今看到的“旧”。修复时，要根据书画的属性、创作年代、保存状况及修复师的技术和综合素养，制定符合书画个性的修复方法，以达到历史与艺术的统一。

“残山剩水成完幅”是高超装潢技艺的表现，其中所蕴藏的丰富知识与精巧技艺值得我们发掘和继承发扬。

（三）赵祥：论“良工”的综合素养

《赠赵祥表褙》出自元代文学家欧阳玄《圭斋集》。欧阳玄是欧阳修后裔，文章、书法均极负盛名。海内名山大川、释老之宫、王公墓隧之碑等，都以得其手笔为荣。今仅存《圭斋集》十五卷，附录一卷。《赠赵祥表褙》[8]赞扬了赵的装裱技艺：

浚仪公子今几叶，装池装潢以为业。
道旁苍玦犹一惜，池底玄灰信多劫。
铺张幸及时黼藻，流落还同故书箧。
魏武子孙曹霸马，唐家宗室滕王蝶。
淳化石本墨模糊，宣和印章红折叠。
鱼鳞已是善排比，鹭尾犹况工剪贴。
但持绝艺动缙绅，勿向同侪论谱牒。
艺文旧监惭潦倒，翰墨当时勤涉猎。
心期知子价千金，只恨无才写蒲箑。

诗中描写了书画装潢样式和装潢过程中遇到的疑难杂症：“魏武子孙曹霸马”，曹霸是唐代的画家，三国高贵乡公曹髦后裔，善画马，尤精鞍马人物；“唐家宗室滕王蝶”，滕王李元婴为唐高祖李渊的第二十二子，善画蝶；“淳化石本墨模糊”，宋淳化三年（992），太宗赵炅令出内府所藏历代墨迹，命翰林侍书王著编次摹勒上石于禁内，名《淳化阁帖》，石刻字迹历经岁月逐渐模糊；“宣和印章红折叠”，北宋宣和年间，朝廷庋藏的各种书画图籍经多年积累，达到了前所未见的丰赡，内府重新装裱编成卷帙，多押钤“大观”“政和”“宣和”印鉴，赵佶亲自题写标签，分级入藏，印章“红折叠”指印泥的晕染；“鱼鳞已是善排比”，鱼鳞装是古代书籍从卷轴向册页过渡阶段出现的一种装帧形式，又称龙鳞装，也有人把它叫旋风装，制作技术已经失传，实物也仅存故宫博物院收藏的《刊谬补缺切韵》一件。

通过这些多种多样的书画装潢样式和装潢修复过程中遇到的疑难杂症,反映了赵祥裱褙的见识广泛,技艺精妙。

中国书画装裱历经千年,书画材质多样,书画的装帧样式更是丰富,修复整理过程中遇到的症状也自然复杂繁多。这就要求装潢匠人经验丰富,技术高超,见识广泛,即"须具补天之手,贯虱之睛,灵慧虚和,心细如发"[1]15。

(四)吴茂亭:文人和装潢匠人"不遇良工,宁存故物"的共识

《装工吴茂亭求诗四首》是清代文学家、赋论家王芑孙所作,收录在其所著《渊雅堂集》。王芑孙,学问宏博,肆力于诗,最工五古,被称为"吴中尊宿"。著有《碑版广例》《楞伽山房集》《渊雅堂集》。吴茂亭为清代装裱工。王芑孙《装工吴茂亭求诗四首》[9]诗如下:

豪素中间擅一长,浆硾诀溯宋南廊。
元章若得如君手,肯记亲装帖破羌。

珍函宝笈费搜罗,画劫书灾正自多。
锦带荔枝绫柿蒂,谁将方法讲宣和。

朝朝拓室劈麻笺,未必无功到古贤。
断楮残煤唐宋迹,都教增寿百余年。

龙鳞接褙征唐世,夹雪标题志晚明。
陈解元书应作辈,伏灵芝刻共传名。

诗中借由多个典故赞许吴茂亭技艺高超。其中"元章若得如君手,肯记亲装帖破羌",米芾《书史》载:"王羲之《桓公破羌帖》,有开元印,唐怀充跋,笔法入神,在苏之纯家。之纯卒,其家定直,久许见归。而余使西京未还,宗室仲爰力取之,且要约曰:米归,有其直见归即还。余遂典衣以增其直,取回。仲爰已使庸工装背,剪损古跋尾参差矣,痛惜痛惜!"[10]

其观点与周嘉胄在《装潢志》中"不遇良工,宁存故物"的观念不谋而合。书画珍品,没有遇到优良的装裱工,宁愿依原样保存旧画,以免在重新装裱修复时被庸工揭损裁毁。特别是流传下来的书画珍品和名家手迹,修复重装时要更加慎重。

手工艺人在我国古代社会地位不高。但是技艺高超的手工艺人——"良工"是受世人礼遇的。例如,明代吴门装裱名工汤氏和强氏,张大千重金聘请为其修

复字画的周龙昌，这些技艺高超的装潢匠人往往是文人雅士的座上宾。周嘉胄在《装潢志》中提及要“优礼良工”：“好事者必优礼厚聘。其书画高值者，装善则可倍值，装不善则为弃物，讵可不慎于先，越格趋承此辈，以保书画性命？书画之命，我之命也。趋承此辈，趋承书画也。”[1]15 由此可见良工在书画保护中的重要性。

三、结语

本文通过文人赠诗文了解装潢匠人，意在呈现装潢匠人与文人的关系，寻得散落在古诗文中的装潢理念。科学良好的保存和使用，能降低书画的装潢修复难度；而优良的装潢匠人能凭借高超的技艺和科学的理念对书画进行更好的保护，使书画更加美观，延长书画寿命，达到历史与艺术的统一。所以这些装潢匠人“不独装池称绝艺”，还有着科学的装潢修复原则和理念，为中国优秀传统文化的保存和传承做出了显著贡献。千百年来，中国书画的保存质量与数量也足以证明，中国传统装潢修复方式对书画的保存是有效的，也是符合科学规律的。

（张榕榕，天津图书馆助理馆员）

参考文献：

[1]周嘉胄. 装潢志[M]. 尚莲霞，编著. 北京：中华书局，2012.

[2]张彦远. 历代名画记[M]. 秦仲文，黄苗子，点校. 北京：人民美术出版社，1963：46.

[3]陆宗润. 中国书画修复理论的发展沿革与当代重建[J]. 中国艺术时空，2018(1)：16-26.

[4]王炎午. 吾汶稿[M]//景印文渊阁四库全书：第1189册. 台北：台湾商务印书馆，1986：575-576.

[5]杜泽逊. 文献学概要(修订本)[M]. 北京：中华书局，2008：73.

[6]范景中. 藏书铭印记[M]. 杭州：中国美术学院出版社，2002：10.

[7]朱彝尊. 曝书亭全集[M]. 王利民，胡愚，张祝平，等，校点. 长春：吉林文史出版社，2009：266.

[8]欧阳玄. 欧阳玄集[M]. 陈书良，刘娟，校点. 长沙：岳麓书社，2010：35.

[9]王芑孙. 渊雅堂全集[M]. 王义胜，整理. 扬州：广陵书社，2017：382.

[10]米芾. 书史[M]//中国书画全书编纂委员会. 中国书画全书：第1册. 上海：上海书画出版社，1993：965.

保藏与利用

两宋公牍档册管理制度考论

An Analysis of the Managerial Institution of the Official Documents and Archives in the Song Dynasty

李致忠

摘　要:本文从两宋公牍档册的管理制度、两宋剔除公牍档册的多种用途、两宋公文纸印书的研究价值三个方面,对两宋"公文纸印本"问题进行了论述。并以《王文公文集》《北山小集》《新定三礼图》为例,指出两宋公牍档册印书是学问家研究当时社会的重要文献。然仅据书页背面文字所反映出的年份去判断版本年代极易出错,今版本鉴定时应需格外注意。

关键词:公牍档册;公文纸印本;版本鉴定

2021年4月,汪桂海同志托人送我一本他的新作《册府零拾——古文献研究丛稿》。该书2020年12月由人民出版社出版,所收论文大概多写于国家图书馆,故以《册府零拾》名之。桂海从北大毕业之后,来国图工作有二十年,可以说是我的老同事,且心交不浅。他这本书中的《宋代公文纸印本断代研究举例》,读后受益颇多,但也有一些意犹未尽的话想说,写出来请桂海及其他同好指正。

两宋出现过一种典籍传本,叫作"公文纸印本"。所谓"公文纸印本",实际就是用废旧的公牍档册纸背刷印的书籍。公牍者,公文也;档册者,指陈列在架格上的簿册,就是今天人们常说的档案。用废旧档案纸背刷印书籍,本质上是一种废物利用,从而降低成本,赢得利润。但经过历史的冲刷尚能留存至今者,为数不多,竟成为后世有识之士追捧之物。在版本家眼里,它们成了用以推定版本的依据;在学问家眼里,旧公牍档册正面原有的文字内容则成了他们借以研究彼时社会各个方面的有用材料,从而抬高了这种传本自身的价值。现对两宋公牍档册的管理、利用及其所具有的价值,再做一些尝试性的研究工作。

一、两宋公牍档册的管理制度

中国封建社会对诏奏颁呈、公文往来、信件传递、典制修订、律令颁发、户籍地政、人丁税赋等形成的文书档案,历有正规的管理,并将之提升至律令条格高度加以规范。唐长孙无忌《唐律疏议》卷十九载:"诸盗制书者,徒二年;官文书,杖一百;重害文书,加一等;纸券,又加一等。即盗应除文案者,依凡盗法。"[1]350-351 意思是说盗窃制书,要判刑二年;盗窃官文书,要受刑百杖;严重损坏官文书,要罪加一等;盗窃纸制的符券,又加一等。即或偷盗了应剔除的文案,也要按凡盗法处治。为此,长孙无忌在《疏议》中解释:"'即盗应除文案者',依令:文案不须常留者,每三年一拣除。既是年久应除,即非见行文案,故依凡盗之法,计赃科罪。"[1]351 意谓盗取非现行且应剔除的文案,也要依"凡盗法"定罪。所谓"凡盗法",指究治一般偷盗的法律。至于律条中所说"重害文书"怎么"加一等",偷盗"纸券"怎么"又加一等",《疏议》未明确解释。直至清薛允升编纂《唐明律合编》卷十九才说:"凡盗各衙门官文书者,皆杖一百、刺字。若有所规避者,从重论事。干军机钱粮者,皆绞。"对此,薛允升以《唐律》批评《明律》,始谓:"愚按《唐律》:盗制书者,徒二年;官文书,杖一百;重害,徒一年;纸券,徒一年半;各有差等。《明律》一斩一杖,罪名太觉悬绝。而官文书亦不分别是否重害,及应除文案,均与《唐律》不符。"[2] 由此可知《唐律》"重害文书,加一等"是指判刑一年,而盗窃纸券"又加一等"则是指判刑一年半。显然《唐律》的量刑,乃据造成危害的不同程度而定罪,不同于《明律》不分危害程度一律重判。

其实,我们这里要讨论的并非偷盗档案的律条,而是长孙无忌对律条的疏解。他说:"依令:文案不须常留者,每三年一拣除。既是年久应除,即非见行文案,故依凡盗之法,计赃科罪。"由此可知,唐代对无须长留的公牍档册,每三年就要拣除一次。经拣选,凡无须长久保存者,就要淘汰。这样才能不断吐故纳新,使有价值的公牍档册得以相对长期保存。

宋代窦仪主持修定的《宋刑统》,是在五代后周《刑统》基础上斟酌出来的,但不少条文却直接来自《唐律疏议》,表明宋代的刑律与《唐律》有着千丝万缕的联系。上述《唐律疏议》所讲到的诸盗制书、官文书的律条乃至疏议,就几乎一字不差地被搬入了《宋刑统》,说明《宋刑统》在这一部分是袭用了《唐律》。但在执行过程中,又有很多具体的规定,使之显得更加明确。宋李心传《建炎以来朝野杂记》乙集卷十三"六部架阁官"条曰:"六部架阁官者,崇宁间始置,迄宣和再置,再省。绍兴三年,立六部架阁库,十五年复置,官四人。旧制,成案留部二年,然后畀而藏之。又八年,则委之金耀门文书库。今金耀门无复曩司,则悉藏之架阁矣。"[3]可知南北两宋六曹都设有架阁库,用以收贮各该部形成的公牍档册。通常先留部二年,然后就要移到别处收藏。再过八年,就要将之移贮到金耀门文书库。六部如此,其他各类机关,以及地方各级官署,也都设有各自的架阁库,以备收贮各自形成的官文书。

宋谢深甫《庆元条法事类》卷十七《文书门》载:"诸制书,若官文书,应长留而不别库架阁,或因检简移到而不别注于籍者,各杖壹佰。即应检简公案而被差覆检官不如令者,罪亦如之。诸架阁库文书所掌官吏散失者,杖壹佰。当职官吏,以架阁应留文书费('费'疑为'废')用者,以违制论。非重害,减叁等。"[4]303意谓应该长期保存的文书而没能别存架阁库者,要杖一百;因拣除而移至别处,其下未注明移籍者,也要杖一百;应拣除文书,而被差遣的覆检官却不遵从上令者,亦杖一百。诸架阁库文书所掌官吏,若将文书散失,仍杖一百;以架阁应留文书当作废纸而用者,以违制论;未造成严重损害者,可以减责三等。这些虽然都是针对公牍档册管理者的规定,但表现出来的却是制度的加严加密。

《庆元条法事类》卷十七《文书门》又曰:"诸架阁公案非应长留者,留拾年。每叁年壹检简,申监司差官覆讫,除之(充官用,有余者出卖)。其有本应长留者,移于别库籍内,仍随事朱书所除所移年月,同覆官签书。诸官司承受无行文书,元无事祖者,别簿具录名件,当职官月壹签书。应架阁者,别架贮之。诸架阁库,州职官壹员,县令、丞、簿掌之。应文书印缝计张数,封题年月、事目并簿历之类,各以年月次序注籍立号编排(造帐文书,别库架阁),仍置籍。遇借,监官立限,批注交受,纳日勾销,按察及季点官点检。"[4]304其中"诸架阁公案非应长留者,留拾年。每叁年壹检简,申监司差官覆讫,除之"之意,似乎可以有两种解释:一种是将非应长期保存的公牍档册,先保留十年。十年后,每三年检简一次,剔除一些没有保留价值的文案,经监司核验后除之。一种是将非应长期保存的公牍档册,先留十年,但是每三年检简一次,剔除一些没有长期保留价值的文案,并经监司核验后除之。这样"留十年"就成了一句空话。因为第一个三年所检简并被批准剔除的文案才只历三年,第二次只历六年,第三次只历九年,十年三次分割,使先"保留十年"之规定彻底落了空。所以这第二种解释是不能成立的。唯有确实保留十年后才实施每三年检简剔除一次,才能使十年、三年都具有实在的法律属性。

宋史能之《[咸淳]重修毗陵志》卷六《官寺》载:“架阁库在小厅西庑仓库,令州以职官,县以丞、簿、尉掌焉。诸案牍,三年一检简,申监司委官覆阅除之。其应留者,移别库。”[5]这证实了上述解释是正确的。毗陵即今江苏省常州市,表明彼时毗陵官署也有架阁库。对于诸案牍,也要执行三年一检简的规定,由此可知两宋对公牍档册的保存日期仍是十年,然后三年一拣除。而对拣除下来的文书档册,主要是先充公用,公用有余,可以出卖,而出卖所得一律归公,不得擅自挪用或中饱私囊。《宋史》卷四四二《苏舜钦传》载,庆历四年(1044),集贤校理监进奏院苏舜钦“娶宰相杜衍女,衍时与仲淹、富弼在政府,多引用一时闻人,欲更张庶事。御史中丞王拱辰等不便其所为。会进奏院祠神,舜钦与右班殿直刘巽辄用鬻故纸公钱召妓乐,间夕会宾客。拱辰廉得之,讽其属鱼周询等劾奏,因欲摇动衍。事下开封府劾治,于是舜钦与巽俱坐自盗除名。同时会者皆知名士,因缘得罪逐出四方者十余人”。这是很多人都知道的一段历史公案。这个小题大做的案件,无论是朝廷政治斗争使然,还是要借机杀一儆百,其对文人士大夫的影响,都是十分深远的,使两宋各级官署废旧剔除的公牍档册,较充分地发挥了应有的余热。

二、两宋剔除公牍档册的多种用途

两宋废旧剔除的公牍档册,有各种不同的用途。宋人叶寘《爱日斋丛抄》卷二云:“王沂公以简纸数轴送人,皆他人书简后截下纸;晏元献公凡书简首尾空纸,皆手剪熨,置几案以备用;王文康公平生不以全幅纸作封皮,尝戒其子弟。诸公皆身处贵盛,俭德若此。”[6]

王沂公,即王曾(978—1038),字孝先,益州(今山东青州)人。少孤苦。善文辞。北宋咸平中连中三元,授将作监丞,通判济州。累官吏部侍郎,两任参知政事。仁宗即位,拜中书侍郎、同中书门下平章事。以智逐权臣丁谓,朝廷倚重。后罢知青州。仁宗景祐元年(1034)召为枢密使。翌年,再度拜相,封沂国公。如此一位炙手可热的宰相,却惜纸如金,竟然将别人给他写的信件,剪下末尾余幅,然后再逐一粘连起来,形成净纸卷轴,送给友朋,堪称俭德的典范。

晏元献,即晏殊(991—1055),字同叔,临川(今江西抚州)人。幼清贫。七岁知学问,善属文,乡里号为神童。景德初,张知白抚江西,将之荐于朝。真宗让殊与进士千余人并试于廷,殊神情自若,援笔立就,赐同进士出身,擢秘书省正字,读书于秘阁。翌年献其所为文,召试中书,迁太常寺奉礼郎,徙光禄寺丞,充集贤校理。天禧二年(1018)选为昇王府记事参军。仁宗即位,拜右谏议大夫兼侍读学士。天圣三年(1025),拜枢密副使。明道元年(1032),复拜枢密副使,参知政事。庆历三年(1043)拜同中书门下平章事,充集贤殿大学士兼枢密使,成为一代名相。卒谥"元献"。他亦惜纸如金,"凡书简首尾空纸,皆手剪熨,置几案以备用",又是一位惜纸的俭德典范。

王文康公,即王曙(963—1034),字晦叔,隋东皋子绩之后,世居河汾,后为河南人。北宋太宗淳化三年(992)进士。咸平间又中贤良方正科,迁秘书省著作佐郎,知定海县,还为群牧判官。累官至吏部侍郎,枢密使,检校太傅同门下平章事,封太原郡开国公。卒谥"文康",又是一位北宋名相。清倪涛《六艺之一录》卷二七三载,欧阳文忠公尝言:"学书费纸,犹胜饮酒费钱。曩时尝见王文康公戒其子弟云:'吾平生不以全幅纸作封皮。'"[7]亦是一位俭德的典范。不以整纸作封皮,就得用相同纸质的边角料拼接,否则不可想象。

这三则故事,固是节约的属性,不属于废旧公牍档册利用的范畴,但他们的所作所为亦不离废物利用。

《宋史》卷四三一《邢昺传》载,北宋真宗景德二年(1005)夏,"上幸国子监,阅库书,问昺经版几何,昺曰:'国初不及四千,今十余万,经、传、正义皆具。臣少从师业儒,时经具有疏者百无一二,盖力不能传写。今板本大备,士庶家皆有之,斯乃儒者逢辰之幸也。'……先是,印书所裁余纸,鬻以供监中杂用,昺请归之三司,以裨国用。自是监学公费不给,讲官亦厌其寥落"。时国子监尝有印书钱务所,后觉其名近俗,改称书库官,专事印书。刷印过程中,常有印废书页和裁下的边角料余纸。这些废纸可以鬻卖,收回来的钱,监中可用于杂项开支。自邢昺当着皇帝的面将这笔收入交给了三司,其后监学公费不充裕,就难以补充,监学讲官亦心有不悦。这虽不是废旧档案,但也属废纸可卖的性质。

明祁承㸁《宋西事案》卷一"纸甲之制"条载,宋康定元年(1040)"四月戊子,都转运使奏请令淮、江南造纸甲三二(二,当衍文)万副,本路给防城刀手。诏委逐路州军,以远年帐籍制造。远年帐籍取制纸甲,事举而不费"[8]。祁承㸁所说的这件事,《宋史》《续资治通鉴长编》《龙图陈公文集》等书皆有记载。

《宋史》卷一九七《兵志》云:"康定元年四月,诏江南、淮南州军造纸甲三万,给陕西防城弓手。"宋李焘《续资治通鉴长编》卷一二七载康定元年夏四月己丑"又诏淮南、江、浙州军造纸甲三万,给陕西防城弓手。改陇西镇为定边寨"[9]3004,同书卷一三二又云"臣前通判江宁府,因造纸甲,得远年帐籍"[9]3136,证明祁承㸁《宋西事案》所说之事不诬。表明古人以纸造铠甲御敌,不是很新鲜的事。两宋西部边事频发,多与西夏有关,故诏江南、淮南州军造纸甲,装备陕西守城弓手。这需要大量的远年废旧档案,反映出两宋废旧剔除的公牍档册在军事上也有用途。当然,本文所要研究的不是废旧公牍档册宽泛的社会用途,而是要探讨两宋用废旧公牍档册纸背印书的价值所在。

三、两宋公文纸印书的研究价值

两宋公牍档册纸背印书,其书页背面保留的原文书档案的文字内容,多为后世学问家和藏书版本家所看重。学问家着眼的是文字内容,认为它们是研究彼时社会政治、经济、军事、文化诸方面的重要文献。藏书版本家则着眼的是书页背面文字中反映出的年份,认为那些年份有助于版本的推定。因而这两方面都很青睐两宋的公文纸印本书籍。只不过学问家的研究常是硕果累累,而藏书版本家却是常出错误。下面将两方面学者专家研究的实况举例介绍。

(一)《王文公文集》

现存宋刻公文纸印本书中,其纸背文字内容贡献最大者,当推宋龙舒郡斋刻公文纸印本《王文公文集》。该集凡一百卷,宋王安石撰。每半页十行,行十七字,白口,左右双边。傅增湘谓其“字体朴厚浑劲,纸细洁坚韧,厚如梵夹”[10]。我个人尝目睹手测过2020年永乐拍卖公司新发现的三卷此书,书页两面均感光滑,似是宋代褙纸特征。所谓褙纸,即因单张纸细而薄,刷印透墨,不能成功,遂常是三层薄纸褙在一起,然后再行刷印,结果就显得纸厚。用废旧文书档案纸背印书,若是太薄,根本无法刷印。若于其纸背之上再褙上两层同样的薄纸,就会获得成功。这样既能节省一张新纸,还会获取两面光滑的效果。

龙舒本《王文公文集》每页钤有“向氏珍藏”朱文长印,表明这批旧纸曾属于向氏所有。向氏,即向沟,字荆父。他的五世祖向敏中,北宋初尝两度拜相。宋神宗的向皇后,即是向敏中的曾孙女。可知向氏家族之显赫。有材料说向沟尝权知舒州,主管学事。隆兴二年(1164)提举淮东路常平茶盐公事。乾道六年(1170),以朝请大夫直秘阁,翌年进直宝文阁,移知平江府。材料还说龙舒本《王文公文集》为当时身为舒州主官的向沟用舒州公库旧牍的背面刷印。内容主要是向沟与同僚之间的书信往还,往还者多为两淮间的官员。还有一些内容涉及地方酒务方面的规章制度、酒务账册等,凡780余件。其所反映出的年份为南宋高宗绍兴三十二年(1162)至孝宗隆兴元年(1163)之间。

宋绍兴龙舒郡斋刻公文纸印本《王文公文集》,今上海博物馆藏七十二卷,日本宫内厅书陵部藏七十卷。这两处藏书当年傅增湘都曾目睹,并极力促使两者合拼,使宋刻《王文公文集》珠联璧合,成为完帙。但此愿直到1962年中华书局才以宝应刘启瑞食旧德斋原藏本影印卷为基础,缺卷以北京图书馆(今国家图书馆)所藏原日本宫内厅藏本照片补足,出版了《王文公文集》。此集的完璧出现,为整理编辑其纸背文字文献提供了可能。1990年,果由上海博物馆、上海文物管理委员会整理编辑,上海古籍出版社影印出版了《宋人佚简》五卷。此书的版行,为学者研究其时的政治、经济、文化提供了基础性的文献。三十多年来,研究的文章连篇累牍,硕果层出,方兴未艾。此为两宋公文纸印书,其纸背文献价值最为突出的案例。

北宋徽宗政和三年(1113)正月,追封王安石为舒王,复封安石之子王雱从祀孔子庙。王安石地位陡升,声誉日隆,所以朝廷在编纂诸书时,正式下诏辑集王安石遗文,这是王安石享有的殊荣。而奉诏编校者,乃是薛昂。薛昂字肇明,杭州人。此人既攀附蔡京,阿谀到全家回避蔡京名讳;又与王安石交好,好到弈棋败北,王安石替他作诗。此人官位极高,却不学无术,所以编出来的王集大量误收漏收,错误百出。

绍兴十年(1140)詹大和知抚州,校刻了一部王安石的集子,名《临川王先生文集》,凡百卷,时徙居抚州的黄次山为之作序。此集多用流布闽、浙的旧集,而詹大和"自言所校悉仍其故",因而仍"先后失次,讹舛尚多"[11]。绍兴二十一年(1151),王荆公曾孙、右朝散大夫、提举两浙西路常平盐茶公事王珏,尝寻求政和中门下侍郎薛公、宣和中先伯父大资被旨所编的荆公文集,但罹兵火,是书无传。"比年,临川、龙舒刊行,尚循旧本,珏家藏不备,复求遗稿于薛公家。是正精确,多以曾大父亲笔石刻为据。其间参用众本,取舍尤详。至于断缺,则以旧本补校足之。凡百卷,庶广其传云"[12]。这当中,"比年,临川、龙舒刊行,尚循旧本"一语很重要。"比年"即近年,表明王珏在搜集校刻《临川先生文集》之前,已经有两个刊本行世:一个是绍兴十年詹大和编刻在王安石家乡的《临川王先生文集》,一个是龙舒郡斋刊行的《王文公文集》。可知龙舒郡斋本《王文公文集》乃是夹在绍兴十年詹大和临川本与绍兴二十一年两浙西路常平盐茶司王珏本之间的一个传本,所以它的刻版时间当在绍兴十年至二十一年(1140—1151)之间,中间间隔正好十年。

龙舒本《王文公文集》遇南宋高宗赵构之"构"字,皆以小字"御名"或"今上御名"标识,表明其所回避者乃当今御极的皇帝,这是宋代避讳的规矩。2020年北京永乐拍卖公司所发现的此本三册中,"慎"字凡三见,皆不缺笔为讳,表明龙舒郡斋刻此书时,还未届南宋孝宗赵昚一朝,无须回避。证明《王文公文集》的确镌版在绍兴之时。所以它的版本可以著录得更具体,称之为“宋绍兴十一至二十年龙舒郡斋刻本”。开版时间既定在绍兴十一至二十年,而它所利用的旧公牍档册纸背所印的《王文公文集》,至少要在南宋孝宗隆兴元年(1163)之后十年了,甚至还要晚一些。所以公文纸印本《王文公文集》对藏书版本家来说就没什么太大的价值。如果一定要说有,就只能说它是宋绍兴龙舒郡斋刻《王文公文集》的后印本,后到什么时候,至少要后到乾道九年(1173)之后了。距其开版发硎新试本,至少要晚二十年以上了。

(二)《北山小集》

至若利用书页背面出现的年份而导出前推的错误,那就更难谈什么研究价值了。黄丕烈《百宋一廛书录》著录《北山小集》云:“此程俱致道所撰《北山小集》四十卷,宋刻宋印,即其纸背之字已可征信。余尝持示钱少詹辛楣先生,先生云:古人公移案牍所用纸皆精好,事后尚可它用。苏子美监进奏院,以鬻故纸公钱祀神宴客得罪,可见宋世故纸未尝轻弃。此宋椠本《北山小集》四十卷,皆用故纸刷印。验其纸背,皆乾道六年官司簿帐。其印记文可辨者,曰湖州司理院新朱记,曰湖州户部赡军酒库记,曰湖州监在城酒务朱记,曰湖州司狱朱记,曰乌程县印,曰归安县印,曰湖州都商税务朱记,意此集板刻于吴兴官廨也。纸墨古疋,洵是淳熙以前物,读之殊不忍释手云云。”[13]钱辛楣,即钱大昕(1728—1804),字晓徵,又字及之,号辛楣,晚自署竹汀居士,江苏嘉定(今属上海)人,清代知名的史学家、文学家、教育家,乾嘉学派的代表人物,堪称饱学之士。岂料他竟据书页背面出现的乾道六年(1170)年份,将《北山小集》的刊版推定为淳熙之前,殊不知“诸架阁公案非应长留者,留拾年”的法律规定。乾道六年的公牍档册十年之后才能处理,处理之后才能用以刷印《北山小集》,这时已是淳熙七年(1180)了,表明《北山小集》公文纸印本,必在淳熙七年之后。

《北山小集》四十卷,乃宋程俱的作品。程俱(1078—1144)字致道,号北山,衢州开化(今属浙江)人。以外祖邓润甫恩补官吴江主簿,坐上书论绍述罢归。宣和三年(1121)进颂,赐上舍出身。建炎直秘阁,知秀州。金人破汴后,俱航海南渡,趋行在(杭州)。绍兴初为秘书少监。时庶事草创,俱乃摭三馆旧闻,为书曰《麟台故事》,上之,擢中书舍人兼侍讲,旋除徽猷阁待制。官至朝议大夫,封信安开国伯。秦桧荐领史事,不至而卒,年六十有七。清陆心源《皕宋楼藏书志》卷八十收录了宋郑作肃写的一篇《北山小集序》,序中言“紫微舍人程公先生建炎己酉岁(三年,1129),自太常少卿出守嘉禾,作肃过之,馆于郡斋”。又言“绍兴甲子岁(十四年,1144),先生卒。其子请公如约,公从之。仅述志叙,未及铭诗而薨,然其稿今传于世”[14]。表明程俱谢世时,《北山小集》已经有了初稿。惜《序》后只留下“门人中吴郑作肃序”的落款,无年款。但从《序》中的只言片语,可以知道程俱有过嘉禾为官的经历,使湖州开雕他的《北山小集》有了历史渊源。郑《序》虽然未落年款,但绍兴十四年之后,尚有十八年的时间才完成这个年号的使用,遂推断《北山小集》开版于绍兴十五年至三十二年之间,亦未尝不是一种可能。果如是,则《北山小集》当镌刻在绍兴晚期,而湖州用公文纸再行刷印,当在乾道六年之后的十年才有可能,否则不符合“诸架阁公案非应长留者,留拾年”的法律规定。

(三)《新定三礼图》

又如《新定三礼图》二十卷,宋聂崇义集注,宋淳熙二年(1175)镇江府学刻公文纸印本,钱谦益跋。每半页十六行,行二十六至二十七字不等,小字双行,行二十七至二十八字不等,白口,左右双边。

聂崇义(生卒年不详),洛阳(今属河南)人。少举《三礼》,善《礼》学,通经旨。五代后汉乾祐(948—950)中,累官至国子《礼记》博士。又校定《公羊春秋》,刊板于国学。后周显德(954—960)中,累迁国子司业兼太常博士。事迹详《宋史》本传。

《宋史》卷四三一《聂崇义传》记载,后周显德中“世宗以郊庙祭器止由有司相承制造,年代浸久,无所规式,乃命崇义检讨摹画以闻。四年(957),崇义上之,乃命有司别造焉”,此是聂氏《三礼图》的初创稿。未几,后周世宗再“诏崇义参定郊庙祭玉,又诏翰林学士窦俨统领之。崇义因取《三礼图》再加考正,建隆三年四月表上之,俨为序”,此即他第二次修订《三礼图》,虽仍受命于后周世宗,但完成表进已是宋太祖赵匡胤建隆三年(962)四月之事了。赵匡胤与聂崇义于后周当是同僚,故当聂氏将《新定三礼图》表进于他时,“太祖览而嘉之,诏曰:‘礼器礼图,相承传用,浸历年祀,宁免差违。聂崇义典事国庠,服膺儒业,讨寻故实,刊正疑讹,奉职效官,有足嘉者。崇义宜量与酬奖。所进《三礼图》,宜令太子詹事尹拙集儒学三五人更同参议,所冀精详,苟有异同,善为商确。’……拙多所驳正,崇义复引经以释之,悉以下工部尚书窦仪裁定”。此即聂氏《三礼图》编纂的缘起及成书经过。晁公武《郡斋读书志》、陈振孙《直斋书录解题》及《宋史·艺文志》均有著录。

此本卷前有《新定三礼图序》,下题“通议大夫、国子司业兼太常博士、柱国、赐紫金鱼袋臣聂崇义集注”。卷二十后镌陈伯广刻书跋文曰:“《三礼图》,始熊君子复得蜀本,欲以刻于学而予至,因属予刻之。予视其图,度未必尽如古昔,苟得而考之,不犹愈于求诸野乎!淳熙乙未闰月三日,永嘉陈伯广书。”乙未,为淳熙二年(1175),显然说明此书于南宋孝宗淳熙二年由陈伯广主持梓行于世。此书书页背面公文有淳熙五年(1178)镇江府学教授徐端卿、中奉大夫充徽猷阁待制知镇江府司马笈衔名,知此书当刻于镇江,因为印纸用的是镇江府公牍旧纸。检嘉定《镇江志》,镇江府学职(镇江府学教授)中有熊克、沈必豫、陈伯广、杨大法、徐端卿等,知熊克做镇江府学教授确在陈伯广之前,故陈伯广跋中“始熊君子复得蜀本,欲以刻于学而予至,因属予刻之”之说,在时间逻辑上是可信的。熊克字子复,建宁建阳(今属福建南平)人,《宋史·文苑》有传。司马笈于淳熙五年做镇江知府。因知此书之刻虽在淳熙二年,而刷印则必在淳熙五年之后,至少要后到淳熙十五年,否则浙江府学那些公牍档册是不会作废而用来印书的。此本虽亦属后印,但仍是刻印皆精,蝶装,属宋刻上乘,传世孤罕,弥足珍贵,今藏国家图书馆。还可以举出若干公文纸印本的事例,都说明前人在借用书页背面公文年份时,未能注意古时对公牍档册的制度管理,所以用起来效果相反,特别值得注意。

四、结语

前引两宋公牍档册管理制度,看起来法律文字繁夥,实则我们应该掌握的就那么几个节点:其一,“诸架阁公案非应长留者,留拾年。每叁年壹检简,申监司差官覆讫,除之(充官用,有余者出卖)”。其二,“其有本应长留者,移于别库籍内”,也就是需要长期保存的公牍档册,移存到别库籍内,不存在废除的问题,根本谈不上再怎么废弃利用。我们可以不去管它。其三,“诸架阁公案非应长留者,留拾年”,意谓不需要长期保存的公牍档册,要先留十年,这显然是为了慎重,以防一时难以判断其价值而误将其打入非应长留范围,故先留十年。十年后再“每叁年壹检简”,且检简出来的文书档案要经监司派人核验,核验合格后才能剔除。可谓慎之又慎。其四,检简出来的废旧公牍档册要先“充官用”,“有余者”才可出卖。这样我们就会明白两宋公文纸印本多用本地官署废旧公牍档册的道理了。但前述宋龙舒郡斋刻公文纸印本《王文公文集》,其所用公文纸却钤有“向氏珍藏”朱文印记,表明当时可出卖的公牍档册,私人也可以买,这样公文纸印本也许就更复杂了。

(李致忠,国家图书馆研究馆员)

参考文献:

[1]长孙无忌,等. 唐律疏议[M]. 刘俊文,点校. 北京:中华书局,1983.

[2]薛允升. 唐明律合编[M]. 上海:商务印书馆,1937:436.

[3]李心传. 建炎以来朝野杂记[M]//续修四库全书:第 840 册. 上海:上海古籍出版社,2002:509.

[4]谢深甫. 庆元条法事类[M]//续修四库全书:第 861 册. 上海:上海古籍出版社,2002.

[5]史能之. [咸淳]重修毗陵志[M]//续修四库全书:第 699 册. 上海:上海古籍出版社,2002:55.

[6]叶寘. 爱日斋丛抄[M]//景印文渊阁四库全书:第 854 册. 台北:台湾商务印书馆,1986:642.

[7]倪涛. 六艺之一录[M]//续修四库全书:第 836 册. 上海:上海古籍出版社,2002:25.

[8]祁承㸁. 宋西事案[M]//续修四库全书:第 423 册. 上海:上海古籍出版社,2002:201.

[9]李焘. 续资治通鉴长编:第 10 册[M]. 北京:中华书局,1995.

[10]傅增湘:藏园群书经眼录[M]. 北京:中华书局,1983:1155.

[11]钱大昕. 十驾斋养新录[M]. 上海:上海古籍出版社,1983:338.

[12]瞿镛. 铁琴铜剑楼藏书目录[M]//续修四库全书:第 926 册. 上海:上海古籍出版社,2002:341.

[13]黄丕烈. 百宋一廛书录[M]//续修四库全书:第 923 册. 上海:上海古籍出版社,2002:690.

[14]陆心源. 皕宋楼藏书志[M]//续修四库全书:第 929 册. 上海:上海古籍出版社,2002:228.

浅谈图书馆古籍类藏品的点交流程和规范

A Study on the Process and Regulations of Ancient Book Handover in Libraries

刘炳梅　侯欣瑜

摘　要:藏品点交是图书馆日常藏品管理中的重要工作,从采访入藏、出库使用到归库典藏,涉及的环节和人员较多。因为古籍类藏品具有历史文物性,现状复杂,不可再生,所以藏品点交的流程和规范对于古籍保护和科学管理至关重要,权属交接容不得任何偏差。本文参照目前发布的文物保护行业标准,总结日常工作的经验,针对图书馆的古籍类藏品的不同点交情况,整理出更加健全的规章制度,规范点交单,细化点交流程,并且指出藏品点交中的操作细节,希望能给图书馆古籍类藏品的点交工作提供系统的引导和帮助。

关键词:古籍;藏品点交;点交流程;规范化

藏品点交工作,即藏品的清点与交接工作,是以保护藏品为首要目标的科学管理工作。对于古籍类藏品来说,古籍现状描述复杂,藏品流通涉及的环节和人员较多。从藏品的采访入藏、出库使用到归库典藏,藏品点交始终贯穿其中,管理权属与保护责任也在藏品原主、采访人员、库房管理人员、藏品使用者之间发生转换。因为古籍类藏品具有历史文物性,现状复杂,不可再生,所以藏品点交的流程和规范对于古籍保护和科学管理至关重要,权属交接容不得任何偏差。

国家对文物工作日益重视,先后推出了《馆藏文物出入库规范》(WW/T 0018—2008)、《馆藏文物展览点交规范》(WW/T 0019—2008)等多项文物保护行业标准,促进文物藏品出入库和展览点交等具体工作程序的标准化和规范化[1]。但是目前图书馆行业内古籍类藏品的点交流程没有统一规范，行业标准不够详细，实际点交操作时由于点交各方的单位或人员差异较大、点交手续不统一、藏品现状描述不一致、点交时间紧迫等，导致点交单错项缺项、填写不规范、责任人签字不明确等现象时有发生。因此，需要建立统一的、符合藏品管理要求的点交规范流程，减少点交工作的随意性，明确界定责权关系。本文参照目前发布的文物保护行业标准，根据古籍类藏品的不同点交情况进行整理总结，希望能给实际的藏品点交工作提供系统的引导和帮助。

一、藏品点交存在的环节

入库：古籍从采访登记到确认入藏，再到拍照建档入库，每个流程都涉及藏品点交工作。入库点交环节既能保留古籍的原始入藏信息与现状照片，便于前后对比以判断现有馆藏条件能否妥善保管新入藏古籍；又能帮助库房管理人员快速了解新入藏古籍现状，拟定后续的典藏和修复方案；还可以吸引古籍捐赠者和收藏爱好者将古籍捐赠给图书馆或暂交图书馆代为保管，让更多的古籍得到科学保护。采访登记后因各种原因不能入藏的古籍，点交环节保留的入藏信息和现状照片能够真实地反映古籍状况和数量，为归还原主提供准确的证明，避免发生古籍采访人员与古籍原主之间的纠纷。

出库：图书馆作为对公众开放的公藏单位，馆藏的古籍常面临读者阅览和复制、数字化扫描和推广开发、修复、展览等工作，库房管理人员也需要与阅览室工作人员、藏品监护人员、修复人员、展览负责人等进行严格细致的藏品点交工作。

归库：古籍类藏品使用完毕后需要及时归库，库房管理人员需要根据出库时的点交记录，与归还藏品的责任人点交确认。

库外点交：各使用方在拿到古籍类藏品时也应进行点交，例如：阅览室工作人员与读者之间、藏品监护人员与扫描操作人员之间、修复负责人与实际修复人之间、藏品出库责任人与展览负责人之间等等。

二、藏品点交的制度规范和流程规范

（一）健全规章制度，细化点交流程

建立严格的审批、提用、出库点交、归库点交制度，规范藏品点交工作。根据不同的藏品利用情况，分别办理相应的审批和点交手续，每个环节留存记录，责任到人，严格执行。按期完成古籍类藏品的归库点交，如有拖延或意外，及时提醒并按照预定方案执行。

1. 馆内使用

(1)读者阅览和复制

古籍类藏品在没有缩微胶片、数据库、再造善本等替代品可供使用时,可请读者根据研究需求如实填写古籍原件阅览申请单,阅览室工作人员请领导审批签字后方可入库提书,并与书库管理人员进行藏品点交,确认古籍类藏品状况和数量。藏品运送至阅览室后,阅览室工作人员应与读者共同确认藏品状况和数量,提醒阅览注意事项,提高读者的保护意识。如遇书况不好、纸张老化等情况,古籍原件不予提供阅览。读者阅览完毕后,再次确认阅览前后藏品的状况,避免人为损伤。确认无误后当日归库,与书库管理人员依照出库时的点交记录再次点交确认,完成归库。

(2)数字化扫描及推广开发

为建立古籍数据库和推广传统文化的需求,古籍类藏品常需要进行古籍数字化扫描和推广开发,扫描监护人员应根据使用目的如实填写古籍类藏品使用和出库申请单,并请领导审批签字后方可入库提书,与书库管理人员进行藏品点交,确认藏品状况和数量,办理出库登记手续并签字,责任到人。扫描监护人员将藏品交给扫描操作员,也要与其确认数量和书况。如遇书况不好,要采取保护措施,或者停止扫描。扫描用的藏品当日归库,扫描监护人员、书库管理人员依照出库时的点交记录予以确认。

(3)修复

书况较差、虫蛀严重、纸张老化的古籍类藏品需要出库修复时,修复人员与书库管理人员进行藏品点交,详细填写藏品状况和数量,记录破损情况,需要拆线修复的还要清点记录页数。修复完成后冷冻杀虫再归库,依照出库时的点交记录予以确认。

(4)馆内展览

展览负责人员应根据展览需要列出古籍类藏品清单,注明索书号、书名、数量及展示页,经馆务领导班子审批同意后,填写古籍类藏品使用和出库申请单,并请领导审批签字,布展当天办理藏品出库登记,与展览负责人员进行藏品点交。

古籍类藏品一般有两种点交布展方式:

一是一边点交,一边布展。在展厅内进行点交,将点交桌放置在展墙或展柜附近,通过文物运输车将展位对应的藏品依次运至点交桌,双方在场时开箱点交,填写点交单并拍照,确认签字后将藏品放置在展位上,固定并摆放展签,关闭展柜并上锁，使布展一步到位[2]。优点是：(1)直接在展厅交接和布展，无须设置临时周转库房，更加安全；(2)依次点交藏品并布展，展线和藏品顺序清晰，避免了由于遗漏藏品、设计和空间不当等造成重新布展的情况发生，又减少了藏品离箱后在展厅内运输的距离，保证藏品安全；(3)由藏品监护人员直接布展，避免了由于布展人员不了解藏品现状而造成取放翻阅的不正确操作，降低藏品损伤的可能性。缺点是：点交和布展时间较长，需要点交双方人员协调时间，连续工作至布展结束。

一是先点交，后布展。在展厅附近设置临时周转库房，专门用以存放古籍类藏品，藏品全部点交完毕后，由展览负责人布展。优点是：临时周转库房距离展厅很近，藏品集中于同一地点，24 小时安防监控，非布展人员不得进入，既确保了藏品安全，又可以多组人员同时点交，点交时间缩短。缺点是：(1)每个点交小组分别需要至少两个展览负责人员和藏品监护人员，且对每组人员的专业水平要求较高，要做到点交标准一致。(2)对临时周转库房的场地要求较高，既要独立隐秘，独立落锁设防，又要动静区分隔。动区为点交区，各个点交桌互不干扰，通道宽敞，便于藏品和人员流通；静区为藏品存放区，不受外界干扰，未点交的藏品与已点交的藏品区别放置。(3)对临时周转库房和展厅的安防要求较高，布展时两处均需专人值守，有专人负责临时周转库房的藏品出入库登记手续。

馆内展览一般采用“一边点交，一边布展”的方式，双方确认无误后签字完成点交，点交单一式两份，藏品监护人员、展览负责人员各执一份。展览结束后，按照展柜顺序依次撤回藏品，每件藏品按照布展点交记录核查书况和数量，全部藏品撤展点交无误后，签字并封箱冷冻杀虫。冷冻结束后，藏品监护人员再与书库人员拆箱，依照出库时的点交记录予以确认。

2. 馆外办展

馆外办展需要事先确保展厅的环境和安防能够达到古籍类藏品的要求，再将展厅相关介绍、展览协议、保险协议、运输方案等材料上报馆务领导班子（国内办展）或上级文物主管单位（出国出境办展）批准，批复同意后方可开展馆外办展事宜。出库点交参照馆内展览的出库流程执行，并依照展览方案将藏品运至点交场地。

藏品包装和运输人员也应该参与点交过程，了解藏品现状，注意藏品包装和运输的细节。一般先使用绵纸、无酸纸、宣纸等对藏品表面进行贴身保护，防止在取放和运输过程中发生摩擦损伤；再选择囊匣、函套或包裹式藏品袋等，达到防震、防潮、方便取放和移动的目的；最后装入防潮无污染、减震效果好、可重复使用的便携式藏品箱中进行运输[3]。

馆外办展多采用“先点交,后布展”的方式,确认无误后签字完成点交。点交单至少一式两份,如有第三方文物运输公司负责包装和运输,则必须三方点交,点交单各执一份。展览结束后,撤展点交、归库点交参照馆内展览的点交流程执行。

需要注意的是:(1)馆外办展应加强温湿度监控和安防巡视,采用自动化监控和人工值班监护结合的双重方式;(2)涉及多单位古籍类藏品的展览,应采用统一的点交标准和点交单,并安排各单位不同的点交布展时间,避免布展时人员杂乱带来隐患;(3)尽量将各单位藏品放置在独立的展柜中,减少各单位藏品交叉。

(二)规范点交单

目前藏品点交单缺乏统一的规范,不同业务部门、不同古籍收藏单位使用的点交单各不相同,关键词和信息项有详有略;描述方式不同,有纯文字描述的,也有要在图上标注藏品情况的;纸张不同,有用普通打印纸的,也有用成册的带连续序号压敏纸的,纸张尺寸也不统一,不利于点交和存档。因此需要事先与各点交方沟通点交细节,并设计统一格式的点交单,既避免点交信息遗漏,又方便点交工作的规范化和高效化。

点交单应包含藏品馆藏地和文献类型、馆藏号(索书号或唯一识别号)、名称、年代版本、数量(藏品出馆办展还应清点记录页数和尺寸)、书况、备注等信息项。遇到藏品状况不佳的,应注明残破类型、程度、部位、面积、颜色等,做到有据可查,并根据现状对未来可能发生的破损加剧现象做出预判,提醒藏品接触者取放注意事项,避免因操作不当使破损加剧,保证藏品安全[4]。描述语要准确详尽、专业简练[5],不得错漏、涂改。

点交单应附加藏品简图或照片,便于直接在图片上标注残破部位和情况等,直观准确地描述藏品状况。使用行业固定术语,还能消除不同人员对藏品状况理解上的歧义[6]。采用图文并茂的形式,再借鉴国外博物馆常用的色彩法、符号法、代码法等则更显科学性。

(三)规范点交的操作细节

1. 点交场地和环境建议参照《图书馆古籍书库基本要求》(GB/T 30227—2013),设定温度在16℃~22℃,相对湿度在45%~60%,紫外线含量小于75μW/lm,空调通风系统良好,能滤除空气中的灰尘和二氧化硫、二氧化氮、挥发性有机化合物等有害物质[7]。

2. 选择干燥洁净、宽大平稳的桌子作为点交桌，桌面上铺宣纸或无酸绵纸，桌面上不得有水、油性笔、墨水、印泥等，记录过程用铅笔，如需用油性笔则在另外的桌子上誊抄，避免污染藏品。

3. 准备适当的工具，例如：宣纸条可以写明藏品类型和索书号后夹在藏品中方便快速区分、清点和分类摆放；微型 LED 手电筒可以增加局部光照；放大镜便于观察藏品细节，目前有眼镜形式的放大镜，拉下眼镜可以局部放大藏品，推起眼镜则正常观察，解放双手；选择适合点交用的文件夹，夹子固定点交单，写字板方便记录，弹性笔套固定不同的记录笔，提高点交效率。

4. 每方的点交人数应不少于 2 人，互相监督并提醒。点交人员应摘下手饰，佩戴手套或保证双手干燥洁净；身穿便捷的工作服，避免金属构件损伤藏品[8]。1 人负责取放翻阅和口述藏品现状，点交双方认可描述语后，1 人负责记录，1 人对基本书况和残破处拍照留档。非点交相关人员应该回避。

5. 点交人员应熟练掌握藏品的取放挪移等规范操作，做到“双手平托，脚踏实地，大不压小，重不压轻”；有较强的安全意识和责任意识，保证藏品集中在视线范围内；有较高的思想素质和主观能动性[9]，从思想上重视古籍类藏品的保护。

6. 点交双方要对每一件古籍类藏品的现状描述及图片标注进行仔细比对，对现状描述的任何疑问都应当面指出，达成一致意见后在点交单上标注记录[10]。所有藏品的状况和数量确认无误后签字完成点交。

（刘炳梅，国家图书馆古籍馆馆员；侯欣瑜，东北大学图书馆馆员）

参考文献：

[1]董涛. 藏品点交工作的规范化管理[EB/OL].（2017-08-30）[2019-03-19]. http://ex.cssn.cn/kgx/why-cybwg/201708/t20170830_3624601.shtml.

[2]王月前. 从文物点交看中外博物馆业务活动方式的异同[J]. 中国国家博物馆馆刊，2012（5）：137-146.

[3]邱新宇. 联合办展模式下藏品管理工作的思考[J]. 福建文博，2015（3）：94-96.

[4]倪梦婷. 资源整合型特展的初步研究[D]. 杭州：浙江大学，2016：45.

[5]王辉. 常见文物缺陷描述语[J]. 博物馆研究，2016（1）：84-89.

[6]刘凌. 文物状态描述的专业术语[J]. 博物馆研究，2006（3）：65-67.

[7]周崇润. 关于《图书馆古籍特藏书库基本要求》的说明[J]. 国家图书馆学刊，2006（3）：26-31.

[8]周颖. 文物点交引发的思考[J]. 辽宁省博物馆馆刊，2015：227-231.

[9]朱云玲. 基于可移动文物普查看博物馆藏品保管工作研究[J]. 文物鉴定与鉴赏，2017（7）：80-81.

[10]周颖. 博物馆引进临时展览流程初探[J]. 文化创新比较研究，2018（5）：29-30.

敬惜字纸:古人对废纸的利用探析

Paper Cherishing: An Analysis of Paper Recycling in Ancient Times

霍艳芳　崔　旋

摘　要:古人敬惜字纸,教育后生不能秽用和随意丢弃带有文字的废纸,由专人回收废纸放入字库塔中焚烧。事实上,在造纸艰难、成本较高的时代发展背景下,古人对废纸的处理方式还有多种,比如利用废纸的背面写字和印书、对废纸重新抄造、将废纸当作商品出售等等。这些处理方式对节约自然资源、保护生态环境均起到了积极的作用。在废纸利用方面,这些优秀的文化传统值得继续发扬光大。同时,古人因忽视造纸业可持续发展而造成部分优质古纸原材料的灭绝也令后人深思,给今人以深刻的启示。

关键词:废纸;再次利用;可持续发展

随着国家对垃圾分类的提倡,今天废旧报刊、纸板箱、塑料罐、废铜烂铁、废旧家电等物品的回收和利用率越来越高。其实,古人对废纸亦较珍惜,从不轻弃。他们认为文字是“古圣贤心迹”,对字纸所蕴含的文化心怀敬畏,教育后生不可将之乱丢和秽用,为此产生一个“敬惜字纸”的词语。民间成立的惜字会提倡尊重书写和印刷的文字,告诫读书人要特别小心地对待书和任何一片带有儒家圣贤名字、五经字句或儒经注释的字纸,全面禁止工匠用回收废纸做烛芯、雨伞、扇子、陶器、鞋等用品,中国各阶层人士小心翼翼地避免亵渎或污损写过或印过的字纸[1]。对于被人用过丢弃的废纸片,要放入专门的砖炉内焚化。始于宋代、普及于明清的字库塔,一般位于寺庙、街口或乡间地头,就是古人专门为焚烧字纸而修建的,后来逐渐演变为文人祈福的一种载体。作为一种即将消失的历史见证物,字库塔在今天已经很难看到了,但古人对字纸形成的精神崇拜和文化认同影响深远。古人对废纸利用进行的多方面探索与实践,值得今人探究。本文对古人废纸利用的原因和途径探析如下,以求教于方家。

一、古人利用废纸的原因

(一)造纸艰难

造纸需要原料,古人很早就意识到卖地上所产的造纸原料比单纯卖地能够创造更多的经济价值。北魏贾思勰《齐民要术》载:“指地卖者,省功而利少。煮剥卖皮者,虽劳而利大。自能造纸,其利又多。种三十亩者,岁斫十亩;三年一遍,岁收绢百匹。”[2]当时逐渐形成一种社会分工,即人工种植楮树,将剥除外皮并煮过一遍的皮料卖给造纸的槽户。这种原料供应比较辛苦,原料一时供应不上就无法造纸。

造纸工艺复杂,需要经过多道专业工序并付出艰辛劳动。唐代杜甫在寄给高适和岑参的诗中言:“荆玉簪头冷,巴笺染翰光。乌麻蒸续晒,丹橘露应尝。”[3]“乌麻蒸续晒”是说将亚麻剥皮后经过蒸煮、水洗并晒干,为制浆做准备。宋代梅尧臣对南唐后主李煜推崇的一种高级书画纸——澄心堂纸情有独钟,他作七言诗《答宋学士次道寄澄心堂纸百幅》答谢宋敏求的慷慨赠予,其中“寒溪浸楮春夜月,敲冰举帘匀割脂。焙干坚滑若铺玉,一幅百钱曾不疑”[4]指出造澄心堂纸的备料方法、抄纸工具和纸张的干燥方法,“春夜月”和“敲冰举帘”交代纸工在酷寒的冬夜仍不得停歇。此外,宋代郭祥正《谢蒋颖叔惠澄心纸》中有“澄心堂中蓄妙纸,敲冰捣楮惟恐粗”[5],元代吕诚《白纸扇歌》诗中亦有“我昔舟泊西江湄,椎冰看捣万楮皮”[6]。在文人的诗句中多次描述造纸过程的艰辛,充分说明当时造纸确较繁难。

深知造纸不易的人对于他人浪费纸张的行为是非常痛心的,元末明初刘嵩作七言律诗《见捣竹为纸者人多货为楮币感而有赋》,为纸工辛勤劳作制造出来的纸张被用作祭祀鬼神的冥币痛心疾首:“斩竹踏泥泉渍香,蒸云捣雾洗成浆。一帘春水琉璃滑,万叠晴云玉版光。蜀郡鸾笺劳拂拭,秦人渔网费评章。遥怜叔世滋奸伪,鬼币翻崇简牍荒。”[7]明代陆容《菽园杂记》亦载:“浙之衢州,民以抄纸为业。每岁官纸之供,公私糜费无算,而内府贵臣视之,初不以为意也。闻天顺间,有老内官自江西回,见内府以官纸糊壁,面之饮泣,盖知其成之不易,而惜其暴殄之甚也。”[8]102 英宗天顺年间(1457—1464)内府宦官返乡目睹造纸艰辛后,为内府以其裱糊墙壁这种暴殄天物的行为而痛心落泪。

(二)造纸成本较高

纸张的生产工艺较为复杂,生产纸张所需要的社会劳动时间较长,故纸张的价格一直居高不下。《法苑珠林》卷七十九载,唐永徽二年(651),某官死后三日转醒,请家人买纸百张制作纸钱,阴间小吏嫌钱不好,他又"令用六十钱市白纸百张作钱"。《太平广记》卷五十三载,唐大中初年,四十岁左右的佣工"佣作之直月五百",也就是说普通人一日的工钱还不能买30张白纸。

南宋绍兴十七年(1147)沈虞卿刻印王黄州《小畜集》八册,"印书纸并副板肆佰肆拾捌张,表背碧青纸壹拾壹张,大纸捌张,共钱贰佰陆拾文足",其中没有指出印书纸、碧青纸和大纸各多少钱,但可以知道它们分别用于正文和封面。沅州公使库刻印孔平仲《续世说》十二卷,用"大纸一百六十五张,计钱三十文足","大青白纸共九张,计钱六十六文足"[9]120。这就说明,用来印制正文的普通大纸容易制造,而用来印制封面的大青白纸比较厚实且需要调制染汁,工艺复杂,造纸成本高导致纸张价格较高。

明嘉靖九年(1530)五月,梁材在《题钞关禁革事宜》中讲述山东临清、杭州北新等收取商业税的钞关存在的弊病,其中提到"各钞关合用笔墨、纸张、心红、油炭等项,日不可缺。大约每月用呈文纸二百张,价银肆钱;刷票装簿纸二千五百张,价银一两五钱;毛边纸二十张,价银一钱……"[10]也就是说一两银子能买呈文纸500张,能买刷票装簿纸1667张,能买毛边纸200张。明代沈榜《宛署杂记》第十四、十五卷记载宛平县衙在承办宫廷祭祀、皇帝行幸、各级考试等活动中的经费开支。比如宛平县承担太庙每年祭祀所用物品的一半,二月份用到的纸张数量和价格是:

> 本纸一百七十五张,价一两五分;呈文纸二百张,价四钱四分;表黄纸一十张,价六分;碗红纸五张,价一钱五分;黄榜纸三张,价四分五厘;白榜纸七张半,价一钱五厘;红榜纸一张,价二分;青夹纸七张,价二分一厘;金钱纸一百张,价六分;黄咨纸七十五张,价七分五厘;白咨纸七十五张,价七分五厘;包本大呈文纸一百张,价三钱五分;顶花半朵,价一分五厘;烧燎红咨纸一百张,价一钱三分;连七纸六百张,价四钱二分。[11]123-124

三月份用到的纸张情况是:

> 本纸二百九十张,价一两七钱四分;呈文纸二百四十张,价五钱二分八厘;表黄纸三十四张,价一钱八分;碗红纸七张,价二钱一分;黄榜纸六张,价九分;白榜纸六张半,价七分一厘;青夹纸七张,价二分一厘;金钱纸一百张,

价六分；黄咨纸一百七十五张，价一钱七分五厘；白咨纸一百六十张，价一钱六分；包本大呈文纸一百张，价三钱五分；连七纸六百张，价四钱二分。[11]124

二月和三月的祭祀在用纸种类和数量方面有细微差别，但纸张的价格变化不大。大体来说，一两银子能够买本纸166.7张，买呈文纸454.5张，买表黄纸166.7张（二月份）或188.9张（三月份），买碗红纸33.3张，买黄榜纸66.7张，买白榜纸71.4张（二月份）或91.5张（三月份），买红榜纸50张，买青夹纸333.3张，买金钱纸1666.7张，买黄咨纸1000张，买白咨纸1000张，买包本大呈文纸285.7张，买烧燎红咨纸769.2张，买连七纸1428.6张。在当时，一两银子能买33.33斤香油，能买25斤沙糖，能买250斤木炭，能买大约100斤盐；重30斤的羊才需五钱四分，重80斤的猪仅需一两六钱，也就是说一两银子能够买一头50斤重的猪，能买一只55.6斤重的羊[11]129。再以米、麦为例来对比：万历十四年（1586），京师、湖广、浙江一带"官俸米以每石银七钱折发，乃天下可行之制"（《明神宗实录》卷一百七十四）；万历十七年（1589），庐、淮、扬等地，"米每石改折银六钱，麦每石改折银四钱"（《明神宗实录》卷二百零九）。一两银子大约能买1.43～1.67石大米，能买2.5石小麦，而当时七品知县的月俸才7.5石。以上数据虽然会因地区差异不具有普适性，但是毋庸置疑的是，与生活必需品相比，买纸绝非一般贫民阶层的经济能力所能承受。

由于教育事业的发展和民间藏书的普及，社会用纸量大增，文士习字抄书、文化交流等活动，处处离不开纸张。北宋孔平仲《使纸甚费》诗云："家贫何所费，使纸如使水。亲交或见遗，自买不知几。置之几案间，数轴俄空矣……谁教识点画，空耗五斗米。咄嗟为此诗，又是一张纸。"[12]感叹平日用纸较多，如流水一般。古时官府给予文化人的物质奖励最实用的就是纸张，如南宋郑樵面见宋高宗后，被"赐以笔札"，归抄所著《通志》，这是种荣耀，也是当时"笔札"较为珍贵的一个证明。明代自用有余的纸尚可卖掉换酒肉，李开先《云广洪都御史传》载，嘉靖年间（1522—1566）都察院右副都御史洪汉，"幼入县庠，以讲书见称县尹张庆，政暇，每早召至后厅，讲近午方出，给之纸数甚多。父以贫学官家居，即鬻纸买酒肉，招呼乔、朱二致政同乡，岁不止十余次"，稍长为巡按讲《中庸》末章中最难的部分，巡按大喜，问有司："曾备纸笔无？"有司说："花红亦有之。"巡按说："俱取来赏此生。"[13]

二、古人利用废纸的方式

由于造纸不易和纸价较高，如果将废纸重新利用，就可以减少造纸的前期工序，更为充分地利用纸张。尽管古人对字纸非常敬惜，甚至出现《文昌帝君惜字功律》二十四条约束人们不能随便丢弃或是糟蹋带字的废纸，要求将带字的废纸放入字纸篓里，专门收集后烧毁，再将纸灰装入瓮里沉入清潭。但是，在物质匮乏的时代这种做法是不现实的，笔者猜测拿去烧毁的废纸是废纸主人不愿或无法再次利用，或者是无意弃置而他人又不敢移用的纸张。如此，精神信仰与物质节俭才不矛盾。

（一）废纸的背面用来写字和印书

在纸张产量有限、价格居高不下的情况下，平民没有余钱买纸。因此，人们对纸张愈加珍惜，对废纸的充分利用更加重视。一些书生将写完字的纸张翻过来，利用背面再写字，这种行为叫作“反故”，这种纸又被称为“生还魂纸”。葛洪在《抱朴子》中自叙自幼家贫，只能“日伐薪卖之，以给纸笔”，“常乏纸，每所写，反覆有字，人鲜能读也”[14]。葛洪经常将纸双面写字，写出来的东西漫漶不清，外人难以看懂。干宝在撰《搜神记》时曾经上表：“臣前聊欲撰记古今怪异非常之事，会聚散逸，使自一贯。博访知古者，片纸残行，事事各异。又乏纸笔，或书故纸。”诏答允：“今赐纸二百枚。”[15]因缺纸，干宝只好在废纸背面写作，幸好皇帝赐纸，《搜神记》才得以成书。

在造纸术不甚精良的时期，纸张反面写字会出现模糊不清的现象。到了唐宋，盛行卷轴装和旋风装，为了便于卷舒、递送和保存，纸张一般较厚。《笺纸谱》称：“蜀笺体重，一夫之力，仅能荷五百番。”[16]成年人仅能搬负五百张，充分说明蜀纸之厚。文书单面写字，送达或归档失效之后，反面可以用来抄书或印书，“吐鲁番出土的文书就是被人翻过来利用制造殉葬的纸帽、纸鞋，其背面所保存的文字则成为珍贵的史料，尤其是文书都有年月记载，其纪年断代正确”[17]169。

宋代印刷术虽然已经普及，但图书的品种和印数还很有限，纸缺书贵，文人常常利用故纸反面抄书和写作。陆游曾经利用废纸写诗，其《故纸》诗中有“弃纸储诗稿，长筒聚药钱”（《剑南诗稿》卷六十八），“弃纸”即废纸。当时的公文纸亦较厚，背面光泽如一，可以用来印书，即版本学所谓“公文纸背本”（亦名“牍背书”），如宋刊本《洪氏集验方》五卷，以淳熙七年（1180）官册纸背印刷；《治平类编》四十卷，印纸为元符二年（1099）及崇宁五年（1106）公私文牍故纸年簿籍；宋本《北山小集》四十卷，印纸为乾道六年（1170）簿籍；宋绍兴本《集古文韵》五卷，印纸为开禧元年（1205）黄州书状；等等。值得一提的是，“公文纸背本”大多为地方官府印书，是地方政府节省财政开支而提倡节约的体现，也从侧面说明宋代纸张质量很好。

到了元、明,亦利用废纸印书,比如元时翻刻宋刊本《尔雅疏》,“其纸乃元致和、至顺中公牍,有蒙古文官印”;明翻刻元刊本《幽兰居士东京梦华录》十卷,“废纸为(国子)监中册籍也”;明翻刻宋本《李端诗集》三卷,“用弘治元年至四年苏州府官册纸背所印”;明翻刻宋本《国语》二十一卷,“以成化二十余年册纸印行”[9]185-186。不过,质量远远比不上宋代。明人高濂《遵生八笺·燕闲清赏笺·论藏书》极力称扬宋版图书质量精良,然后说:“元刻仿宋单边,字画不分粗细,较宋边条阔多一线,纸松刻硬,用墨秽浊,中无讳字,开卷了无嗅味。有种官券残纸,背印更恶。”[18]

明代关于废纸的使用情况,据《菽园杂记》载,“洪武年间,国子监生课簿仿书,按月送礼部,仿书发光禄寺包面,课簿送法司背面起稿,惜费如此。永乐、宣德间,鳌山烟火之费,亦兼用故纸,后来则不复然矣。成化间,流星爆杖等作,一切取榜纸为之,其费可胜计哉”[8]102。洪武时比较节约,国子监监生的练习簿册被光禄寺用作包装材料,法司在其背面打草稿,到了成化之后竟然用榜纸制作炮仗,虽然糜费,但也从另一个方面说明成化时社会已经比较富庶。

(二)废纸用于重新造纸

我国在宋代时就已经利用废纸抄造新的纸张,国家图书馆藏南宋嘉定年间(1208—1224)江西刻本《春秋繁露》用的是楮皮纸,纸中含有故纸回抄的残片。南宋时期在社会上流通的纸币亦有用废纸抄造的情况,元代马端临《文献通考·钱币》载,隆兴元年(1163),湖广王珏建议“下江西、湖南漕司根刷举人落卷,及已毁抹茶引故纸应副,抄造会子”,孝宗从之[19]。江西、湖南的运输管理部门利用落榜举人的考卷、包装茶叶的说明书等废纸,掺入到新纸浆中抄造成“会子”。由于“杜”乃“假”之意,废纸抄造而成的纸张有时被称为“杜纸”,《宋史·食货志》中有用杜纸印钞的记载。用废纸抄造会子是因为当地皮料缺乏,完全用楮皮纤维的话原料紧缺,所以在抄造时改为将皮料与回收废纸掺杂在一起。宋代规定因磨损而回收更换的纸钞要予以烧毁,指定焚毁场所并设置“烧昏钞官”。然而,有的时候执行起来并不严格,比如光宗绍熙元年(1190)“诏第七、第八界会子各展三年”,会子原本每界使用三年即予以更换,第七界和第八界并存说明第七界已经延长使用三年,如果再延长三年就变成九年,充分说明宋代会子用纸质量优良,使用近十年而不损坏。为了节省成本,后来会子全用杜纸抄造,淳祐三年(1243)一些官员忧心民间伪造会子越来越容易,于是进言:“大抵前之二界,尽用川纸,物料既精,工制不苟,民欲为伪,尚或难之。迨十七界之更印,已杂用川、杜之纸,至十八界则全用杜纸矣。纸既可以自造,价且五倍于前,故昔之为伪者难,今为之为伪者易。”[20]金代贞元年间(1153—1156)朝廷发行纸币,制度屡变,钞票贬值严重。据《金史·食货志三》载,兴定元年(1217)五月“以钞法屡变,随出而随坏,制纸之桑皮故纸皆取于民,至是又甚艰得,遂令计价,但征宝券、通宝,名曰‘桑皮故纸钱’,谓可以免民输挽之劳,而省工物之费也”,为此高汝砺进言:“今年五月省部以岁收通宝不充所用,乃于民间敛桑皮故纸钞七千万贯以补之,又太甚矣。而近又以通宝稍滞,又增两倍……民逃田秽,兵食不给,是军储钞法两废矣。”[21]这说明金代纸钞坊曾用桑皮旧纸制造纸币。

比较珍贵、尤恐私人伪造的纸币尚且用废纸抄造,充分说明在南宋以降,用废纸造纸已经成为一种社会常态和共识。到了明代,宋应星《天工开物·杀青》对纸张生产技术有专门记述,其中亦提到“还魂纸”,“近世阔幅者,名大四连,一时书文贵重。其废纸洗去朱墨污秽,浸烂入槽再造,全省从前煮浸之力,依然成纸,耗亦不多。南方竹贱之国,不以为然。北方即寸条片角,在地随手拾取再造,名曰还魂纸”[22]。这种通过去污、浸泡等操作抄造的再生纸就是今天我们所说的“熟还魂纸”。

清代乾隆时期仿制金粟山纸所选用的材料,已不是普通树皮,而是古纸,包括宫中的旧纸。据《内务府造办处各作成活计清档》乾隆四十年(1775)闰十月条:“再向懋勤殿要旧宣纸五十张交寅著,并先发去,旧宣纸五十张做藏经大纸一百张,其仿藏经小纸,俱著照样成作进来。”[23]最终取得成功,皇帝作诗《题金粟笺》予以褒扬。之后的宫廷用纸中出现将还魂纸用作书写纸的现象,故宫博物院明清档案部1998年所送纸样中1号、2号和12号被鉴定为还魂纸,“纸中有多种纤维成分,并普遍含有一些未分散的废纸碎片,成纸色泽和洁净度较差”[17]374-375。这从侧面说明清晚期政治经济的没落和造纸业的衰退。

元世祖至元九年(1272)在大都设置“白纸坊”这一官署,主管皇家用纸的生产,后来渐渐演变成一个地名,历经明、清,直到新中国成立前夕该地造纸业仍然兴旺,一家一户的造纸作坊鳞次栉比,1935年出版的《北平旅行指南》中记载当时商号仍有二十余家。纸坊的造纸原料大多是较易得到的废纸、蒲棒绒等,利用泡、压、淘、绞、晒等手工操作,加工成质地粗糙的“豆儿纸”。

(三)将废纸作为商品出售

因为废纸尚有回收利用价值,据史料记载,至少在北宋时已经成为商品。真宗时(998—1022),卫州判官王象因卖掉“案籍文抄”,被除名为民,发配唐州,以儆效尤,政府为此下诏:“诸州县案帐、抄旁等,委当职官吏上历收锁,无得货鬻、弃毁。仍令转运使察举,犯者,官员重置其罪,吏人决杖、配隶。”[24]尽管这是官方不允许买卖废弃公文的禁令,但仍改变不了废纸已被当作商品买卖的现实。仁宗庆历四年(1044),集贤校理苏舜钦因变卖进奏院旧档废纸,用于同仁赛神设宴的费用,被革职为民。苏舜钦被罢黜实质上是政敌攻讦的结果,变卖公牍废纸仅是导火索,但是从侧面说明政府出于保密需要禁止将公牍出售,亦充分证明当时有购买废纸的社会需求。到了南宋时期,法令略弛,官方允许部分出卖不需长期保存的公牍,如《庆元条法事类》卷十七《文书门》规定:"诸架阁公案非应长留者,留拾年。每叁年壹检简,申监司差官覆讫,除之(充官用,有余者出卖)。其有本应长留者,移于别库籍内,仍随事朱书所除所移年月,同覆官签书。"[25]此处"有余者",应该指的是政府部门起草、印书等文化活动中使用不完的公牍废纸,自用有余的部分可以在社会上发挥余热。清代黄丕烈题跋宋本《芦川词》云:"宋板书纸背多字迹,盖宋时废纸亦贵也。"[26]指出宋时即便是废纸,价格亦不菲。

不惟宋朝废纸可以买卖,中国历史上曾发生一次内阁珍贵档案被当作废纸买卖的事件。1921年前后,北洋政府财政艰窘,政府各部门自筹款项维持开支。已有几年支不出薪水的教育部就把大约15万斤的大内档案作为废纸,以4000元银洋的价格拍卖给西单同懋增纸店。纸店挑拣出一部分档案售卖,大部分准备运到唐山、定兴去制作"还魂纸",幸好被罗振玉发现,并以两倍的价钱购买下来,这就是著名的八千麻袋大内档案事件。

中国有买卖废纸的历史,邻国日本亦如此。在江户时代(1603—1868),曾有"纸屑商人"的说法。纸屑商人是"对收购废纸、旧布的人的称呼","两个人搭着伴在城市里转悠,用杆秤称重,按重量收购"[27]。这种"按重量收购"的废纸,自然不会被烧掉完事,否则不会有小贩两人搭伴的"隆重"和小心称重这般"斤斤"计较。

废纸的商品属性是从纸的商品属性衍生过来的,对废纸的利用可以减少造纸的前期环节,同时在某种程度上是为了满足社会的需要。废纸除可以直接书写外,还应用于日常生活之中,比如用于装裱、糊窗、包装、剪纸及制作鞭炮、火炮等:图书的硬壳需要用多层废纸粘连起来,"纸用秋闱败卷,纯是绵料,价等劣纸,以之充用,可谓绝胜,间用金膏纸"[28];窗户破了亦需要用废纸裱糊,南宋刘克庄《除夕》诗中有"窗损教寻废纸粘";《嘉祐杂志》记载梅尧臣曾从卖盐包装废纸上得到一则曲谱:"梅圣俞说,始教坊家人市盐,于纸角中得一曲谱,翻之,遂以名",于是将之谱成双调《盐角儿令》[29];宋仁宗时曾公亮、丁度等人奉命编写的《武经总要》中记载各种武器制造方法,制造"毒药烟球"和"霹雳火球"的配料中均用到了故纸。正是这种社会消费和需求,使得相当多的废纸具有了商品的价值,也就为其循环利用提供了有利条件。

三、古代忽视可持续发展的代价及对今天的启示

废纸利用除了能够节省人力成本，在某种程度上还可以节省造纸原料和淡水资源。古人不注意节约自然资源和保护生态环境，为之付出的代价是巨大的。浙江剡溪的藤纸，晋代时就名扬四海，在唐代极为盛行，到了晚唐由于野藤被乱砍滥伐，藤纸从此一蹶不振，到宋代时唯有撰写青词才使用青藤纸，最终在明代时绝迹。浙江婺州东阳人舒元舆乃唐宪宗元和八年(813)进士，目睹剡溪野藤被滥伐造纸，深感剡藤资源终将枯竭，写下一篇《悲剡溪古藤文》。

剡溪上绵四五百里，多古藤。株枿逼土，虽春入土脉，他植发活，独古藤气候不觉，绝尽生意……有道者言："溪中多纸工，刀斧斩伐无时，擘剥皮肌，以给其业。"……噫！藤虽植物者，温而荣，寒而枯，养而生，残而死，亦将似有命于天地间。今为纸工斩伐，不得发生，是天地气力为人中伤，致一物疵疠之若此……纸工嗜利，晓夜斩藤以鬻之，虽举天下为剡溪，犹不足以给，况一剡溪者耶？以此恐后之日不复有藤生于剡矣。[30]3807

唐代视藤纸优于其他纸张，野藤虽然可以再生，但如果过度砍伐终将枯绝。舒元舆是位有识之士，那时他就认识到造纸原料的后续供应问题，不过他探究原因时说："比肩握管，动盈数千百人。数千百人下笔，动数千万言。不知其为谬误，日日以纵，自然残藤命，易其桑叶，波浪颓沓，未见其止。"[30]3807 将之最终归因于当时文人太多、写文章太长，则带有一定的消极因素。其实，如果重视资源的可持续发展，完全可以实现物、纸两旺的共赢局面。比如浙江富阳对造纸专用竹林进行精心培育和合理砍伐，至今仍是竹林茂盛、纸业兴旺。不过，限于当时的科技发展水平，古人不知如何科学种植和人工培育原材料，仅知道利用"大自然的馈赠"，致使其被利用殆尽。

造纸离不开水，如果不注意生产废水的排放，将会对水体造成严重污染。温州蠲纸以桑皮为原料，北宋仁宗时被列为贡品，与嵊县剡藤纸、余杭油拳纸并称浙江三大名纸。程棨《三柳轩杂识》载："温州作蠲纸，洁白坚滑，大略类高丽纸。东南出纸处最多，此当为第一焉，由拳皆出其下。然所产少，至和以来方入贡，权贵求索浸广，而纸户力已不能胜矣。"[31] 不过，它在明代因水质转浊而停产。清代乾隆《浙江通志》云："温州贡纸五百张，其来久矣；明开局于瞿溪，差官监造；后因水浊，造纸转黑，乃以地气改迁，奏罢。少此佳纸，殊为可惜。"[32] 有一种说法是，因蠲纸名气日增，"权贵求索浸广"，以至于纸户难以为继，郡守何东园用计使

水变浊，造出来的纸张变黑。何东园担任温州郡守的时间是宣德五年（1430），这就说明温州蠲纸大致在此时停产。不过，即便在今天，使一方溪水长期变浊亦是匪夷所思的事情，所以水质污浊乃故意为之的说法不太可信，很大可能是因为人们只顾增加生产而不重视环保，破坏了水源，以致造纸转黑而无法继续生产。

在今天，从可持续发展的角度来看，回收利用废纸能够节省资源、减少污染等，"一吨废纸经加工后投入生产，可以生产700至800公斤的纸张"，"如果用木材、草类生产纸张，则时间长、周转慢、耗电耗水量大、成本高。利用废纸造纸则运输方便、辅助材料节省、生产环节减少、物资流转加快"[33]，是造福子孙的明智选择。从循环周期的角度来看，纸的生产、使用和回收是一个完整的链条，其中纸纤维可以多次被循环利用。这就印证了一个道理：世界上完全无用的东西是不存在的，有用和无用是能够相互转化的。

造纸业是社会支柱产业之一，但对生态环境有一定的破坏作用。即便在今天，如果处理不当，亦会造成严重后果，一些闻名中外的优质手工纸制造企业因排水达不到国家规定的标准而被迫停产整改。这就需要相关部门制定有效可行的防治措施，并进行必要的技术指导，比如将石灰法草浆废水进行微生物厌氧发酵处理，或者将处理后的废水灌溉农田，等等。

总之，古人对废纸的多种利用方式，充分说明中华民族具有悠久的节约传统，符合当代可持续发展的观念，值得继承并发扬光大。而部分优质古纸造纸原材料灭绝的历史教训，也给今人以警示。

（霍艳芳，山东大学历史文化学院副教授；崔旋，山东大学历史文化学院2020级硕士研究生）

参考文献：

[1]周绍明. 书籍的社会史：中华帝国晚期的书籍与士人文化[M]. 何朝晖，译. 北京：北京大学出版社，2009：162-164.

[2]贾思勰. 齐民要术译注[M]. 缪启愉，缪桂龙，译注. 上海：上海古籍出版社，2006：340.

[3]杜甫. 寄彭州高三十五使君适虢州岑二十七长史参三十韵[M]//中国古代名家诗文集：杜甫集. 哈尔滨：黑龙江人民出版社，2005：213.

[4]梅尧臣. 宛陵集[M]//陆费逵. 四部备要：第73册. 北京：中华书局，1989：119.

[5]郭祥正. 郭祥正集[M]. 合肥：黄山书社，2014：201.

[6]杨镰. 全元诗：第60册[M]. 北京：中华书局，2013：469.

[7]杨镰. 全元诗：第61册[M]. 北京：中华书局，2013：460-461.

[8]陆容. 菽园杂记[M]. 李健莉，校点. 上海：上海古籍出版社，2012.

[9]叶德辉. 书林清话[M]. 上海：上海古籍出版社，2012.

[10]黄训. 名臣经济录[M]//景印文渊阁四库全书：第443册. 台北：台湾商务印书馆，1986：471.

[11]沈榜. 宛署杂记[M]. 北京：北京古籍出版社，1982.

[12]孔文仲,孔武仲,孔平仲. 清江三孔集[M]. 孙永选,校点. 济南:齐鲁书社,2002:341.
[13]李开先. 李开先全集(修订本)[M]. 卜键,笺校. 上海:上海古籍出版社,2014:958-959.
[14]葛洪. 抱朴子[M]//管曙光. 诸子集成. 长春:长春出版社,1999:374.
[15]苏易简. 文房四谱[M]. 上海:商务印书馆,1939:52.
[16]费著. 笺纸谱[M]. 上海:商务印书馆,1939:2.
[17]王菊华,等. 中国古代造纸工程技术史[M]. 太原:山西教育出版社,2006.
[18]高濂. 遵生八笺[M]. 成都:巴蜀书社,1985:42.
[19]马端临. 文献通考[M]. 上海:商务印书馆,1936:100.
[20]脱脱,等. 宋史[M]. 长春:吉林人民出版社,1995:2752-2753.
[21]脱脱,等. 金史[M]. 长春:吉林人民出版社,1995:633-634.
[22]宋应星. 天工开物[M]. 上海:世界书局,1936:224.
[23]张蕾. 这种纸曾经失传[EB/OL]. (2019-11-06)[2020-11-01]. https://mp.weixin.qq.com/s/7W_a0c9Z5etSURVI24wiMw.
[24]徐松. 宋会要辑稿[M]. 刘琳,刁忠民,舒大刚,等,校点. 上海:上海古籍出版社,2014:6216.
[25]谢深甫. 庆元条法事类[M]//续修四库全书:第861册. 上海:上海古籍出版社,2002:304.
[26]黄丕烈. 荛圃藏书题识[M]. 屠友祥,校注. 上海:上海远东出版社,1999:842.
[27]善养寺进,日本江户人文研究会. 江户一日[M]. 袁秀敏,译. 北京:北京联合出版公司,2018:126.
[28]周嘉胄. 装潢志[M]. 上海:商务印书馆,1939:8.
[29]王灼.《碧鸡漫志》疏证[M]. 江枰,疏证. 南昌:江西教育出版社,2015:210.
[30]倪文杰. 全唐文精华[M]. 大连:大连出版社,1999.
[31]俞光. 温州古代经济史料汇编[M]. 上海:上海社会科学院出版社,2005:306.
[32]刘建国,唐运冠. 温州史学论丛:第6辑[M]. 北京:中国商务出版社,2017:363.
[33]郑昌安,郑勇. 废旧物资回收工作手册[M]. 西安:陕西人民出版社,1991:358-359.

史事与人物

景培元的图书馆生涯及古籍保护实践

Jing Peiyuan's Library Career and his Practice of Ancient Book Conservation

朱向峰　姜　颖　张小锋　邱小红

摘　要:景培元,曾任上海震旦大学图书馆主任、巴黎大学北平中法汉学研究所图书馆主任、北京对外贸易学院(对外经济贸易大学前身)首任图书馆馆长等职。本文从景培元在三家图书馆任职的不同阶段入手,从文献保护、目录学、读者教育和特色馆藏几方面切入,对其在图书馆学领域所做出的努力与贡献进行探讨。

关键词:景培元;图书馆生涯;古籍保护;海关图书馆

景培元(1904—1981),字兰墅,籍贯河北省大名县,毕业于上海震旦大学法语专业。其一生与高校图书馆结缘,先后任震旦大学图书馆主任、巴黎大学北平中法汉学研究所图书馆主任、北京对外贸易学院首任图书馆馆长。

一、景培元其人

在学术上,景培元深入探讨中国传统目录学、校雠学与现代西方图书馆学的交融转化,1946年出版的《说郛版本考》法文版,是我国第一部用法文撰写的系统性的中国目录学著作,向西方世界推介了中国传统版本目录学的研究成果;在实践上,他心怀敬畏、身体力行保护国故,推动文献典籍的搜集保存、研究出版等工作,发挥大学图书馆在保护古籍文献、延续历史文脉方面的独特价值;在理念上,他倡导"以图书教育民众的使命",强调图书馆的社会育人价值,以实践推动中国图书馆的现代化转型，丰富和发展了图书馆学教育实践活动。

1964年中法建交后，景培元从北京对外贸易学院图书馆调至法语系，逐渐从图书馆界淡出，以至当前图书馆界对他在目录学及古籍保护方面的历史贡献知之甚少。本文聚焦景培元的生平和他在图书馆学领域方面的相关史料，进行深入挖掘，从其先后在上海、北京两地的三家图书馆即上海震旦大学图书馆、巴黎大学北平中法汉学研究所图书馆和北京对外贸易学院图书馆任职的不同阶段入手，从文献保护、目录学、读者教育、特色馆藏几方面切入，对景培元在图书馆学领域所做出的努力与贡献进行探讨。目前学界尚没有对景培元进行专题研究的文章，相关研究散见于葛夫平[1]、谭畅[2-3]、向文钦[4]、黄毓芸[5]等学者的研究文章中。本文在前人研究基础上，结合对外经济贸易大学校志、档案等相关资料展开论述。

二、景培元的图书馆生涯及古籍保护实践

(一)震旦大学图书馆阶段

因为专门从事图书目录学研究，景培元对图书文献收藏工作极为重视。当时主流学界观点认为，“目录学与藏书”与“实物的收集”是研究“中国学”最重要的两个条件[6]。藏书是从事目录学研究的基石，没有足够版本的图书文献积累，文献源流的揭示与阐释、书目索引的编纂就无从谈起，离开文献支撑的目录学研究犹如无本之木。另外，20世纪二三十年代，在传统藏书楼向近代图书馆转型的时代背景下，中国近代图书馆事业迎来第一次发展高峰时期，一些新建高校图书馆对古籍文献的需求量激增。在这样的背景下，景培元先后为震旦大学图书馆收藏丁氏文库、望云草堂李氏藏书，参与保护上海革命历史文献等工作，在保存中国文献典籍、延续历史文脉等方面做出了重要贡献。

1. 推动丁氏文库藏书入藏震旦大学图书馆

1938年，近代名医兼藏书家丁福保“鉴于孤岛人士，因图书馆之缺少，以致发生精神食粮饥荒，特打破向来藏书家锢藏自喜之习惯，而本其为社会服务之精神，将所有藏书，照图书馆之办法，编制目录，成立丁氏图书馆，公开出借”[7]。丁氏图书馆开幕当天，丁福保曾向在场的新闻界人士提及，因馆址太小，他的藏书怕不能被充分利用，希望有一个比较固定的机关，他情愿无条件地将私藏全部捐出，公开流通，以便利有心无力的读书人。景培元从朋友那里得知这一消息后，“遂与震旦当局商酌，设法进行”[8]。后经多人协助，与丁先生高足朱毅文联系上，作初步接洽。“适吕班路震旦大学，于前年新建图书馆落成，曾以对外公开，

引起了好学人士之注意"[9],新落成的震旦大学图书馆硬件设备完备,从捐赠方案到图书管理使用等一系列具体事宜均由景培元亲自操办,他还推动震旦校方提请丁福保担任名誉校董并呈请政府褒奖。丁福保婉拒了震旦大学方面邀请担任校董的提议,他在《丁氏图书馆目录缘起》中谈及自己的藏书观说:"凡人当为社会服役,为有益于人群之事,不当为自私自利之谋。""每一藏书家,苟能出其所有,予学者以共读之机会……我国之学术文化,亦必赖以增进。"[8]

1939年3月25日,在景培元的推动下,丁福保与震旦大学正式签订"捐书办法七条"。此后五万多卷的丁福保"诂林精舍"藏书捐赠给震旦大学图书馆,命名为"丁氏文库"[9]。景培元对此举予以高度赞赏,他曾说:"我们在图书馆服务的人,虽然一直忙着分类、编目、整理、出纳,没有自己享用的福分;然而仅是一卷在手,翻翻检检,也不由得嗜古之念,油然而生,以手加额替我们的顾客读书人称庆呢。"[8]

1952年,在全国高校院系调整中,震旦大学相关院系合并到复旦大学、同济大学、交通大学等高校。"丁氏文库"被复旦大学图书馆接收,1952年10月,震旦大学多次致函复旦大学核对图书交接清单。接收完毕后,复旦大学图书馆重新对"丁氏文库"加以分类编目,纳入复旦大学图书馆线装书序列加以保管流通,供读者取阅。

2. 推动望云草堂藏书入藏震旦大学图书馆

望云草堂,是合肥李鸿章家族藏书的堂名。李氏藏书"自祖传父,自父传子,曾经过三代以上的保全与积累"。李鸿章幼子李经迈去世后,其子李国超遵先人遗命,"将所有藏书,捐入公家,以便社会利用"[10]。1939年4月、5月间,景培元寻访李氏后人,探寻关于捐书的手续和办法。

当年初夏,这批古籍连原有的樟木书橱24座,共装了10卡车,起运到震旦大学图书馆收藏。这批典籍中,经部书2658册,史部书5633册,子部书1436册,集部书2743册,又丛书6001册,合计18471册。名义上,这批藏书大部分捐赠给当时上海法租界的最高行政当局——法租界公董局,而实际上经由公董局转交震旦大学图书馆专门设立"李氏文库",并代为管理。为保护这批典籍,还专门规定"只许到震旦阅览,不能借出校外"。景培元评价说"草堂藏书的选择,可当得个'精'字",藏书的类别"以军事经济为骨干,以清季社会为背景",基本的国学要籍"收罗得颇为完备"[10],可以作为一个普通图书馆的基础。

3. 保护上海通志馆文献资料

抗战爆发后,淞沪沦陷,上海通志馆停办。据近代科技史学家、古文献学家胡道静回忆,在离开上海前,通志馆馆长柳亚子担心通志馆所藏手稿、书籍、档案等重要资料被敌人收缴,便与胡道静商议。他们思来想去、实地察看后,决定将文献暂时存放在震旦大学图书馆这家有传教士背景的图书馆。时任震旦大学图书馆副馆长正是景培元,他在接收上海通志馆这批文献资料时向胡道静表示:“除非是不可抵抗,当竭力代为保存。”抗战期间,这批资料得到了震旦大学图书馆的妥善保管,直至 1945 年抗战胜利后完好交还上海通志馆,后送入上海博物馆保存[11]。中华人民共和国成立后,因为感念景培元当年关键时刻的帮助,胡道静曾专门写信给柳亚子先生,“陈明当时托管文卷的详情,并希望柳公在京若有机会遇见景先生,向其表示谢忱”。柳亚子亦两次回信,专门谈及致谢景培元先生保护上海通志馆手稿等资料的义举[12]。

4. 倡导图书馆的普及利用

图书馆是知识之源泉,学术之宝库。景培元在参与古籍文献保护活动同时,还积极参与图书馆的社会普及推广活动。景培元认为,现代图书馆肩负“以图书教育民众的使命”[13],他强调图书馆的社会育人价值,以实践推动中国图书馆的现代化转型,建设和丰富图书馆学教育活动。1938 年 8 月,为“避难来沪者”提供图书阅览服务的中国流通图书馆在上海福州路复兴里四号成立[14],该图书馆聘任景培元为董事。在开幕式上,景培元认为现代图书馆应该放下身段,注重眼睛向下,服务读者,要从上海路边的“连环画摊”上学习吸引读者的方法,引导读者到图书馆来阅读健康向上的书籍[13]。景培元在震旦大学图书馆任职的同时,1939 年秋受聘上海中华图书馆学函授学校教师,教授“各种图书馆学主要课程”[15]。与此同时,景培元积极参与图书馆界的社会推广活动。查阅现有《中华图书馆协会会员录》等历史资料,1931 年 6 月,时年 26 岁的景培元已成为中华图书馆协会会员[16]。随后,他先后来到上海、北平工作,1939 年、1947 年他的通信地址由原来的河北大名先后转至上海震旦大学、北平内七区台基厂三条一号,身份也先后转换为上海震旦大学图书馆馆长、中法汉学研究所图书馆主任[17-18]。

景培元倡导读书,认为现代社会“一大助力者,‘书’是也”,强调现代社会需要“人人知读书,人人愿读书,人人必读书”。之所以读书重要,是因为“诚以为读书者,所以求得智识也;而智识者,思想之源泉也;思想为左右古今世界之惟一最大的动力。不读书即无智识,即不能明了现代思潮之来踪去迹,即为落伍者”。一般人“仅备普通能力,良好意志”,然而随着时间的推移,“需要渐多,责望渐重”,个人在社会中要想求得进步,会因为缺少丰富学识而“势难寸进”,这个时候就需要通过读书来提升自己。他同时强调,读书需要讲求方法,需要明白“为何必须读书”“宜读何书”“如何读书”三个关键问题。在书籍里面,文艺书籍“多数空洞浮浅”，“不能予人以更深切而有益的满足”。景培元提示青年应该注意这类书籍的局限性并加以防范。他倡导多读科学类书籍，科学本身可以拓展人类“智识的领域”，“其精神为进取的，其性质为无限的”[19]。

为让大众了解图书馆学论著，景培元多次在《图书季刊》《中华图书馆协会会报》等专业刊物上发表推介文章，用书评的方式表达学术观点，向大众介绍图书馆学最新研究专著。1940 年 9 月，商务印书馆出版了《图书学大辞典》，这本大辞典由卢震京与友人协作，“历时十年时间完成”。景培元首先对这本书给予肯定：“在图书馆学尚在幼稚杂乱阶段的我国，有此述作颇是一件值得庆幸的事。”一方面他认为，这本书对于“一般新进的青年学习者却有左右逢源之乐，这是本书的优点”；另一方面，景培元将该辞典在词条、内容、法语翻译等诸多方面有待商榷的地方一一列举出来，例如：“若干图书条目或新创方法轻重不匀的介绍，很容易被人误认为偏袒，或宣传，或欠平允，或避重就轻，以致对于很多与图书事业有关的人物或著作都付阙如”；这本辞典里面找不到“黄丕烈”“毛晋”“藏书纪事诗”“聚珍版程式”等重要图书条目，“终觉有些不足之感”；在翻译方面，“西文术语译成中文的条目，多数尚无公认的译名”；书中应附有西文索引，“以利检查”，而实际上只有一个四角号码索引；在所附全国图书馆调查简表中，“竟找不出国立图书馆及各省省立图书馆的名称”；法文书报名称多数讹误，不可卒读，所选之书大多陈旧不堪，而一些重要新著未及列入。景培元认为，当前图书馆学正在成长发育之期，很多概念、定义还未获得公认，因此“本书的编纂，为了内在的原因，似觉稍早了些。而它的校印，却为了外来的原因，又失之太迟”[20]。

5. 改进中文古籍分类法

20 世纪 30 年代，大量西文书籍进入中国新建的图书馆。当时采用的四部分类法是为中国传统书籍设计的，而由西方引进的《杜威十进分类法》又不能完全适用于中西图书并置、新旧文献共存的情况。1936 年 8 月，景培元在《中华图书馆协会会报》刊发书评，对皮高品著作《中国十进分类法》进行分析，他首先指出该分类法“为近出分类法中，比较详赡者”，随后又对“编制方面”“形式方面”两大方面提出“说明嫌简”“详略不尽适中”“体例不甚谨严”和“类名间有不甚显豁处”“错字错码不少”“正表与索引有不相对照处”“西文索引急需编就”“零星类项急待补充”等方面的改进意见[21]。

面对众多分类方法，景培元从他服务的震旦大学图书馆书目编目分类的实践出发，提出“理想中最完美之分类法，本为人世间不可能之事。吾人努力之目标，仅在使一种分类法之不完备点，减至最少限度而已”[21]。1938 年，景培元根据实践经验,自刊《中国著者拼音号码表》[22],新增著者号码,对藏书分类目录进行有益探索。他深入探讨中国传统目录学、校雠学与现代西方图书馆学的交融转化,认为目录学不仅要"辨章学术,考镜源流",而且作为现代图书馆基础业务的目录工作,要从读者角度出发,便于读者寻找图书。

6. 推动中法出版文化交流

由于学习法语专业的缘故,景培元对法文图书十分熟悉,他在推动中法两国文化交流互鉴方面发挥了一定作用。1939 年前,景培元曾出版"法文本《中国书版考》参考书拟目一种"[17],向法语世界介绍中国图书的版本情况。在震旦大学阶段,景培元还曾参与组织法国出版文化专题展览。1936 年,上海"法文书版展"在震旦大学举行,这次书展旨在介绍法国出版文化。书展汇集了大量法文版图书,有"法国政界、法国书业工会,以及北平图书馆馆长袁同礼向法国大使馆接洽商借的图书,也有向徐家汇藏书楼商借,也有向上海市环龙路二号红鸟书店外借参加书展的"。在这次书展中,书籍的装帧形式也是重要的交流内容,法国教授邵禄氏(Mr. P. Chollot)所装帧的一套书特别引人注目,"是用各种不同的兽皮和别出心裁的格式制成"。另外,为了方便读者购书,展出的图书可以在当时上海唯一的法文书店红鸟书店购买到。书展结束后,景培元专门在《大公报》撰文,从五个方面对法国出版业进行了全面的介绍:一是法国不仅出版文学艺术图书,"还有很多其它类的书籍,教科书、专门技术书、通俗化的科学书、豪华本、普及本、乐谱、明信片等大量生产";二是法国图书出版各专一门,各有专长,有的专门出医学书、精本文艺书、科学工业书、中小学教材、美术书,不像我国的百科化,出版家兼营印刷的也极少;三是法国书商间有成立于 1874 年的团体组织"书业公会",同时出版一种《新书周刊》逐期介绍全法国新出版物;四是"法国图书总局"专司国外市场推广的职责,对外开拓海外市场;五是法国书的外形、装帧很有特色[23]。毫无疑问,这些介绍对于正在蓬勃发展的上海图书出版业具有重要的借鉴价值。

(二)巴黎大学北平中法汉学研究所图书馆阶段

巴黎大学北平中法汉学研究所设立于 1941 年 10 月,这个研究所重点研究中国民俗学、语言学、考古学和编印中国古籍的索引。所长铎尔孟对建立专业图书馆十分重视,1943 年 5 月 22 日,中法汉学研究所图书馆成立。景培元作为当时中国最好的目录学家之一,被引进中法汉学研究所图书馆工作。景培元先后参加了中法汉学研究所通检组《论衡通检》等十余种通检的编纂工作。

景培元为中法汉学研究所图书馆收集历代民俗资料,收集到了明刊本《说郛》,他认为:“南村《说郛》,最称博杂。……乾嘉以降,士风丕变,学者鄙为饾饤之作,朝野引为违碍之忌;遂使此繁富之纂述,湮没不彰者三百余年。”景培元选取明抄本、明刊本、通行本及国立北平图书馆所藏《四库全书》本逐卷比勘,“摭其异同”。《四库全书》本《说郛》“虽自通行李校本录出,而原序原目,俱从删略,检取极为不便,每书卷端撰人亦不冠时代”,“其他原本讹夺,一仍旧贯,仅‘玄’字等避讳缺笔而已。大抵馆臣惮烦,敷衍了事。……其他卷亦较通行本有减无增,纂修草率,可见一斑,在《说郛》诸本中最无可取”[24]。景培元“对《说郛》诸本子目录差异亦有过比较,研究工作细致且深入”[5]。景培元《说郛版本考》刊登于1945年《中法汉学研究所图书馆馆刊》创刊号。次年中法汉学研究所又以专刊形式出版了《说郛版本考》的法文版,这是我国第一部用法文撰写的系统性中国目录学著作,向西方世界推介了中国传统版本目录学的研究成果,推动了中法在图书馆领域的交流互鉴。

(三)北京对外贸易学院图书馆阶段

20世纪50年代,新中国第一所以对外贸易专门人才为培养对象的专科学校——北京对外贸易专科学校(对外经济贸易大学前身)成立,这所学校是为了解决在对外经济贸易、海关监管等涉外领域相关人才紧缺的问题而成立的,上级主管部门是中央对外贸易部。培养目标是“具备政治、业务、语言之全面的对外贸易人才”[25]18。经中央对外贸易部批准,1954年3月,学校从上海接收了旧中国海关图书馆全部藏书及相关设备,而主持这项工作的正是景培元。

1952年,景培元调任北京对外贸易专科学校图书馆工作。1954年,以北京对外贸易专科学校为基础成立北京对外贸易学院,景培元担任第一任图书馆馆长(1954—1958)。1954年3月,景培元来到上海办理旧中国海关图书馆藏书接收事宜。1954年上半年,旧中国海关图书馆的藏书全部转运至北京。随后,为了妥善保护这些图书资料,景培元专门定制了木质书柜[26]。

从1954年开始,旧中国海关图书馆藏书已经在对外经济贸易大学图书馆度过了六十余年。为了加强保护,图书馆按照古籍文物的严苛保护条件要求,设立“海关文献库”,专门量身打造收藏这批海关古籍的库房。为防止虫蛀,库房采用樟木衬板、钢制框架的书柜,集中保存这些古籍。正是这部分当年景培元接收的旧中国海关图书馆全部馆藏构成了对外经济贸易大学图书馆特藏部。这批特藏有以下几个特点:

1. 基础性

近代图书馆学家杜定友认为,大学图书馆除整理图书、为读者服务之外,还有一项“最重要”的工作,那就是“特藏”[27]。所谓特藏,是指图书馆聚焦某一学科部门而收集整理的精而专的系统性学科资料。大学图书馆不是行政部门,而是肩负有发现新知使命的学术共同体。1890 年左右,耶鲁大学图书馆开始设立该校的第一个特藏馆[28]。哥伦比亚大学设立了莎翁特藏(Shakespearenia),“当 Prof. S. S. Dale 将此项图书赠予之时,同时指定遗产一千万元,为该特藏的维持扩充费”[27]。一所大学正是有这些“特藏”才能吸引世界各地的学者,在学术界上占有一席之地。“所以大学图书馆的特藏,实为大学之生命线”[27]。基于旧中国海关图书馆的对外经济贸易大学图书馆特藏部,对于推动学校构建对外开放经济群的学科发展、科学研究具有基础性、关键性的作用。

2. 稀缺性

对外经济贸易大学图书馆海关特藏“包括 1850—1949 年的海关出版物”[25]581,其中有大量的珍稀品种。这部分书籍大致可分为两个部分:一是官方印制的海关册,即由总税务司署造册处统一出版的系列海关关册;二是与中国经济专业相关的图书典籍,包括清末以来中外版本的经济类书籍,以及清代地方志等相关图书古籍。

3. 系统性

旧中国海关图书馆 1931 年在上海建成,是外籍税务司制度下诞生的历史产物。第四任总税务司梅乐和认为,这间图书馆的目标是要建设世界“第一流直接及间接与中国经济攸关之图书馆”[29],为海关工作提供参考佐治之用。这些图书、手稿、档案资料具有权威性,是研究近代中国海关史、外贸史、经济史的重要文献材料。

对外经济贸易大学图书馆海关特藏一方面求专精,聚焦海关相关历史资料,例如总税务司刊行的经济类出版物;另一方面求齐全,注重主题文献收藏的全面性,与中国经济直接或间接相关的出版物,无论研究报告、善本孤本、鸿篇巨制、整套杂志,甚至片纸只字,如清代的《河东盐法志》《江苏省赋役全书》《清盐法》,民国时期的《中国田赋研究》《四国公债要览》《中国租税问题》《租税论》等,都在收藏之列。

三、结论

图书馆学是一门实践性和学术性兼有的学问。景培元不仅在图书收藏上实践探索,而且在图书文献目录学上有着深厚的专业造诣。他学贯中西,敬畏历史,保存梳理国故,在学术上孜孜以求,体现了一位图书馆学家、目录学家的专业操守,在图书馆文献保护、目录学、读者教育、特色馆藏等方面取得许多成绩,对推动形成中西结合的、具有中国特色的图书馆学做出了积极贡献。

(朱向峰,对外经济贸易大学海关古籍整理中心副研究员;姜颖,对外经济贸易大学图书馆馆员;张小锋,对外经济贸易大学马克思主义学院教授;邱小红,对外经济贸易大学图书馆研究员)

参考文献:

[1]葛夫平. 北京中法汉学研究所的学术活动及其影响[M]//中国社会科学研究院近代史研究所. 中国社会科学研究院近代史研究院青年论坛:2004 年卷. 北京:社会科学文献出版社,2005:396-414.

[2]谭畅. 丁福保"丁氏文库"流传始末:以上海档案馆藏"丁氏文库"资料为中心[J]. 图书馆杂志,2010(3):67-69,75.

[3]谭畅."丁氏文库"研究[D]. 上海:复旦大学,2010.

[4]向文钦. 合肥李氏望云草堂藏书流传述略[J]. 图书馆杂志,2012(8):84-87.

[5]黄毓芸.《四库全书》本《说郛》杂考[J]. 西南交通大学学报(社会科学版),2017(1):58.

[6]桑兵. 伯希和与近代中国学术界[J]. 历史研究,1999(5):122.

[7]丁氏图书馆成立[J]. 中华图书馆协会会报,1939,13(4):19.

[8]景培元. 丁福保先生捐书震旦图书馆经过[J]. 中华图书馆协会会报,1939,14(1):5-7.

[9]丁福保氏藏书捐赠震旦大学五万余卷[J]. 中华图书馆协会会报,1939,13(6):20.

[10]景培元. 望云草堂藏书[J]. 中华图书馆协会会报,1940,14(6):9.

[11]胡道静. 上海孤岛生活的回忆[M]//胡道静文集:序跋题记　学事杂忆. 上海:上海人民出版社,2011:248.

[12]胡道静. 柳亚子与上海通志馆[M]//胡道静文集:序跋题记　学事杂忆. 上海:上海人民出版社,2011:288.

[13]景培元. 从"连环图书摊"到"流通图书馆"[J/OL]. http://www.cadal.zju.edu.cn.

[14]屠诗聘. 中国流通图书馆成立缘起及筹备经过[J/OL]. http://www.cadal.zju.edu.cn.

[15]学校汇讯[N]. 申报,1939-10-04(7).

[16]中华图书馆协会会员录[J]. 中华图书馆协会会报,1931,7(6):22.

[17]会员消息[J]. 中华图书馆协会会报,1939,14(1):13-14.

[18]会员消息[J]. 中华图书馆协会会报,1947,21(1-2):11.

[19]景培元. 公教青年读书问题[J]. 中华公教青年会季刊,1930,2(2):1-5.

[20]景培元. 评《图书学大辞典》[J]. 图书季刊,1941,新 3(3-4):355-357.

[21]景培元. 皮著《中国十进分类法》质疑[J]. 中华图书馆协会会报,1936,12(1):6-7.

[22]吕绍虞. 中国目录学史稿(续完)[J]. 四川图书馆学报,1982(1):62.

[23]景培元. 法国出版业概况[J]. 中华图书馆协会会报;1936,12(3):8-9.

[24]景培元. 说郛版本考[J]. 中法汉学研究所图书馆馆刊,1945,1:19-126.

[25]对外经济贸易大学校志编委会. 对外经济贸易大学校志[M]. 2 版. 北京:对外经济贸易大学出版社,2011.

[26]对景培元先生女儿景京采访记录[A]. 北京:对外经济贸易大学档案馆,2019.

[27]杜定友. 大学图书馆问题[J]. 中华图书馆协会会报,1940,15(1-2):3.

[28]邱葵. 美国的特藏图书馆[J]. 上海高校图书情报学刊,2002(4):51-54.

[29]海关总署《旧中国海关总税务司署通令选编》编译委员会. 旧中国海关总税务司署通令选编:第 3 卷[M]. 北京:中国海关出版社,2003:67.

邱学士及其对津门乡邦文献的贡献

Qiu Xueshi and His Contributions to the Local Culture and Literature of Tianjin

王国香

摘　要:在参加天津图书馆馆藏古籍普查登记工作过程中,笔者发现了天津旧时的一位藏书家——邱学士。邱学士一生致力于乡邦文献的收藏整理,其对天津文化保存做出的贡献可以通过两个主要渠道进行考察。其一是邱学士所编的《梅树君先生年谱初稿》,从中我们可以更加形象具体地了解梅树君这位诗人品格之高、学识之富。其二是邱学士所撰写的四篇藏书题跋,通过这些题跋,我们可以更加清晰地了解这四部古籍的流传及其版本文献价值,从而窥见邱学士藏书之一隅。而这些珍贵的乡邦文献能够存留至今,诸如邱学士、孙默庵这些天津旧时文人功不可没。

关键词:古籍普查;邱学士;《梅树君先生年谱初稿》;题跋

目前,全国范围内开展的馆藏古籍普查登记工作即将结束,且已取得了丰硕的成果。按照《古籍普查规范》(WH/T 21—2006)的要求,普查工作者须进入书库,目验原书,将一部书的书名、卷数、著者、版本及行款格式,一一进行核查。本人有幸参加了天津图书馆馆藏古籍普查登记工作,除完成日常的普查工作任务外,也有不少意外之喜。在这期间,本人就意外地发现了天津旧时的一位藏书家——邱学士。

一、邱学士其人其事

邱学士何许人也?知其详者寥寥。从其孙邱向勇处了解到,邱学士当卒于

1969年,生年不详。唐石父《中国钱币学辞典》中有如下记载:“邱学士,近时天津市人。字伯唐。毕业于天津新学书院。任职邮政局多年。留心乡土故实,颇喜收集泉币,嗜好极为广泛,藏品又多,颇自珍秘。著《梅成栋年谱》。由同里龚望用铅字排印出版。”[1]另从其题跋“是集于民国廿二三年间,购于北京琉璃厂铭珍斋李估。时余方司火车邮运事”[2]可知,邱先生当于1933年至1934年间开始从事“火车邮运”这份工作,此时邱先生或为二十岁上下。邱学士又在《周易讲义》题识中写道:“民国卅六年九月九日,余求调下车核准,奉派至包裹组服务,每于午饭休息时渡中正桥,至旧法租界作片刻之漫步。一日遇此册于某故物摊上,初以议价未妥而罢,越三日始购得之。”[3]1947年9月,邱先生从邮政局的“火车邮运”调至“包裹组”,仍在坚持寻觅心仪之书。本文后面所讨论的四篇题跋均写或修订于1962年,由此可知,邱学士自1933年至1962年这三十年间,一直在从事着乡邦文献的收集整理。

邱学士兢兢于乡邦之人文艺事,喜好收藏,这无形中影响了其子邱思达。邱思达,1935年生,号津门二丰舍,曾任天津百花文艺出版社编辑,系中国钱币学会会员、天津钱币研究会理事,受家庭熏陶,自幼酷好集研钱币。先后有《古钱百咏》《中国近现代铸币图说》等专著问世[4]。

邱学士除了坚持不懈地搜集乡贤著述,还以书会友,其交游者不仅有乡前辈高凌雯,还有同辈好友孙默庵等。高凌雯(1861—1945),字彤皆,天津人,清光绪十九年(1893)举人。邱学士曾在《鸿雪草》题识中写道:“此册收得后曾呈阅高彤皆前辈。”[5]《梅树君先生年谱初稿》是邱学士在高凌雯指引下编辑而成,书末尾有:“稿中订正处,皆高彤皆先生所书。先生年八十有四矣,而犹能作细字,诚难能也。是稿蒙先生奖许有加,惠赐《过江集》一册。”[6]52 高凌雯先生八十四高龄仍亲力亲为替乡后生审稿把关,更以赠书来奖掖后学。《津门选举录》有壬午年(1942)孙默庵手书题识:“伯唐兄与余同有书癖,每得秘籍必举以相告,往返商榷,借资探讨。”[7]邱学士与其好友孙默庵过从甚密,二人同有书癖,并且每得秘籍必相互分享,共同探讨。二人之友谊从《梅树君先生年谱初稿》中亦可见一斑,邱学士在一开始就提到与孙默庵一同拜见乡前辈高彤皆[6]1。而编辑此年谱所依据的材料也多是邱学士、孙默庵二人之藏书。

二、邱学士与《梅树君先生年谱初稿》

邱学士本是邮政局的职员,其利用工作之余留心乡土文献,收藏颇丰。同时,邱先生还对所收藏的文献进行了整理,编成了《梅树君先生年谱初稿》。

《梅树君先生年谱初稿》系邱学士1944年所编，因原编半已破损，龚望与刘炎臣进行了整理。龚望（1914—2001），原名望宾，字作家，一字大迂，号姜庵，又号沙曲散人、无漏居士，天津西于庄人，著名书法家。刘炎臣（1908—1996），字基汉，天津人，津沽文史专家。

《年谱》为1989年铅印平装书，封面有希增题"梅树君先生年谱初稿"，内封克仁题有"高山仰止"四字，全书分为弁言、家世、年谱及后记四部分。弁言部分有邱学士所书编纂此书的缘起。1944年9月3日，邱学士偕同孙默庵晋谒乡前辈高彤皆夫子，那日夫子曾说："吾谓天津人入祀乡贤，自有清以来，仅得刘、朱、侯、沈四公，祀典綦隆，固未可滥膺也。顾余缅怀前哲，僭有推拟王介山先生又朴、于万和先生秉钧、梅树君先生成栋、杨香吟先生光仪四贤，德行学业，皆足楷模多士，以时局不靖，迄未果行，汝辈宜志之。""须先汇录平生事迹，分散乡邦世家学者，然后聚而决其可否。"[6]1 邱学士听从高彤皆夫子之言，后翻检所藏天津旧籍，查阅有关四贤资料。结果是王、于二公由于年代略远，所得无多。至梅先生则各种记载者指不胜屈，于是辑为斯编。邱学士是在高凌雯先生指引下编写此《年谱》，通过《年谱》，我们可以更加形象具体地了解梅树君这位诗人及其所处的时代。

梅树君名成栋，字树君，号吟斋，原籍江苏武进，明永乐二年（1404）从成祖北迁天津，世以诗书为业。梅成栋生于清乾隆四十一年（1776），卒于道光二十四年（1844）。《年谱》依据邱学士及其友人孙默庵之藏书《欲起竹间楼文集》《吟斋尺牍》《燕南二俊诗钞》《津门诗钞》《吟斋笔存》《志余随笔》《雅村府君家传》《守拙轩未定草》等，以年编次，记录了梅树君先生的生活、交游及文学成就。

对于梅树君先生的一生，其挚友解道显作了很好的总结："树君遇益穷，学益富，而品益高。"[6]42 这也正是邱学士编辑此《年谱》的意义所在。"树君先生已千古矣，传与不传固不俟此区区记述，然有此记述，乡后学欲知先生之道德文章、嘉言懿行者，不更可详乎？"（龚望语）[6]53 龚望先生还认为："吾乡有如是之人而不表彰之，真士林之遗憾矣。"[6]53《年谱》曾在《天津文史丛刊》第十二期上发表，其时题名为《梅树君事迹编年纪略》[8]。相较于《年谱》，《梅树君事迹编年纪略》无弁言、后记部分，年谱正文也有删减。《年谱》乃笔者于"孔夫子旧书网"上购得，一小薄册，合计53页。是书无版权页，亦无定价，此书或为龚望、刘炎臣先生自费刊印，赠予友人，如今流落于市面。经查询，此版本如今多藏于私人手中，且存世无多矣。

邱学士博学多才，还整理并抄写了查善和所撰《静喜草堂杂录》（原稿现藏于天津图书馆)。《静喜草堂杂录》分两部分,一为《丙申杂记》,一为《东轩自述》。原稿密行细字,书写草率,且次序凌乱。自述部分已经邱学士整理成《东轩年谱》,起六七龄,增补至五十六岁。《东轩年谱》被收入李世瑜著《社会历史学文集》[9],兹不复述。

三、邱学士之四种藏书题跋

邱学士一生致力于乡邦文献的收集,藏品甚夥,笔者知见者有十余种。其旧藏一般在卷端空白处钤盖有"邱学士印"白文方印。又检其珍爱之本,手书题跋,粘贴于护页之上。题跋内容往往详述得书原委、是书版本及文献价值等,颇有可采者。今举四篇邱学士撰写的题跋,以一窥其藏书。

(一)《芗远堂诗》八卷《杂著》一卷,清周人骥撰,清乾隆十二年(1747)刻本。邱学士题跋(图1)云:

天津旧籍雕刻精良之本,人称龙震《玉红草堂集》、查为仁《蔗塘未定稿》、查礼《铜鼓书堂遗稿》、周焯《卜砚山房诗钞》四种,皆清初刻本也。就余所见,更举周人骥《香远堂诗》及余峥《清风草堂诗钞》,附于精椠之列。二书与前数种工致相等,仅余集刻于道光间,气味稍逊耳。夫版本之求,清中叶争讲宋元,清末、民国以来乃渐重明刻而贵清初本矣。降及近日,刻本已不数见,遑论此二百年前之旧本精本乎?古籍书店为今日唯一收售旧书之所,而古籍大部脱售,使人有空虚之感,则今之视此已

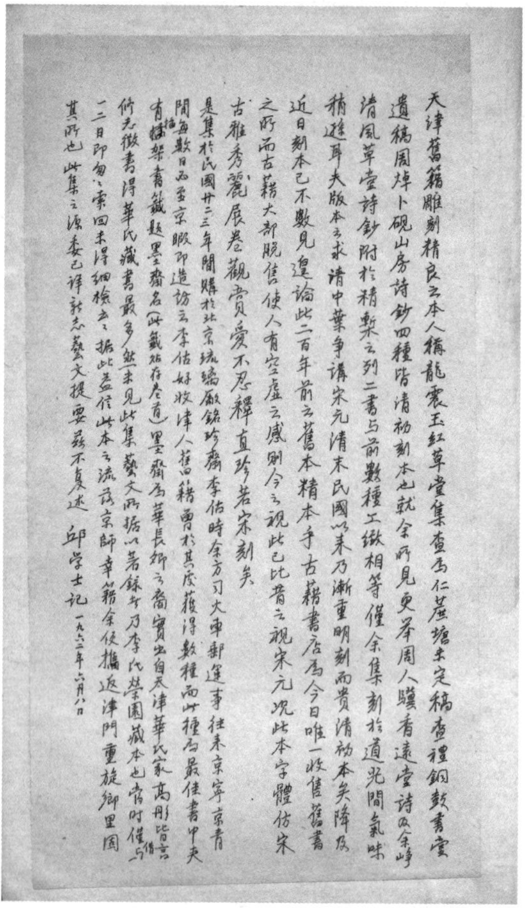

图1 《芗远堂诗》题跋

比昔之视宋元。况此本字体仿宋，古雅秀丽，展卷观赏，爱不忍释，直珍若宋刻矣。

是集于民国廿二三年间，购于北京琉璃厂铭珍斋李估。时余方司火车邮运事，往来京宁、京青间，每数日必至京，暇即造访之。李估好收津人旧籍，曾于其处获得数种，而此种为最佳。书中夹有插架书签，题"墨斋"名(此签贴存卷首)。墨斋为华长卿之裔，实出自天津华氏家。高彤皆言修志征书，得华氏藏书最多，然未见此集，《艺文》所据以著录者，乃李氏荣园藏本也。当时仅借与一二日，即匆匆索回，未得细检云云。据此益信此本之流落京师，幸籍余便携返津门，重旋乡里，固其所也。此集之源(原)委已详，《新志·艺文》提要，兹不复述。邱学士记，一九六二年六月八日。

按：周人骥(1696—1763)，字芷襄，号莲峰，清天津东泥沽村人。为周人龙弟，雍正五年(1727)进士。历官礼部主事，四川学政，福建乡试副主考，贵州道监察御史，吏科给事中，广西右江道，陕西、湖南布政使，浙江、广东巡抚。史称其清刚廉介，不为身谋，所至有政声；且善射工诗，精于书法，人得其片纸只字，争宝贵之。著有《芗远堂诗》与《莲峰宦稿》。《莲峰宦稿》为其文集，因仅有文数篇，不足成帙，遂附诗后。天津图书馆所藏《芗远堂诗》八卷《杂著》一卷，以诗为主，有文八篇，《莲峰宦稿》当为此处《杂著》一卷。是集乃其甥赵世倸编校刊行，今仅天津图书馆藏有是书。

在题跋中，邱学士把这部《芗远堂诗》书名中的"芗"字，写成"香"字，"芗"同"香"。邱学士认为，清中叶以宋元本为重，清末、民国渐渐以明刻本及清初刻本为重。因刻本已越来越少，古籍亦越来越难以购得，况且是书的确工巧精致，故将其与清初四种雕刻精良之本并称，更云此本"珍若宋刻"。

邱学士利用工作之余，经常光顾北京琉璃厂，是集即购于琉璃厂一位李姓书商。此书由墨斋收藏。卞僧慧《〈津门纪略〉作者考》后所附《华世铎年表》："光绪十一年乙酉(1885)：世铎三十四岁。二月一日，世铎次子泽深生。泽深字默斋，一作墨斋。"[10]据此知，是集曾递经华家收藏。

(二)《鸿雪草》一卷，清唐诠撰，清嘉庆二十年(1815)广西昭平刻本。邱学士题跋云：

津门莲舫唐诠《鸿雪草》诗集一卷，存诗六十有一首，嘉庆乙亥广西昭平刻本。纸色甚旧，首页盖"解八"阳文藏印。得于北门西孙估书摊，收得时卷尾蠹蚀残损，后跋遗落若干字。

是集新旧县志《艺文》皆阙焉未载，《津门诗钞》亦未收其诗，仅《敬乡笔述》卷三《三家诗录存》章谓《畿辅诗传》卷五十六选其《夜》五绝一首(此诗今存集中)。意者是集刊行于昭平,北地流通不广也。考《津门选举录》卷五记云:“唐诠,字味经,嘉庆丁卯科举人,广西昭平县知县,癸酉广西乡试同考官,奉天宁远州学正。”斯编即昭平去官后,北归改官前所撰,为时仅半载,故所存不多。龙献图序,玩其词意,似诗序而兼送序。莫若忠跋记其刊刻原委,则是昭平门人刻之,以志去思者也。

解道显《守拙轩未定草》有怀友诗序云“余落落寡合,朋好无多,去岁归田,唐子味经辈十二人,俱墓有宿草矣”云云。其怀唐氏诗云:“唐子味经总角交,桂林远折五斗腰。保阳话旧夜镫挑,雪泥鸿爪诗牢骚。”于此可见,解道显曾得读是集也。若以“解八”藏印证之,此册或犹为解氏之旧藏欤?

此册收得后曾呈阅高彤皆前辈,高氏题云:“将来续修县志,可增补一家。若续《津门诗钞》,亦可选数首。”原纸附存卷首。

天津邱学士记,一九六二年三月修订。

按:唐诠,字味经,号小潜,清天津人。嘉庆十二年(1807)举人。官广西昭平县知县,改奉天宁远州学正。《鸿雪草》一卷,乃为昭平门人刻之,故北地流通不广也。今仅天津图书馆藏有是书。

是集,邱学士购于北门西的孙姓书摊。笔者推测,卷尾蠹蚀部分或经邱学士修复,否则恐难保存。是集不见民国《天津县新志·艺文》著录,亦不见载《津门诗钞》。故此高凌雯题云:“将来续修县志,可增补一家。若续《津门诗钞》,亦可选数首。”可见是集具有很高的文献价值。是集亦经解道显收藏,尤为可贵。

(三)《保积堂杂著》一卷,清周人麒撰,清抄本。邱学士题跋云:

《保积堂杂著》一卷,周人麒撰,旧钞本,完整无阙。封面题“有槐堂手录”,不知何人所钞。有文无诗,存文廿有五首,其十一首见载于《津门古文所见录》及《天津文钞》,另十四首今鲜流传。而周氏诸家传七首,独属重要文献。昔年购于北门西孙姓书摊,可宝贵也。

《天津新志·艺文》著录周人麒集,题名《保积堂诗文全集》。名称如是,包含必广,即以文而论,亦绝不止区区廿五首之数,可想象也。若以同时一家之周人骥《香远堂诗钞》后附《杂著》一卷,存文八首之例推之,此《杂著》者是否即为其全部文集?余以为彼命名《诗钞》,以诗为主,有文数首,以杂著附尾则可。此标《诗文全集》,诗文等量齐称,以《杂著》名文集,似为不类。况今《古文所见录》存其文十五首,此编仅见十一首,尚有《刘贞女传》《梁贞女传》《孟吴合传》及《重修碧霞宫记》等四首无之。则此非其全集,亦已明矣。意者此册题“有槐堂手录”(堂为当时学者之书斋名称,除此篇所提之保积堂、香远堂以外,他若周人龙之居易堂、张霖之遂闲堂、金平之致远堂、王又朴之诗礼堂等皆是也。有槐堂不知属诸谁氏,但其为学者之斋名无疑),是传钞本也。书中多加圈点,是作为读本也。钞录时以意选择。题名《杂著》,盖选钞本也。

案周氏科第联举,为文章望族,开天津文风者,实自周氏始,而其文物流传不多。高彤皆《志余随笔》记述周氏世系,间有阙误,且以所得不多为憾。此编诸周家传等佚文之发现,关系天津文献甚巨。夫方志为国史要删,一人之史、一家之史又为方志要删,固甚重要也。既为编目考订,并据以列为周氏世系表,冠于卷首,更记之如此云。

天津邱学士,时一九六二年五一国际劳动节。

按:周人麒(1705—1784),字次游,号晴岳,别号衣亭,世居天津东泥沽。周人龙、周人骥之从弟。少受业于洪天锡,工文章。乾隆三年(1738)举人,次年成进士。改翰林院庶吉士,授检讨,充《大清一统志》纂修官,以疾告归。后应同年友顺德知府金文淳之聘,主讲顺德龙冈书院,以经术训士成名者多。四十七年(1782)辞归,教授于故乡。殚心经学,著述甚夥。年八十卒。没后书稿散佚,所剩无几。《保积堂杂著》一卷,今仅存于天津图书馆。

邱学士在题跋中详述了《杂著》有文二十五篇,虽并非其全集,然其中十四篇少见,尤其是有关周氏诸家传的七篇,可补周氏世系之缺憾。且邱学士已将二十五篇文的目录及周氏世系表整理出来,粘贴于卷首,具有重要的文献价值。

事实上,天津图书馆所藏除《保积堂杂著》一卷外,尚有《保积堂诗稿》一卷,各为一册,二者同为周人麒所撰,合并为同一部书。《保积堂诗稿》亦为抄本,经高凌雯先生手校,由金浚宣先生赠予天津图书馆,书中未见邱学士印,盖此集未经邱先生之手。并且二书开本尺寸不一,封皮纸张及封面题字皆不同,抄录笔迹亦不同,明显二书乃后人放置一处。一为周人麒文集,一为其诗集,虽未为全豹,却是周人麒书稿硕果仅存也。

(四)《津门选举录》六卷,清华长卿撰,清抄本。邱学士题跋云:

写本《津门选举录》六卷,封面签题《历科选举录》,前三卷题名,后三卷小传,不著编纂人姓名,无序跋,不知其订编岁月。然书中续录及加签增补之处,所在多有。以续录观之,盖以同治元年为界。显为同治元年写定,之后又经续录者续录,至光绪初年而止。凡所续录,皆于题名之下注明考取名次,前手此者无之,不只书手墨色前后不同也。考徐士銮《敬乡笔述》有云:

"《选举录》,华梅庄先生稿本,结至同治初年,后皆陈垲挹爽续辑。"(卷八《辨证汇纪》章)此说与书中以同治元年为界适合。据此可知此书订编于同治元年,为华长卿编纂无疑也。意者华氏订编,原为定本,乃几经续补,又形成稿本矣,故多以稿本称之。从事续补者,必为华氏后人若华文珊、华听桥等,可断言也。

陈垲挹爽《津邑选举录》,刻本,一卷,止于同治十三年,自序谓"一遵梅庄先生原编",似矣,然于钞录之中而异其编次,又多予删削。如此本题名,卷一进士,而明通、中正附焉,卷二举人,卷三拔贡、副贡、优贡。陈本统为一编,进士、明通、中正、举人、拔贡,顺序排列,副贡附于每科之后,标名副榜,而优贡阙焉。此本小传别为三卷,姓氏、名、字、科名以次,所注历官甚详。陈本仅于题名之下注士至某官而已。至若此本,凡为解元者注之(乡榜第一为解元,会榜第一为会元,天津有解元,无会元),凡先贡生后举人者注之(拔贡、副贡、优贡均是),凡由国学或府学出身者注之,凡商籍、灶籍者注之(商籍为盐商子弟侨居者,灶籍为沿海州县灶户子弟),凡冒籍投考后又改归原籍者注之,凡榜姓名与原姓名异者注之(因亲戚缘引,易姓报考,则榜姓与原姓异;一人而备二名以跨考,则榜名与原名异),以上陈本皆删去,不如此本之详备也。

卷尾附钞天津著述书目,分隶四部,总七十余种,固非其全,然以之校《天津新志·艺文》,每有异同,且多出若干种,俟另考之。

一九六二年四月一日,天津邱学士记,时小雨纷纷。

按:华长卿(1805—1881),原名长懋,字枚宗,号梅庄,晚号米斋老人。清天津人,道光十一年(1831)举人。曾随舅氏沈兆沄游宦南京等地,足迹几半天下。咸丰三年(1853)授奉天开原训导,后选国子监学正。博学多闻,于经史金石、谱录书画词章之学,皆能探其底蕴。与宝坻高继珩、任丘边浴礼,有"畿南三才子"之称。学者宗之。年七十七卒。此本《津门选举录》,今仅天津图书馆收藏。

邱学士此跋,详考是书成稿时间。其以同治元年(1862)为界,前后墨色不同,且后面续录部分于题名之下注明考取名次,前者无之,加上《敬乡笔述》的印证,得出是书当订编于同治元年,为华长卿编纂。以此稿字迹考之,同治元年以前均系一人所抄,当为华梅庄原稿无疑。但续录部分字迹不整,墨色浓淡亦不同,究竟经谁续补,一时恐难下定论。之后通过比对此本与陈本的异同,得知此本相较于陈本,更为详备。且此本卷尾附有天津著述书目,比《天津县新志·艺文》,多出若干种。可见是书之存亡关系天津文献至巨,其文献价值显而易见矣。

笔者所举以上四种天津地方文献,俱为邱学士旧藏,皆出自天津名士之手。其中既有"泥沽三周"之周人骥、周人麒,还有"畿南三才子"之华长卿。这些珍贵的乡邦文献,今仅藏于天津图书馆。除此之外,经邱学士收藏,现存于天津图书馆的,尚有严克宽的《严仁波先生遗著》、孟继埙的《夜郎吟》、李云楣的《秋吟集》、陈哲甫的《周易讲义》、徐士銮的《古泉丛考》及孟广慧的《两汉残石编》等。这些乡邦文献能够保留至今,邱学士确实功不可没。邱学士经常到故物摊上搜寻乡人著述,或北京琉璃厂的铭珍斋,或北门西孙估书摊,有些几经议价而成。诚然邱先生所藏乡邦文献,当远非如是数种。其友人孙默庵说得甚是中肯:"近年来以兵燹水火,故家零替,乡贤遗著往往杂出于故纸堆中。并相约于公余之暇,在可能范围,当尽力搜求一二,借保断简残编于狂澜中。非敢以保存文献自任,良以乡邦文物,虽一纸一字之微,莫非先贤精神所寄。掇而拾之,宝而藏之,表而扬之,是后生小子所有事也。"[7]正是因为经过诸如邱学士、孙默庵这些天津旧时文人的不懈努力,才使得这些珍贵的乡邦文献得以保存下来,他们对津门乡邦文化的传承与传播起到了不容忽视的作用。

(王国香,天津图书馆历史文献部馆员)

参考文献:

[1]唐石父. 中国钱币学辞典:上[M]. 北京:北京出版社,2000:365.
[2]周人骥. 芗远堂诗[M]. 刻本. 1747(清乾隆十二年):题跋.
[3]陈哲甫. 周易讲义[M]. 抄本. 1932-1933:题跋.
[4]黄胜泉. 中国当代集藏家辞典[M]. 长沙:湖南出版社,1995:47-48.
[5]唐诠. 鸿雪草[M]. 刻本. 广西,1815(清嘉庆二十年):题跋.
[6]邱学士. 梅树君先生年谱初稿[M]. 龚望,刘炎臣,整理. 铅印本. 天津:1989.
[7]华长卿. 津门选举录[M]. 抄本. 1644-1911:题跋.
[8]天津市文史研究馆. 天津文史丛刊:第 12 期[J]. 天津:天津市文史研究馆,1990:86-107.
[9]李世瑜. 社会历史学文集[M]. 天津:天津古籍出版社,2007:577.
[10]天津市文史研究馆. 天津文史丛刊:第 11 期[J]. 天津:天津市文史研究馆,1989:171.

由稿本《汲古阁集》而想到影宋抄本

From the Manuscript of *Jiguge Ji (Collections of Jigu Study)* to the Tracing Edition of the Song Dynasty

沈　津

摘　要:毛晋是明末清初著名的藏书家,其稿本《汲古阁集》四卷现藏于常熟图书馆,极为珍贵。汲古阁影宋抄本在影抄本这一版本类型中地位重要、特点鲜明,分析其抄写方式、存藏数量与保护状况,对于丰富与深化对影抄本的认识有着重要的意义。

关键词:稿本;《汲古阁集》;影宋抄本

毛晋(1599—1659),字子晋,号潜在,江苏常熟人,明末清初著名藏书家。他是钱谦益的学生、佛弟子,藏书多宋元本,汲古阁为其藏书处。家住常熟迎春门外七星桥,曾有榜贴于门云:"有以宋椠本至者,门内主人计叶酬钱,每叶出二百。有以旧抄本至者,每叶出四十。有以时下善本至者,别家出一千,主人出一千二百。"于是湖州书舶云集于七星桥毛氏之门。邑中为之谚云:"三百六十行生意,不如鬻书于毛氏。"他是中国传统文化最重要的传播者之一,一生刻书600余种,最重要者如《十三经》《十七史》《津逮秘书》《六十种曲》等,是明清乃至民国间刻书最多的藏书家。

一、毛晋与《汲古阁集》

研究毛晋及汲古阁藏书的学者较多,传世的毛氏刻本在国内的许多省市图书馆及大学馆都有入藏,但毛晋的手迹存世罕见。笔者仅知国家图书馆藏《忠义集》七卷(明抄本)、《刘宾客文集》三十卷(明抄本)、《石林居士建康集》八卷(明末抄本)、上海图书馆藏《剑南诗续稿》八卷,俱有毛晋校,而有毛晋跋者如国家图书馆藏《清塞诗集》二卷(明末毛氏汲古阁抄本),又有陈国瑾藏《毛晋书存》(明末毛晋抄本)。他的著作稿本更难得一览,笔者早年曾见毛氏稿本《汲古阁集》四卷,前有清周荣起题词、徐遵汤序。

《汲古阁集》四卷,为《和古人诗》《和今人诗》《和友人诗》《野外诗》。据毛晋《和友人诗》序云:"余自丁巳岁治诗叔子魏师之门,得尚友诸君子,辄以诗篇见赠,或遥寄邮筒,或分题即席,不揣矢和。迄今癸未,纸墨遂多。展卷再读,半属古人,不胜今昔之感也。倩笔录成副本,且摘佳篇,谨附俚句于后。"丁巳,为万历四十五年(1617),可知毛晋18岁时即从魏禧习诗。癸未,为崇祯十六年(1643),时毛晋44岁,此集应在此时编定。又过16年,毛晋卒去。

明末诸生,也是复社中人的金俊明,在《野外诗》序中对毛氏之诗四卷评价云:"吾友子晋,天赡才章,兼敏研诵。奇闻秘志,靡弗该览,亦既著作等身,丹黄满阁矣。当其含毫对景,特富吟怀,泉涌霙纷,蔚为灵构。《和古》引遥集之思,《和今》追应声之雅,《和友》洽好我之襟,而杂兴偶唱不因酬次者,则《野外》区之。今读斯编,何其幽异古隽,苍翠欲滴,奇芬扑人矣。剔抉隐翳,似稗官史流;考验时物,似老农月令。康乐之奥博,多形于山水;靖节之高古,偏放于田园。其信然欤!"

毛晋似乎是一位古貌古心、不求闻达之人,如读其诗,可以想见作者的温文尔雅、雍容大气、淡泊高简。毛晋作有《樵人十咏》,中《樵斧》云:"执柯敢惮劳,入山候天曙。劈开烟合枝,斫断虎生处。静中落一声,狡兔为逸去。笑彼秉钺人,边陲劳远虑。"一扫明末文人雅士东施效颦、舞文弄墨之习。

《汲古阁集》之著录,当见毛晋《汲古阁家塾藏板目》,中载有《隐湖唱和诗》《昔友诗存》等,有注云:"以上皆汲古阁主人自著,未刻。"此未刻稿本曾为清道光间常熟瞿氏铁琴铜剑楼所藏,楼主瞿镛念及毛晋一生校雠,刊布遗书,厥功甚伟,而其著作流传不多,诗更不为人所知晓,为了不使毛晋自著湮没无闻,故延请乡贤王振声(文村)为之勘校,将卷端原题《和古人诗卷》改题为《汲古阁集》,并于咸丰十年(1860)据毛氏稿本刻板印行。板成,即刷印数部样本,然不慎于火,板片全毁。民国间常熟丁祖荫设法借得此稿重新为之刊印,收入《虞山丛刻》。按,王振声,字宝之,号文村,常熟人。弱冠补诸生,由道光八年(1828)副榜中十七年(1837)举人。三试礼部归,益勤于讲学,经史百家小学语录,无不涉猎,于校勘之学,尤贯穿精审。晚年主讲游文书院,邑中推为耆献。

此稿本用黑格纸,十行十九字,版心下印有“汲古阁”三字,当为毛晋家中抄书用纸。卷一第一页作者下钤有“毛晋之印”“毛氏子晋”朱文小方印。全书行式井然,而字体工整秀丽,缮写精良,凡遇有错字皆用白粉涂去重写,可证确为毛晋待刻之誊清稿本。今藏常熟图书馆,为吾师瞿凤起先生所捐赠。

在古籍版本中,毛氏汲古阁刻本流传甚多,钱谦益即有“毛氏之书走天下”之赞语。对于一般藏书家来说,毛氏汲古阁刻本传世的数量不可胜计,然而毛氏家的抄本却罕见稀有,或是十年九不遇的难得之本。毛氏家的抄本,尤其是毛氏汲古阁影宋抄本较少有人为之详细讨论,笔者在从事古籍版本整理、编目、鉴定的六十年生涯中也仅见十余部而已,兹将我对影抄本及毛氏汲古阁影宋抄本的所见所思叙述如下。

二、影抄本及其价值

明清以来,影抄本一直为藏书家们所重视。这是因为图书在流传过程中,有的刻本年代久远,存世若凤毛麟角、屈指可数,有的是仅见的孤本。在旧时代,由于还没有发明出先进的影印技术,为了延续罕见版本的生命,藏书家千方百计地保存和流传,刻版中仿宋刻本的出现,就是一个方面。此外就是将自己收藏的珍贵善本或借他人所藏的善本为之影抄录副,这种影抄本的价值就在于当原本不幸湮没,还能从影抄本中窥见原本的庐山真面目。

什么叫影抄本?“影”,有描摹之意。对于“影刻”来说,顾广圻《思适斋集》卷十二《艺芸书舍宋元本书目序》云:“覆而墨之,勿失其真。”《辞海》“影写本”云:“据原书影写而成的书本。用质薄而坚韧的纸张,覆盖在所据底本之上,照其点画行款摹写,使写本酷似原本。一般专指影写宋元善本,如明末常熟毛晋汲古阁曾大量影写宋本,非常精美。”以宋刻本为底本的影抄本称影宋抄本,以元刻本为底本的影抄本称影元抄本,以明刻本为底本的影抄本则称影明抄本,其中以影宋抄本为最可贵。所以说,在抄本中,最好的是影宋抄本,因为它保存了原貌,惟妙惟肖、绘影绘神,所谓的下真迹一等。

清乾隆间编成的《天禄琳琅书目》里,除了宋、金、元、明版,对明影宋抄之精者,亦皆选入,“至明影宋虽非剞氏之旧,然工整精确,亦犹昔人论法书以唐临晋帖为贵,均从选入”,且位于宋本之后、元版之前,在装帧上也函以锦,同宋、金版。这也可以看出编纂《天禄琳琅书目》的官员对于影宋抄本是很重视的。

《四部丛刊》是张元济先生所主持的20世纪30年代出版的一部大型丛书,是供研究者们考订、整理古籍的必要参考图书。它收书323部(《二十四史》不在内)，所选皆各类善本，遇到访求不到的宋元版本，往往以影宋、影元抄本代替。其中经部《说文系传》初用祁氏刻本，后用影宋抄本。子部《韩非子》初用明本，后用黄丕烈影宋抄本。集部《皎然白莲禅月三集》，初用明毛氏汲古阁刻本，后用明影宋抄本；《范德机诗集》初用明刻本，后用影元抄本；《丁卯诗集》原用元大德刻有注本，但印本漫漶，摄影之后竟同无字，故易以影宋抄本。这 323 部善本图书中，影宋抄本者 13 部，影元抄本者 4 部，元抄本 1 部，明抄本 6 部。张元济先生为了搜求这些版本，以供学者们利用，尽了最大努力。这些影抄本无论从版本的角度，或是从文字校勘的角度看，甚至在艺术价值上，都充分显示出它们的重要性。

我国台湾所藏《经典释文》，为清影宋抄本，白皮纸，乌丝栏，纸色墨色光润如鉴。有道光间朱锡庚跋，跋云："此书原本从绛云楼北宋椠本影摹，然则绛云一炬，是编称鲁殿灵光矣。虽乌焉三写，在所难免，然以世所行之通志堂本校之，其讹文佚句不啻倍蓰，不惟与诸经疏中所附载者有异也。"于此可见影宋抄本之可贵。

在影宋抄本中，以工整清劲，能得其神韵者为佳本。清代藏书家和学者往往引为底本，设法为之翻刻而化身千百，黄丕烈的《士礼居丛书》里就翻刻了毛氏汲古阁影宋抄本《博物志》。清末石印之法传入我国，使得印刷术大大前进了一步，影印善本较之过去更为方便了，像毛氏汲古阁影宋抄本《南宋六十家小集》，就由陈立炎"古书流通处"为之石印流布。1932 年故宫博物院影印的《天禄琳琅丛书》中，也收有好几部影宋抄本的古算经。

如今在国内，收藏影宋、影金、影元、影明抄本最多者，为中国国家图书馆，据陈红彦的统计，有影宋抄本 139 部，影金抄本 4 部，影元抄本 49 部，影明抄本 6 部，总共有 198 部。

影抄本，无论是影宋、影金、影元、影明，都属摹写之业，虽似简单，但又非人人所能为。一般抄手的摹写，限于学识，以意为之。所摹之本，时有错误，不和原件相校，不足信据。专家学者影写时，则异常认真，遇到疑难处，细心考辨然后下笔。因此摹本精工，往往被誉为下真迹一等。所以专家学者之摹写，不仅一丝不苟，可与原件相等，而且由于经过考辨，其所摹钩，除可信据外，对后人之考释研究有启迪作用。

上海图书馆藏有数本清代翁方纲手摹宋拓、旧拓碑版，先师顾廷龙先生《胡厚宣先生国内外现藏甲骨文字摹本题词》云："尝见清翁方纲学士手摹宋拓旧拓碑版，其佳处都在一笔半笔之出入，而两本之时间可能相距很长，此真专家丰富的学识和心细如发的结晶。又尝见宜都杨氏影抄日本旧抄《玉篇》刻入《古逸丛书》，后来日本以旧抄《玉篇》影印行世，两本展卷对校，古逸本错误太甚，不堪信据。又《云窗丛刻》中有杨氏影摹日本《隶古定尚书》，后原件归上海图书馆，余校之杨氏影抄本，错误甚夥，盖出家人之手，不堪信据。”

当然，除影宋、影金、影元、影明抄本之外，还有一些藏书家对于流传罕见的图书，也影摹保存，如宋林逋撰《和靖先生诗集》□卷，即有清嘉庆二年（1797）顾广圻影宋抄本（清黄丕烈跋，国家图书馆藏）。顾广圻字千里，为嘉庆诸生，尤精目录校雠学，被王欣夫誉为“清代校勘学第一人”。清莫友芝《宋元旧本经眼录·东坡先生物类相感志》引清陈鳣跋云：“今从鲍氏知不足斋影摹姚氏茶梦斋旧本，装潢成册。”鲍氏即鲍廷博。姚氏即姚咨，姚咨喜藏书，遇有善本不及购藏者，手自缮写，古雅可爱。

影宋抄本中也有“双胞胎”者，这很可能并非一家所抄。如宋林之奇撰《拙斋文集》二十卷拾遗一卷，分藏上海图书馆（四库底本）、南京图书馆（清丁丙跋）。宋张孝祥撰《于湖居士文集》四十卷，附录一卷，分藏国家图书馆、上海图书馆。宋史弥宁撰《友林乙稿》一卷，分藏国家图书馆、中国社会科学院文学研究所图书馆。

如果有的书已有宋刻本和明清刻本流传，那影宋抄本还重不重要呢？我认为仍然不能轻视。比如宋代丁度等撰《集韵》，是一部在研究语言、词义方面都有参考价值的工具书，但是书编成后，流传并不广，尤其是在元、明两代，根本不为人所重视，直到清代才被翻刻。比较著名的有清康熙四十五年（1706）曹寅扬州使院刻本和清康熙四十五年曹寅扬州使院刻嘉庆十九年（1814）重修本，当然这两种本子流传较多，而以名家校跋者为善。如今宋刻本仅有一部，现存中国国家图书馆，但其卷一第二页、卷八第四十二页、卷十第四十四页俱佚去，而以清刻补入，卷八第三十九至四十一页配以清抄。而上海图书馆藏的清初钱曾述古堂影宋抄本和宁波天一阁藏明末清初毛氏汲古阁影宋抄本，就可以从文字上或别的地方来补宋本之不足。

三、毛氏汲古阁影宋抄本

不可否认的是，在各种影宋抄本中，当推明末清初常熟毛氏汲古阁抄本为最重要。据说毛晋于书无所不窥，闻一奇书，旁搜冥探，不限远近，期必得之为快。他用重金从各处购买了不少宋元刻本入藏，凡是世所罕见而藏于别人家者，则设法借得，请善于影抄者选用上好的纸张，又用笔、用墨皆慎重选择而影抄之。毛氏影抄的书即使是一点一画之微，亦不肯轻率从事，与原来的刻本没有什么两样。如今一些宋本不见传世，仅赖毛氏影宋抄本以延续。孙从添《藏书记要》云："汲古阁影宋精抄，古今绝作，字画、纸张、乌丝、图章，追摹宋刻，为近世无有。"《天禄琳琅书目》云："明之琴川毛晋藏书富有，所贮宋本最多。其有世所罕见而藏诸他氏不能购得者，则选善手以佳纸墨影钞之，与刊本无异，名曰'影宋钞'。于是一时好事家皆争仿效，以资鉴赏，而宋椠之无存者，赖以传之不朽。"宁波天一阁所藏明毛氏汲古阁影宋抄本《集韵》上有清代著名学者段玉裁的跋，跋云："凡汲古阁所抄书，散在人间者，无不精善，此书尤精乎精也。"（清陈鳣曾在清康熙四十五年曹寅扬州使院刻本《集韵》十卷上也临有此段玉裁跋）

那么在后世的藏书家眼中，是如何评价常熟毛氏汲古阁影宋抄本的呢？张元济先生在《涵芬楼烬余书录 · 班马字类五卷附补遗》中写道："毛氏摹写极精，点画偶误，均以粉笔修正，脱文夺句，复以朱笔校补，余定为斧季手笔。《爱日精庐藏书志》云：传本绝稀，藏书家几无有知其名者。况此为精钞名校乎？是可宝已。"

人们之所以看重毛氏影宋抄本，很重要的一个原因，就是所据底本今天多已佚失不传，如中国国家图书馆藏《鲍参军集》，此本旧为陈清华藏书，摹写至精，堪称绝妙，宋刻又久佚，此影宋抄本当延其一脉，又书中文字亦可校正后世通行本处也较多。再如上海图书馆珍贵藏书中的毛氏汲古阁影宋抄本《南宋六十家小集》九十七卷，宋陈起编，五十二册，纸墨精洁，字画整严，影抄的都是罕传的宋人集子。每卷前有"宋本""稀世之珍""毛晋""汲古主人"，后有"毛晋之印""毛氏子晋"诸印。"文革"前，上海图书馆以人民币5000元自上海古籍书店购进此书，除内中一种为潘师景郑先生补抄外，实乃不易再得之书。笔者记得当时翻阅此书时，曾估算过，大约10元钱一页，以上世纪60年代初期的币值，也不算贵。当然，现在想来，实在是不可想象的便宜。

这部毛氏影宋抄本曾为书估陈立炎自邓邦述处借得影印，邓邦述序《汲古阁景钞南宋六十家小集》云："隐湖毛子晋父子，当明季鼎革之际，独以好书驰声于东南间，其所刻书极多，虽雠校未尽精审，而世竞宝之，然犹不及其景钞之美善，为千秋绝业也。此五十巨册，皆据南宋书棚本影钞，内有'陈解元书铺印行'木记者约十四五处，亦有版式疏阔或原有缺页至十页者，悉仍其旧，无窜改臆断之习。乃至序后图印亦俱摹写酷肖，令人一见辄疑为原板初印，不知出于写官。技能工巧，至此而极。后人虽雅慕深思，苦难企及，于是毛钞乃成一种版本之学，足见一艺之成，卓尔千古，未可目为小道而忽视之也……此书毛氏钞成，其前后所钤诸印，亦皆精美，且每卷俱有，可谓不惮烦者。宣统纪元，余在沈阳，书友谭笃生贻书告余，劝余收之。余始未见此书，但嫌书价太昂。笃生乃亲赍出关，举以相示，及余亦既觏止，遂不复问价，唯恐其不为我有矣。世间尤物，何必南威、西子，然后足以移情而动魄哉？后有览者，其必不以余言为过分也。"

又陈乃乾序也云："毛抄之书无一不精绝，然未见有多至五十巨册如此书者。微此书，何以见毛氏用力之勤？微毛氏，又何以传此书？宜邓氏之什袭珍藏，而立炎之亟为景印也。"

由于毛氏抄本影写得惟妙惟肖，后世藏书家争相宝藏，誉之为"毛抄"。毛抄流传很少，近代以来，私人藏书家中收藏毛抄最多者，当推周叔弢，其次为陈清华（澄中）。周叔弢曾任天津市副市长，他收藏的善本书，除个人爱好外，也是为国家保存了珍贵文物，这些书连同其他的善本收藏，全部化私为公，捐献给了中国国家图书馆、天津图书馆。他的《自庄严堪善本书目》中著录毛抄12种，为：

琵谱十卷　（明）朱载堉撰　清初毛氏汲古阁抄本　清黄丕烈跋

干禄字书一卷　（唐）颜元孙撰　清初毛氏汲古阁影明抄本

佩觿三卷　（宋）郭忠恕撰　清初毛氏汲古阁影明抄本　清毛扆校

字鉴五卷　（元）李文仲撰　清初毛氏汲古阁影元抄本　清何煌校

六艺纲目二卷　（元）舒天民撰　清初毛氏汲古阁抄本　清朱锡庚跋

南迁录一卷　题（金）张师颜撰　清初毛氏汲古阁抄本　周叔弢校跋并录清黄丕烈跋

东家杂记二卷　（宋）孔传撰　清初毛氏汲古阁影宋抄本　清席鉴跋、劳健跋

旧闻证误十五卷（存卷一至二）　（宋）李心传撰　清初毛氏汲古阁影宋抄本

唐中兴间气集二卷　（唐）高仲武辑　清初毛氏汲古阁影宋抄本

分门纂类唐歌诗一百卷（存卷十八、二十□、九十一、九十三至九十六）（宋）赵孟奎辑　清初毛氏汲古阁影宋抄本　清毛扆跋

增广圣宋高僧诗选前集一卷后集三卷续集一卷　（宋）陈起辑　清初毛氏汲古阁影宋抄本

酒边集一卷　（宋）向子諲撰　清初毛氏汲古阁影宋抄本

陈清华（澄中）所藏为：

碧云集三卷　（唐）李中撰　清初毛氏汲古阁抄本　清黄丕烈跋

小学五书五卷　（宋）张时举编　清初毛氏汲古阁影宋抄本

论语十卷　(魏)何晏集解　孟子十四卷　(汉)赵岐注　清初毛氏汲古阁影元抄本

易林注十六卷　清初毛氏汲古阁影元抄本

历代蒙求一卷　(宋)王芮撰　(元)郑镇孙纂注　清初毛氏汲古阁影元抄本

鲍氏集十卷　(刘宋)鲍照撰　清初毛氏汲古阁影宋抄本

医论不分卷　(明)王肯堂撰　清初毛氏汲古阁抄本

近人王文进为20世纪三四十年代北方书业中重要人物之一。他贩书三十余年,所见古书颇多,在他的《文禄堂访书记》中,可知他所经手的毛抄计13部,其中影宋、影元抄本皆有。而他的《明毛氏写本书目》里则著录了毛晋、毛扆父子两代抄书240种。

曾有人作过统计,毛抄大约有600余种,而影宋抄本约有百余种。如今藏毛氏汲古阁影宋、影元、影明抄本最多者,当推中国国家图书馆,据陈红彦的统计,该馆藏汲古阁影宋抄本57部、影元抄本12部、影明抄本8部,共77部。

清初毛氏汲古阁影宋抄本,或毛氏汲古阁抄本,在当时甚至会多抄一部至二部,成为复本,即有些专家所说的“双胞胎”“三胞胎”。至于为什么会如此,目前还不得而知。现仅知如宋陈起辑《增广圣宋高僧诗选》前集一卷后集三卷续集一卷(国家图书馆藏二部),又宋释希昼等撰《九僧诗》一卷(国家图书馆、北京大学图书馆藏),又宋李龏撰《剪绡集》二卷《梅花衲》一卷(国家图书馆藏二部),宋杨万里撰《诚斋集》一百三十卷(国家图书馆藏二部、上海图书馆藏一部)。

毛氏汲古阁抄本纸张笔墨都很好,所钤之印也很考究。在毛氏影抄宋本上,往往钤有“宋本”“甲”“稀世之珍”“笔砚精良　人生一乐”“毛氏图史子孙宝之”印,以示同宋版书一般珍视。如明毛氏汲古阁影元抄本《天下同文集》五十卷,每卷前有“元本”“甲”“希世之珍”“毛晋”“汲古主人”“毛晋之印”“毛氏子晋”诸印。由于毛氏影抄之本,人称“下宋本一等”,所以书价在清嘉庆时即已昂贵。黄丕烈跋《虚斋乐府》二卷云:“毛本索直甚昂,因还之。”

四、余话

毛氏汲古阁抄本并非都是影宋、影元、影明,但凡流传稀见者即为抄之。如《瑟谱》十卷,为楷书极精,清初毛氏汲古阁抄本,有清黄丕烈跋。再如《六艺纲目》二卷,楷书,清初毛氏汲古阁抄本,有清朱锡庚跋。这些本子都是书法端秀、字画精雅,是很重要的抄本。

近些年来,善本书或古旧书拍卖会上精品迭现,从敦煌唐人写经到明清抄本,刻本中宋元佳椠、明清精刻乃至稿本、套印本、活字本、版画、手札、碑帖等,应有尽有,但就是没有毛抄露面,故所谓的“现代藏书家”也无机会一睹庐山真面目,更不要说一般的古籍爱好者了。毛抄在国内仅有国家图书馆、上海图书馆、天津图书馆、河南省图书馆、北京大学图书馆、苏州图书馆、常熟图书馆、山东博物馆、宁波天一阁、中国社会科学院文学研究所及台湾地区的图书馆入藏,而其他省市一级的公共图书馆一概无缘。私人若有收藏,当亦寥若晨星,视之为枕秘了。根据笔者对《中国古籍善本书目》中经部、史部的统计,毛抄约为30部,而以国图收藏最多,几近70%。在欧美地区,毛抄仅美国哈佛大学哈佛燕京图书馆藏一部,连美国国会图书馆也未入藏,遑论他馆。哈佛燕京图书馆藏的毛抄是《离骚草木疏》四卷,该馆藏稿本、抄本逾千部,数此为第一。

这里要讲一个真实的“故事”,“文革”时苏州地区“破四旧”的声浪甚嚣,私家收藏的古籍及善本图书受到冲击、损毁,造纸厂里每天都有大量的图书待化纸浆。在这种紧急关头,苏州图书馆的负责人带了部分人员去造纸厂抢救,这真是有点“冒天下之大不韪”了。他们在数万吨的图书堆里奋战数日,抢救出不少有重要价值的好书,包括属于国宝性质的文献,其中就有毛氏汲古阁据宋蜀刻大字本所影抄的《孝经音义》《论语音义》《孟子音义》三卷三册。这部书有清毛扆跋,书品甚大,天头地脚亦特宽,纸质洁白如玉,墨如点漆。首页钤有毛氏“宋本”“甲”“开卷一乐”三印,且装帧美观。封面用绛紫洒金皮纸,楠木夹板,古雅可爱。当时是苏州图书馆的华开荣、叶瑞宝二先生到造纸厂,付了4分钱人民币象征性地购得。没多久,有人即批判收书者为“保护四旧”。这是1987年10月,我在深圳参加中国图书馆学会第三届理事会时,苏州图书馆的许培基先生告诉我的。然而到了今日,这部书却成了该馆的镇库之宝了。清黄丕烈曾将是书翻刻,列入《士礼居丛书》中。清杨守敬的《藏书绝句》则称此书“墨妙笔精,与真刻无异”。此书也是江苏地区仅有的两部毛抄之一,故珍贵异常。可以设想,稍一疏忽,价值连城的毛抄就变成还魂纸了。我们要感谢苏州图书馆的负责人和群众,他们为国家、为民族保存了一笔重要的文化财富。

由于毛抄的重要性,2016年1月,中华书局出版了《清名家影写宋本九种》(外一种),内容均为集部别集类和词曲类著作,诸书多出名家之手,本诸宋元旧刻,其中包括毛氏汲古阁写本五种、黄丕烈士礼居影写宋本二种,多经名家校跋,其中黄丕烈跋三种、傅增湘跋一种。计为《鲍氏集》十卷、《高常侍集》十卷、《唐秦隐君诗集》一卷、《李群玉诗集》三卷后集五卷、《碧云集》三卷、《酒边集》一卷、

《虚斋乐府》二卷、《剪绡集》二卷、《梅花衲》一卷。外一种为影元抄本《台阁集》。

毛抄的精善,也带动了当时及后代的藏书家,如清初钱曾述古堂、徐乾学传是楼、黄丕烈士礼居、汪士钟艺芸书舍等,他们的影宋抄本、影元抄本在选本和质量上也都是属于一流的。此外,还包括清初席氏酿华草堂影宋抄本如《五经文字》三卷、《新加九经字样》一卷,以及其他无名氏的影宋影元抄本《孝经》一卷,俱为周叔弢所藏,并见于《自庄严堪善本书影》。

我所见到的各种影宋抄本,如若从字体上说,多宋体字,也有精美的楷体。宋体字,字画方严,整齐划一,一笔不苟,没有什么变化,所谓"字画斩方,神气肃穆"也。宋体字,传说是秦桧所创。他是状元出身,博学多才,为官早年名声尚好,深受宋徽宗喜爱,被破格任用为御史台左司谏,负责处理御史台往来公文。在处理公文过程中,他发现这些公文字体不一,很不规范,于是他在仿照徽宗赵佶"瘦金书"字体的基础上,创造出一种独特的字体,工整划一,简单易学。秦桧用这种字体誊写奏折,并引起了徽宗注意,于是徽宗下旨,命秦桧将书写的规范字帖本发往各地,要求公文统一按这种字体书写。这一措施,使这种字体很快推广,并逐渐演化成印刷体的"宋体"。故这种字的写手都是经过训练的高手,对于写仿宋体于纸上是轻而易举之事,所以,他们应该是独立操作,故写出之字体绝不比原本差。

从纸张上来说,影宋抄本所用之纸多为皮纸,较为厚实。一般来说,以这样的皮纸覆盖在原本之上去进行摹写,很难看清原本的字体,更不用说某些书上夹注的小字了。现代的影摹旧本或图画,多采用灯箱。但在封建社会,没有照明器材,只有烛光,力不能透,故无法蒙其上而摹写。更何况书之底本装订线距正文处并不宽广,纸亦不能平铺。所以说,这种影抄本,并非是覆盖于原本之上进行摹写的,而是请专业之写手据宋本临摹写成。如宁波天一阁所藏明汲古阁影宋抄本《集韵》当为毛氏汲古阁中之专业写工据宋本临摹完事,盖因此本所用白色皮纸较厚实坚韧,经特殊处理并加石蜡研光,不能覆盖原本而透光,只能由专业的写工据宋本临摹而成。

类似天一阁所藏明汲古阁影宋抄本《集韵》者,还有陈国瑾藏本《古文苑》九卷,据云此本"以上好明白绵纸打蜡影抄宋本,版式阔大,字体疏朗,为毛氏汲古阁罕见之大本影宋抄本"。

在各种古籍版本中,有一种公文纸印本,是用官衙中废旧过时的文书、公牍档册、户口册籍及呈状等纸张的背面来刷印的,这种公文纸印本传世不多。除公文纸印本之外还有公文纸抄本,同样的道理,即是将废弃公文的背面用来抄写自己需要的文字,或节录文章,或抄写图书。这样的公文纸抄本较之公文纸印本,更为稀见。这都是古人节约用纸,废物利用的体现,也带有今天人们所说的“环保意识”。一般来说,这类的公文纸用纸较为坚韧,所写文字甚细小。上海图书馆所藏唐张籍撰《张司业诗集》三卷,为清初公文纸影宋抄本(有毛晋藏印三方)。可以设想的是,如用公文纸蒙在宋刻本之上去“影宋”的话,那原来公文上的文字便会是“障碍”,而看不清下面底本上的文字。

为了进一步证实这个想法,我曾请国家图书馆善本部的李坚女士专门调阅了数种毛抄,就抄本的纸张进行目验。她告诉我说,毛抄所用的纸张确为皮纸,颜色有白有黄,如覆盖在他书之上,是很难看清下面的文字的。为慎重起见,我又请教了国家图书馆出版社前总编辑徐蜀先生,他曾参与影印多种大型古籍图书,具有丰富的实践经验。徐先生说,所谓的影摹,实则上就是摹写照临。

所以大部分的影抄本并不是将薄纸覆于书本之上来摹写的,如果从古籍保护的角度去看,您敢用薄纸覆于珍贵的宋元刻本之上摹写吗?如果一旦用墨不慎,墨渍化开,渗透至下面的书页上,那后果就不堪设想了。

2021.2.15 初稿

2021.3.18 修订

2021.3.29 定稿

于美国北卡之维克森林

(沈津,研究馆员,复旦大学中华古籍保护研究院特聘教授)

宋代建本蜀本字体考

——以傅增湘宋本字体论述为中心的考察*

A Typeface Research on the Version of Fujian and Sichuan In Song Dynasty: Centered on Fu Zengxiang's Treatise on Song typeface

宋世瑞　赵华超

摘　要：对宋代刻本的字体研究，目前学界可分为三种观点。本文在比较此三种观点之后，以著名版本学家傅增湘关于宋刻本字体的论述为主要研究对象，考察其对宋代建本、蜀本字体的评论话语，参照见存南宋时期闽川两地的刻本书影157种（宗教类除外），从而得出建本、蜀本主要流行颜体字，间有欧体、柳体、褚体并存的结论。

关键词：建本；蜀本；字体

在古籍版本鉴定中，字体（因本文所论为版刻字体，故也包括刀工）是"观风望气"之法的重要依据之一。目前学界关于宋本字体（或字形）的研究，除对浙本的认识较为统一外，蜀本、建本属于何种字体尚有较大的分歧，本人不揣谫陋，试对此问题进行考察。

一、关于宋代建本、蜀本字体的不同观点

在宋金时期出现的浙本、蜀本、建本、平水本四大系统中，就字体的使用而言，可分为欧体、颜体、柳体、苏体、瘦金体、虞体、褚体等多种。浙本系统中的欧体字最易辨认，认识也统一，然建本、蜀本的字体属性则分歧较大。

第一种观点以为建本多柳体，蜀本多颜体。魏隐儒云："（建本）字体多似柳

---

* 本文为阜阳师范大学人才引进科研启动项目（2018kyq0020）阶段性成果。

体，有的似徽宗瘦金书体。起落顿笔，结构方正，字画严谨不苟。”“（蜀本）字体多似颜体，字画肥劲朴厚，结构架势雄浑壮丽，版式疏朗悦目。”[1] 曹之云：“（宋本字体）就地区而言，汴梁本、浙本多欧体，蜀本多颜体，建本多柳体。”[2] 李致忠云：“四川宗颜，福建学柳，两浙则崇欧。”[3] 他如王子霖《古籍版本学》、姚伯岳《中国图书版本学》、程千帆与徐有富《校雠广义 · 版本编》、程有庆与张丽娟《宋本》（中国版本文化丛书）等著作中，也都有与此相同或相近的观点。

第二种观点则与上述意见相反，以为建本多颜体，蜀本是颜体字之中带有柳体的意味。黄永年云：“（宋建本的字体）都作颜体即颜真卿的字体……但建本上的颜字也随时间的推移而有变化。南宋前期的比较瘦劲，横笔直笔一样粗细，还多少有点浙本欧体的模样……到中期以后，正文大字就变成横笔细，直笔粗，和浙本欧体截然不同。”[4]85-86 至于宋蜀本的字体则云：“大字本和小字本不同。大字本基本上是颜字的架子，但不同于建本的横细直粗，而是撇捺都长而尖利，渗入了中唐书法家柳公权的柳字的成分，在浙本的欧体、建本的颜体之外倒还别有风味，小注也是如此，不像南宋中期的建本那样正文、小注有明显的区别。小字（本）体则撇捺不太尖利而点画比较古拙，笔道也不甚匀称，实在不如浙本、建本来得美观。”[4]89

第三种观点以为建、蜀两地之本多颜体，兼以柳体；或者是颜、柳兼似，此是从宏观上考虑此一问题。李清志云：“就笔者所见宋版而言，杭州地区刻本多采用方整之欧体字，至宋末则间用柳体字。蜀本、建本字体以颜体为多，或间有杂以他体笔意者，如柳体、瘦金体等是。”[5]37“建瓯、宁化、长汀诸地刻本，大致而言，颜体书风较淡，不像建安刻本那样浓厚。”[5]52“（蜀本）就其笔法而言，大多较接近颜法，而非柳法，但亦不能称为典型之颜体字。”[5]54 龚鹏程亦云：“目前所见宋版书，北宋、南宋，浙本、建本（闽本）、蜀本皆以颜体为主，间有欧、柳二家。”[6]124 浙本以欧体为主，“建本初近于颜真卿《多宝塔碑》。其后一样有变化。如北宋刻《福州藏》，字大墨浓，书体凝厚大气；至南宋初期建本，则有瘦金体之风，笔画瘦劲，横笔直笔一样粗细，有欧体风格。南宋中期以后，又演变为一种新样的颜体字，正文大字横细直粗，注文小字仍是旧式风格，横直一样粗细。蜀刻本传世较少，然不仅有早晚之别，又有大字小字之分。早期如北宋所刻《开宝藏》，字体方正，纯乎颜体。南宋，大字本沿袭颜字，但不同于建坊本的横细直粗，逐渐新创造出一种笔势撇捺都长而瘦硬的字体来，颜体中羼入了柳体笔意。而小字本则点画古拙，风格不同”[6]125。

上述三种观点实际上可以简化为两派，第二种、第三种观点较为接近，可以视作一派。然而两派孰为正确呢？笔者注意到，除指认字体属性的研究方法外，还有一种从风格学的角度来处理此一问题的现象，即从字体笔画上谈建本、蜀本的特点，而不予以定论，因为在宋本诸刻中，完全达到颜真卿《多宝塔》、柳公权《玄秘塔碑》书法艺术水平的毕竟是少数，如顾廷龙先生曾云蜀刻本“宋体遒劲方正，较易辨认。当然，在长达几百年的不同阶段，不同地区，字体刀法也是有变化的”[7]。在这种“模糊”处理的话语体系中，傅增湘的评论较有代表性与系统性。虽然黄裳在总结傅氏校勘古籍的成就时，以为傅增湘“只是把古书当作玩赏的对象，又并无一定研究的专题”[8]，属于洪亮吉《北江诗话》卷三所云“藏书家有数等”中的“校雠家”“鉴赏家”“收藏家”一类，然其在海内外交游广泛，书学造诣深厚，“傅增湘的书法以楷书和行书为主。楷书书风以欧阳询、柳公权为主，晚年又加入了一些魏碑笔意”[9]。其书学修养在字体鉴定方面得以发挥优长，而关于两宋时期刻本字体的评论又多达70余条，在我们今天探讨上述三种观点孰为正确的问题上，可谓一种新的思路。

二、傅增湘关于宋本字体的论述

在清代民国时期，关于宋版书的鉴定名家有钱曾、陆心源、黄丕烈、顾广圻、缪荃孙、王重民、袁克文、杨守敬、张元济、傅增湘等，他们在版本鉴定方面多依据版式、行格、避讳字、刻工、书牌、年号、字体、目录、卷数、藏印、序跋题识、装帧等要素。其中傅增湘在版本鉴定中对字体注意尤多，评语也较为集中，他认为用字体来鉴定版本的方法较为科学：“观书以字体雕工风气定其时代，可百不失一，若拘拘于纸墨之古旧、牌记之年月及避讳与否，皆其末焉者也。”[10]①其关于版本鉴定的成就集中于《藏园群书经眼录》《藏园群书题记》等著作。此类著作著录宋刻本500种以上(含宋元之间刻本、宋刊元明递修本)，比佞宋主人黄丕烈、潜园老人陆心源寓目之宋版书要多。

综观傅氏关于版刻字体的研究，他对南北宋时期的版本评论集中于七个方面，包括北宋刻本、南宋建本、南宋蜀本、南宋浙本、南宋江西刻本、藏经及其他(皖、苏、粤、湘、鄂等地区刻本)。此可称为宋本的七个系统。这种划分的主要依据是字体，如北宋刻本系统、藏经系统等涉及欧、虞、褚、柳、颜等多种书体，风格多样；浙本系统多欧体字，“劲整”“瘦劲”“方严”“方正”“方整”“俊朗”的风格是主流。他在鉴定宋代版本时，有意识地把字体作为地域版本划分的标准，如《东

① 以下所引傅增湘语皆出自《藏园群书经眼录》，不再出注。

坡集》(日本帝室图书寮藏)题记云:“此本字迹结体方整而有挺拔朴茂之气,既非杭本,亦不类蜀本。考苏峤曾刻于建安,然审其刀法浑成,又无建安棱角峭厉之态,恐即《直斋书录解题》所称之吉州本也。”《清波杂志》(海虞瞿氏藏书)题记云:“此书海内孤本,审其雕工,当为江右刊本。”《庄子义》(苏联亚细亚博物院藏)题记云:“以字体雕工论,当是蜀中刊本。”在本文中,我们关注的主要是南宋建本与蜀本系统的字体,今按傅氏评论之语而分述之。

(一)南宋建本系统

傅增湘明确标明其寓目、鉴定过的南宋建本有 78 种,关于字体的评语达 20 余条,是诸系统中评论最多的。总体而言,傅氏认为南宋福建地区刻本并非单一字体,而是欧、柳、颜、褚多种书体并存的一个局面,此在傅氏评论中多言及之,如《钜宋广韵》(日本内阁文库藏)题记云:“宋乾道五年己丑建宁黄三八郎书铺刊本……字体秀劲,仿褚河南。”《尚书传》(赵万里送观)题记云:“南宋刊巾箱本……字体整劲,与后来建本之棱角峭厉者不同。”“整劲”(方整劲健)是欧体字的风格,故字体为欧体。就建本系统的发展而言,他认为存在早、中、晚三期之别:南宋初建本比较接近于浙本系统,欧体字风格较浓,如《晋书》(日本静嘉堂文库藏)题记云:“江南图书馆藏南宋初建本,半叶十四行,行二十五字,细黑口,左右双阑,为王弇州世贞故物,密行细字,精劲异常。”《史记集解》(日本内藤湖南藏)题记云:“宋绍兴间淮南路转运司刊元明递修本……此本铁画银钩,字体雕工与瞿氏藏《周易》相类,是南渡初建本之精者。”《史记集解索隐》(天津盐业银行库房藏)题记云:“宋乾道七年建安蔡梦弼东塾刊本……此书刻工劲秀,南宋初建本之精者。”《新雕初学记》(日本帝室图书寮藏)题记云:“此书刊工精湛,笔迹瘦劲,与余藏《百衲本通鉴》中十四行本相类,盖南宋初建本也。”南宋中后期有所变化,如《新唐书》(张元济代收)题记云:“南宋初小字建本……字体劲细、铁画银钩,笔意在褚颜之间,与南宋中叶后建本之锋棱峭丽者不同。”关于南宋中叶以后的字体,傅增湘只是描述其字形,较少直接说明为何种字体。

至于南宋中后期建本的主要特征,傅氏则有如下评论:《四朝言行录》(北京文德堂藏)题记云“刀法劲峭,建本之佳者”。《唐宋孔白六帖》(日本静嘉堂文库藏)题记云:“此本刀法劲峭,是建本之精者,与余所见杨惺吾守敬藏本同。”《列子鬳斋口义》(杭州道古堂藏)题记云:“此本字体方整而峭厉,是建本正宗,为宋所刻无疑。”又如《新唐书》(南浔刘承幹藏)题记云:“宋建安魏仲衣刊本……此书刊工精丽,刀法险峭,锋棱錾丝,是建本之至精者。南浔刘君翰怡承幹所藏。”《史记集解索隐正义》(袁克文藏)题记云:“是书精雕初印,棱角峭厉,是建本之最精者,即黄善夫本也。”《北史》(日本静嘉堂文库藏)题记云:“此本字体挺秀而棱角峭厉,与余藏百衲本《通鉴》之大字建本酷肖。”《后汉书注》(原王懿荣藏书)题记云:“宋庆元间建安刘元起家塾刊本……此书雕镌精美,字体方峭,纸墨明湛,建本之妍丽可喜者。”《后汉书注》(日本静嘉堂文库藏)题记云:“宋嘉定元年戊辰蔡琪一经堂刊本(建本)……刻工劲峭,大字妍丽。”《三国志注》(天津盐业银行藏)题记云:“宋建本……字体方劲,锋棱峭厉,与黄善夫刊《史记》极相类,建本之精者,印本亦清朗,杨氏四经四史之一。”今日观黄善夫刊刻之《史记》《汉书》等,皆颜体字。《附释文尚书注疏》(傅增湘藏)题记云:“字体方整峭厉,纸墨均胜,是闽中精刻初印本,与世行十行本绝异。”宋《监本纂图重言重意互注点校毛诗》(傅增湘藏)题记云:“字体工丽,锋棱耸峭,审为建本之至精者,且标明监本,则源出胄监,其点校当为有据。”《梅亭先生四六标准》(日本内阁文库藏)题记云:“字体方峭俊丽,是建本之佳者。”《六臣注文选》(原临清徐梧生藏)题记云:“此本刊工棱角峭厉,是建本之至精者,与上海涵芬楼藏本同。”

从上述十余条举例可知,傅氏对于南宋中后期的建本字体主要特点多用“峭厉”“劲峭”之语,并没有直接说明为何种字体。”“峭厉”与“方整”相对,“峭”指字体笔画的非直线状态,或折或弧,也指字体的不平稳状态;“厉”指笔画的劲道之气。

(二)南宋蜀本系统

傅增湘明确标明寓目、鉴别过的蜀本有44种,其中关于蜀本字体的评论有12条(因蜀本稀缺,故评论较少)。傅氏主要有以下观点:一是所谓“眉山七史”本者,为浙本系统,原版所用为欧体字。《南齐书》(北京宏远堂书肆藏)题记云:“此书余壬子夏获之宏远堂书肆……全书桑皮厚纸印,幅高至一尺二寸,字体方严,元补则趋圆软,每卷首尾皆钤‘礼部官书’长朱文大印,间有钤中缝上者,知原系蝶装……今北京图书馆藏内阁大库之书所谓‘眉山七史’者,皆厚皮纸钤‘礼部官书’印,与此无一不合,而独于《南齐》乃无一册之存,疑自嘉道以来书库盗出者当不止此一帙矣。”按此书中有治平二年牒文,并云“送杭州开板”。王国维曾云“眉山七史”本其实皆属浙本系统,张元济、傅增湘皆从其说,故傅氏《魏书》(原临清徐梧生藏)题记又云:“宋刊元修明印本,半叶九行,行十八字,白口左右双阑。版心上记字数,下记刊工人名,间有元时补版。原版字仿欧体,补版渐趋疏俊,元刻益加圆活。桑皮厚纸,纸幅阔大,与余藏《南齐书》相同。每卷钤‘礼部官书’朱文大印亦同。”

二是蜀本字体多为颜体字或颜、柳结合之体,如《春秋经传集解》(日本静嘉堂文库藏）题记云："宋蜀大字本……此本刻工草率，多次修补。然字画古劲，有颜平原法，陆氏（皕宋楼）定为蜀本，今以《周礼》互证，要不诬也。"《经史证类备急本草》（天津盐业银行藏）题记云："宋嘉定四年刘甲梓州刊本……版式阔大，大字疏朗，有颜柳体势，蜀刻之精者。"《新刊经进详注昌黎先生文集》（天津盐业银行藏）题记云："字兼颜柳格，瘦劲有骨，刊工有'眉史丙'字，则为蜀之眉山刊本矣。"

三是颜体之外的刻本，也并存于蜀中，如《太平御览》（日本静嘉堂文库藏）题记云："字体疏劲，为蜀中所刊。""疏劲"类于柳体的风格。《论语注疏》（日本帝室图书寮藏）题记云："宋避讳至敦字止，字体瘦劲，是光宗时蜀中刊本。""瘦劲"为欧体笔法。《史记集解》（刘氏嘉业堂藏书）题记云："又有数卷，亦九行十六字，字有锋棱，若大观瘦金体，白口，左右双阑，版心鱼尾上记字数居中。即世所称之蜀大字本。"按蜀本中并无大字本《史记集解》，康有为云此为淮南路刻本。又瘦金体字体有宋刻本《古今合璧事类备要》可谓代表之作。

四是关于蜀本的整体风貌，傅氏多言"古雅""古朴"之风类于北宋本的评价，可见南宋蜀本与北宋本有着一种传承关系，如《太平御览》（日本帝室图书寮藏）题记云："此本刊工极为古雅……庆元五年成都路转三司刊于蜀中者。"《太平御览》（日本西京东福寺藏）题记云："字疏古劲健……知为蜀中所刊也。"《册府元龟》（日本静嘉堂文库藏）题记云："字体古朴，为蜀中所刻。"《新刊监本册府元龟》（海虞瞿氏藏书）题记云："宋蜀中刊本……字体劲健疏朗。"《六家文选》（故宫藏书）题记云："是书字体古茂疏劲，版式阔大，与眉山刊苏文忠、苏文定、秦淮海诸集相类，盖即蜀中刊本。"由上文看来，傅氏关于蜀本字体的评论并不集中，可以说蜀本是一个多种字体并存的局面，不类南宋中后期建本有"棱角峭厉"的风格特点。

可以看到，傅增湘在论述南宋建本、蜀本的字体特点时，对于蜀本字体的研究已经较为确定，蜀本的字体可谓有"多种书体并存，部分刻本'颜、柳兼似'"的风格。至于建本则多采用风格学的方法，这种方法也是基于版刻字体有"碑""帖"之别，即经过书手与刻工两个层面的活动才得以最终呈现来考虑的。书写与版刻是版刻字体的两个层面："从南宋的版刻字体中可以看到，有的字体虽仍有欧、柳风范，但作了某些改革；有的看似名家手笔，但又非一般的书法字体。这些经过变革后的字体往往具有一个最重要的特点，那就是每一笔似乎都是对原书法用笔的简化。"[11]所以版本研究中的"观风望气"之法，也是针对此两种字体而言的。

三、版刻与书法领域的宋本字体

宋本(写本、刻本)字体的总体美学风格是“秀雅古劲”(见清孙从添《藏书记要》之《鉴别》《钞录》篇),这种美感是蕴涵了“二王”及欧、柳、颜书法风格的。具体到版刻领域而言,明清人已注意到宋刻本的字体有“方圆”“肥瘦”之别。明张应文《清秘藏》卷上“论宋刻书册”条云:“藏书者贵宋刻,大都书写肥瘦有则,佳者绝有欧、柳笔法。”[12]谢肇淛《五杂组》卷十三云:“凡宋刻有肥瘦二种,肥者学颜,瘦者学欧。”[13]王世贞跋宋刻本《汉书》亦云:“字大者如钱,绝有欧、柳笔法。”[14]晚清叶德辉《书林清话》卷二“刻书分宋元体字之始”条云:“今世刻书字体,有一种横轻直重者,谓之为‘宋字’;一种楷书圆美者,谓之为‘元字’。世皆不得其缘起。吾谓北宋蜀刻经史及官刻监本诸书,其字皆颜、柳体,其人皆能书之人。……盖宋刻,一种整齐方板,故流为明体之肤廓;一种圆活秀劲,故流为元体之流动。”[15]

其实,此版刻领域的“肥瘦分野”之论,在六朝至唐代的书法领域早已有之,如梁武帝萧衍《观钟繇书法十二意》云:“元常谓之古肥,子敬谓之今瘦。”[16]唐代书法领域中这种“方圆”“肥瘦”的区别更为明显,北宋魏泰云:“唐初,字书得晋、宋之风,故以劲健相尚,至褚、薛则尤极瘦硬矣。开元、天宝以后,变为肥厚,至苏灵芝辈,几于重浊。”[17]康有为亦云:“唐世书凡三变,唐初欧、虞、褚、薛、王、陆并辔叠轨,皆尚爽健。开元御宇,天下平乐。明皇极丰肥,故李北海、颜平原、苏灵芝辈并趋时主之好,皆宗肥厚。元和后沈传师、柳公权出矫肥厚之病,专尚清劲,然骨存肉削,天下病矣。”[18]字体的“瘦硬”与“肥厚”之别,可以说是六朝至唐代书法领域比较鲜明的两种风格。唐代民间书手受此两种书风的影响,其抄本中“有瘦劲者近欧、褚,有丰腴者近颜、徐,笔笔端严,笔笔敷畅,自头至尾,无一懈笔,此宋元人所断断不能跂及者”[19]。所以宋代版刻字体的“肥瘦”之别,是可以从唐代写本中找到源头的。

故唐宋书风影响所及下的版刻字体,除瘦硬劲健的欧体字之外,流行的又有丰肥浑厚之颜体,其他字体如虞、褚、柳、瘦金,分布地域也较广,不过就每种版本而言,则要具体分析之,书手及对书体进行二次加工的刻字匠未必皆忠实于虞、褚、欧、柳、颜之书法。同时各种书体在版刻中的交融,也是一种普遍的现象,如《天禄琳琅书目》卷二《资治通鉴考异》题记:“(乾隆)御题:是书字体浑穆,具颜、柳笔意,纸质薄如蝉翼而文理坚致,为宋代所制无疑。”[20]陆心源《仪顾堂题跋》卷六《宋本真西山读书记跋》:“宋福州学刊本……是书近有闽中祠堂刊本,脱落讹谬,几不可读。此乃南宋初刊祖本,字画清朗,体兼颜、欧,尚存北宋官刊典型,非麻沙坊本所能及也。”[21]钱基博《版本通义·历史第二》:“宋刻本率由善书之士,誊写上版,故字体各异。其中以大小欧体字刻版者为最适观,以其间架波磔,秾纤得中,而又充满,无跛踦肥脞之病。……倘有参以他种笔意者,则尤名贵。如王世贞跋元赵文敏松雪斋藏班、范二《汉书》云:‘有欧、柳笔法。’《皕宋楼藏书志》载宋礼部官书《六韬》六卷,云:‘字画方劲,有欧、颜笔意。’北京图书馆藏有宋淳熙三年刊小字本《通鉴纪事本末》残册,书法秀整,体兼颜、柳,皆罕品也。”[22]上文傅增湘谈及的蜀本有“颜柳”笔意,也是考虑到了版刻字体的交融现象。

综合言之,据傅增湘《藏园群书经眼录》中对建本、蜀本的评语并结合书法、版刻领域字体的发展历程,我们可以得知,傅氏提及建本的字体主要特征是“棱角峭厉”“刀法劲峭”。对此刘元堂解释为“竖画起笔呈尖角状”“横画末端呈斜点状”“横不平竖不直”[23]三个特征,实际上此三个特征为颜、柳二体所共有。若从书法领域来考察“劲峭”“峭厉”之语,如宋李纲《跋颜鲁公与柳冕帖》云:“鲁公草书摹传于世者多矣,此帖尤奇,虽笔势曲折如盘钢刻玉,劲峭之气不少变,盖类其为人。”[24]清孙承泽《颜真卿书臧怀恪碑》云:“臧将军碑视鲁公他书差劲峭,且石又完好,锋颖都具,墨宝也。”[25]“劲峭”“峭厉”皆是评颜体之语。从版刻角度来看,“棱角峭厉”是横细直粗转合后的效果:“由于横细直粗,书写时从极细之横画转折到极粗之直画,自然极易形成棱角;施刀时再加夸张,就露出锋芒,于是整个版面就显得处处‘棱角峭厉’之特殊风貌。”[5]51 颜体字似乎是建本最为集中的一种字体,故傅氏屡言之,并以此体为建本“正宗”,其《列子鬳斋口义》(杭州道古堂藏)题记云:“此本字体方整而峭厉,是建本正宗,为宋所刻无疑。”今国家图书馆藏有《列子鬳斋口义》,颜体[26],于此可证。张元济也以此颜体字作为鉴定建本的依据,如其鉴定《南华真经》十卷(前六卷南宋刊本,后四卷北宋刊本)①时,对于南宋刊本“审其字体,可定为南宋建阳坊刻”[27]。所以说傅氏“峭厉”之语,主要是针对颜体字而言的。

四、见存南宋建本、蜀本的字体考察

当然,要确定宋本建本、蜀本的字体属性,当务之急是先把存世的宋本收集齐备。然而关于宋版书的数量,目前还没有精确的统计结果,这对确定建本、蜀

---

① 此刻本已收入《续古逸丛书》之二。

本属于何种字体造成了困难,上述诸家对两种版本系统的字体认识差异如此之大,也是基于所看到的有限的文本而言。根据目前的估计,宋版书的数量有2000种左右[①],其中建本、蜀本大约占十分之一。本文写作依据的有《中国版刻图录》《第一(二、三、四、五)批国家珍贵古籍名录图录》《静嘉堂文库宋元版图录》《日藏珍稀中文古籍书影丛刊》《珍稀古籍书影丛刊》《四部丛刊》《古逸丛书(三编)》《中华再造善本·唐宋编》与日本内阁文库藏汉籍、美国国会图书馆藏汉籍、哈佛大学图书馆藏中文古籍善本文献,以及"中华古籍资源库"、中国台北"'国家图书馆'古籍与特藏文献资源"等中的宋刻本之书影、电子文献,搜集到的除藏经、北宋本之外的南宋时期福建、四川两地的刻本共157部,其中:

福建地区刻本共104部,其中柳体风格较明显者有27部,欧体者2种,颜体者47部,欧、柳兼具者8部,欧、褚兼具者1部,瘦金体1部,褚体2部,虞体1部,颜、柳兼具者15部。

四川地区刻本共53部(不包括"眉山七史"本),其中欧体风格明显者有1部,欧、柳兼具者14部,柳体者21部,颜体者8部,颜、柳风格兼有者6部,虞体者2部,柳体与瘦金兼具者1部[②]。

可以看出,颜体在福建地区占有优势[③],其中建阳地区的颜体字较为集中;而柳体在四川地区较为突出,尤以"眉山刻唐六十家集本"为代表[④]。考虑到柳体风格有"三分欧七分颜"的说法,故四川、福建地区版刻字体基本上是笼罩在颜体风

---

① 曹之先生在《中国古代图书史》中著录蜀本110种、江西本103种、湖北本29种。李致忠《宋版书叙录》著录国家图书馆藏宋本60种,《中国古籍善本书目》著录740种左右,日本静嘉堂文库有宋本127种、宫内厅书陵部75种,"据估计,大陆现有宋版书在1700种左右。2012年前公布的四批《国家珍贵古籍名录》,有宋刻本881部。……阿部隆一说,全世界的宋元版书总数在3000~3500部。……安平秋说,海内外(宋元古籍)总数约5500种"(见《中国宋版书籍知多少》一文,网址:https://www.sohu.com/a/229332855_562249)。今在"2020年度国家社会科学基金重大项目招标选题"中有"存世宋刻本叙录"一项,我们期待此项目完成后能得出一个精确的数字,并按地域出版一批图录性质的丛书(彩色版,类似于《国家珍贵古籍名录图录》),以利于当下宋版书的研究。

② 影抄宋本、覆刻宋本、无确切年代地区者皆不列入本次统计的范围。

③ 专门研究福建刻书的学者,意见也不一致。方彦寿云:"从字体看,宋代建本大部分字体多似柳体,如余仁仲刻本《礼记》《春秋公羊经传解诂》,刘元起刻本《汉书》等;有的似宋徽宗瘦金体,如南宋初叶建阳书坊刻本《周易注》《晋书》,王叔边刻本《后汉书》等。间或也有褚遂良体,如黄三八郎刻本《钜宋广韵》。'汤注陶诗'本则是欧阳询体。其总的特点是结构方正,笔画严谨,锋棱峻峭、瘦劲有力。"(方彦寿:《建阳刻书史》,中国社会出版社,2003年版,第146页)谢水顺、李珽云:"北宋至南宋初,建刻字体多作颜体,行格疏朗。……南宋中叶,建阳书坊出于商业竞争需要,为了增加版面容量和加快刻书速度,在刻书字体上逐渐变为一种'肥瘦有则,棱角峭厉'类似颜柳的较瘦削书体,其独特的字体,鲜明的墨色十分醒目。"(谢水顺、李珽:《福建古代刻书》,福建人民出版社,1997年版,第168页)两者可谓见仁见智之谈。

④ 吾友赵华超以为"眉山刻唐六十家集本"大多数具有颜体的风格,供读者参考。

格之下的①。

五、结论

结合傅增湘的意见及笔者所见书影来看，最能代表建本、蜀本之风格的字体，以书意较之，建本、蜀本中除欧、褚、瘦金体、柳之外，多为颜体风格的字体。也就是说，本文的结论和黄永年、李清志两先生的研究结果比较一致：傅氏所言建本最有代表性的为“刀法险峭，锋棱錾丝”“棱角峭厉”的颜体字，此类字体为后来元代建本圆润字体之肇端。蜀本流行的为“字体劲健疏朗”的颜体字及“大字疏朗，有颜柳体势”的融合字体。可见宋本中较为流行的是欧、颜两种字体，柳体居于二者之间，有偏于颜体一派的倾向。

（宋世瑞，阜阳师范大学讲师；赵华超，日照市莒县文心高级中学教师）

参考文献：

[1]魏隐儒，王金雨．古籍版本鉴定丛谈[M]．北京：中国社会科学出版社，2017：19.

[2]曹之．中国古籍版本学[M]．武汉：武汉大学出版社，1992：465.

[3]李致忠．古书版本学概论[M]．北京：书目文献出版社，1990：102.

[4]黄永年．古籍版本学[M]．南京：江苏教育出版社，2005.

[5]李清志．古书版本鉴定研究[M]．台北：文史哲出版社，1986.

[6]龚鹏程．墨林云叶[M]．北京：东方出版社，2015.

[7]顾廷龙．唐宋蜀刻本简述[M]//《顾廷龙全集》编辑委员会．顾廷龙全集：文集卷．上海：上海辞书出版社，2015：271.

[8]黄裳．傅增湘[J]．读书，1983(7)：125.

[9]彭华．文献大家傅增湘[M]//舒大刚．巴蜀文献：第2辑．成都：四川大学出版社，2015：122.

[10]傅增湘．藏园群书经眼录[M]．北京：中华书局，1983：800.

[11]方晓阳，韩琦．中国古代印刷工程技术史[M]．太原：山西教育出版社，2013：135.

[12]张应文．清秘藏[M]//景印文渊阁四库全书：第872册．台北：台湾商务印书馆，1986：15.

[13]谢肇淛．五杂组[M]．上海：上海古籍出版社，2005：1777.

[14]王世贞．弇州四部稿：卷一百二十九[M]//景印文渊阁四库全书：第1281册．台北：台湾商务印书馆，1986：168.

[15]叶德辉．书林清话（附书林余话）[M]．沈阳：辽宁教育出版社，1998：28-29.

[16]张彦远．法书要录[M]．刘石，校点．沈阳：辽宁教育出版社，1998：20.

[17]魏泰．东轩笔录[M]．李裕民，点校．北京：中华书局，1983：167.

[18]康有为．康有为全集：第1集[M]．姜义华，张荣华，编校．北京：中国人民大学出版社，2007：264.

① 正是因为建本、蜀本有并存颜体的状况存在，所以在其他版本项缺失的情况下进行地区归属研究，就会有不同的结果，如南北宋配本《南华真经》十卷（前六卷南宋刊本，后四卷北宋刊本，《续古逸丛书》曾予收录），张元济《涵芬楼烬余书录》云：“（前六卷）审其字体，可定为建阳坊刻。”王叔岷云此为蜀本，并撰《南宋蜀本南华真经校记》一文，云：“蜀本《南华真经》十卷，南宋初刊本也。半页九行、行十九字……乃江安傅沅叔先生旧藏……字体古劲，阅之欢然。”顾廷龙《唐宋蜀刻本简述・蜀刻书目》亦列入之。杨守敬《留真谱》影印此本数页，然字体已为柳体矣。

[19]钱泳. 履园丛话[M]. 孟裴,校点. 上海:上海古籍出版社,2012:180.

[20]于敏中,等. 天禄琳琅书目[M]. 北京:中华书局,2010:28.

[21]陆心源. 仪顾堂题跋[M]. 北京:中华书局,1990:76.

[22]钱基博. 古籍举要;版本通义[M]. 长春:吉林人民出版社,2013:179.

[23]刘元堂. 宋代版刻书法研究[D]. 南京:南京艺术学院,2012.

[24]李纲. 梁溪集:卷一百六十三[M]//景印文渊阁四库全书:第 1126 册. 台北:台湾商务印书馆,1986:721.

[25]孙承泽. 庚子销夏记:卷八[M]//景印文渊阁四库全书:第 826 册. 台北:台湾商务印书馆,1986:69.

[26]张京华. 宋本《列子鬳斋口义》考[J]. 图书馆,2017(4):100-105,111.

[27]张元济. 张元济全集:第 8 卷[M]. 上海:商务印书馆,2010:370.

《广字汇》及其对清代字书的影响

Guangzihui and its Influence to Dictionaries in Qing Dynasty

李建西

摘　要:对乾隆元年(1736)三畏堂翻刻本《广字汇》的考察研究表明,该书由陈淏编撰,并由李渔初刊于康熙五年(1666),是最重要的《字汇》增补改编本之一,对清代流行的《字汇》版本系统的演变产生了重要影响。清代中晚期流行的"暮春序本"《字汇》以《广字汇》为增补依据。

关键词:字书;《广字汇》;陈淏;李渔

明代梅膺祚编撰的《字汇》相较于以往的字书进行了革新,精简归并部首,利用并完善了新出现的部首笔画法编撰字书[1-2],奠定了沿用至今的字书编撰体例,使字书更便于检索使用,在万历四十三年(1615)初刊后迅速流行,成为明末和清代的通行字书。梅氏《字汇》同时也存在失收部分经籍用字等明显缺点,因此明末清初出现了一批对《字汇》进行增补修订的版本或以其为基础编撰的字书。除张自烈的《增补字汇》《正字通》及吴任臣的《字汇补》之外,陈淏的《广字汇》亦是其中一种重要增补修订版本。该书存世较少,《文字音韵训诂知见书目》未著录[3],截至 2021 年 7 月"全国古籍普查登记基本数据库"也只著录了绍兴图书馆和义乌市图书馆分别所藏巳集、卯集残卷各 1 册,目前所知只有日本前田育德会尊经阁藏有一部全本。近来新发现乾隆元年(1736)三畏堂翻刻本《广字汇》残卷半部,对研究《字汇》等字书的演变传播及李渔的刻书活动等问题有重要参考价值，特作考察和初步研究。

一、基本情况

新发现的《广字汇》残存卷首和子、卯、巳、午、戌各集，每集（卷）一册，共 6 册。板框高 13.2 厘米，宽 10.8 厘米，四周单边，白口，版心题卷次和页码。内封题“三畏字汇/乾隆丙辰新镌/梅诞生先生原本/本堂梓行”。卷首为黄国琦《序》，康熙丙午（五年，1666）李渔《叙》，以及“武林陈淏子扶摇氏谨识”《凡例五则》。目次各部之下注明原字数及增补字数。末附“云间陈继儒辑”《正韵字辨》。各集卷端首行题“广字汇某集”，次行题“宣城梅诞生原辑，武林陈淏子增释”。各部以笔画数排列字头，陈淏增补字头附于各部之末。半页九行，行十字；小字双行，行二十字（图 1）。

乾隆丙辰新鐫
梅誕生先生原本
三畏字彙
本堂梓行

廣字彙 子集
宣城梅誕生原輯　武林陳淏子增釋
一部
一
丁

图 1　乾隆元年三畏堂刻本《广字汇》

二、编撰与初刊

黄国琦《序》云：“武林陈扶摇广梅氏之《字汇》，余友李笠翁张之。”初刊《广字汇》的李渔（1611—1680）是明末清初戏剧家，浙江兰溪人，号笠翁。李渔《叙》详细记述了该书来历：

> 渔尝语儿婿辈曰：“《字汇》为书，可谓备矣，而尚有遗憾，岂可当吾世而使字学犹有遗憾者？”是以渔间尝于著书之暇，涉猎经传，凡属梅氏遗略者另为一帙，欲汇成书，有志未逮。甲辰之秋，吾友陈子来我寓斋，出其手辑《字汇》示予，各部尽有增辑，无字不本传书，既能务博，又不炫奇。渔不胜同心之赏，亟授诸梓，俾行于世，以佐梅氏之不逮。此《广字汇》之为陈子书也，而

实予之志也。

从中可知李渔曾增补《字汇》而未成书,康熙三年甲辰(1664)秋陈淏向其出示增补《字汇》手稿,李渔将其付梓,即《广字汇》。根据李渔《叙》题署时间可知《广字汇》初刻当在康熙五年丙午(1666)。

《广字汇》撰著者陈淏(1615—1703),浙江钱塘人,字爻一,号扶摇,又号西湖花隐翁,别署陈淏子,传世著作尚有著名的《花镜》等[4]。其子陈枚编集的《留青新集》卷三收录方渭仁所撰《扶摇陈先生暨元配戴孺人合葬墓志铭》,其中有一段文字记述了陈淏游南京之事:

> 性爱秣陵名胜,欲束装往游,适笠翁李先生卜居白门,相延作杖履老友,遂得遨游其地。与笠翁登临凭吊之暇,商酌鲁鱼,品题帝虎,而所裁定书益广,研京练都,洛阳纸为之价十倍。由是先生之名益彰,闻风景慕者望之不啻若太山北斗云。

《墓志铭》中陈淏与李渔"商酌鲁鱼,品题帝虎"的记述与李渔《叙》记载相互印证,"洛阳纸为之价十倍"表明其《广字汇》等著述的流行。

陈淏《广字汇》对《字汇》的增补修订主要包括增补字头、精简音释和订讹。《凡例五则》第一条云:"《字汇》悉遵原本,增补不敢混入,俱附各部之末,以便检阅,通计三千六百六十七字,凡见诸《说文》《韵会》《唐韵》《集韵》《玉篇》《篇海》《吕氏春秋》者固多,而补诸经史者亦复不少。"同时列举出自《尔雅》《汉书》《史记》《路史》等书的十余字,说明增补"非好为奇僻",对于怪僻字和方言俗字则不予收录。《广字汇》增补字头共 3667 字,其中增补字头较多的如心部 79 字、木部 90 字、艹部 58 字、水部 77 字、火部 42 字、言部 70 字、金部 55 字等。

对音释内容,对比梅氏《字汇》可知陈淏对其进行了较大规模的精简。陈淏在《凡例五则》中认为等切定音虽然精准,"然其理甚微,知之者鲜,不若直音较捷。况是刻巾箱原为奚囊之便,全载则部秩(帙)浩繁,非本旨矣。故是编训义独详而切韵则略"。据此可知《广字汇》最初是以便携为目的设计成巾箱本的,为此精简了音释内容,删去反切标音,只用直音。

《字汇》自初刊至清初累经翻刻,讹误难免。《广字汇》的编撰自然回避不了这个问题。《凡例五则》末一条云:"订讹甚严,与同人沈子因伯再四考较,历五寒暑始告竣,即一点一画无不详明,而鲁鱼亥豕之病庶可免欤?"从中可知李渔女婿沈心友参与了该书的校订。

康熙十二年癸丑(1673)夏李渔入京,次年春离京,其间与颜光敏、颜光猷兄弟结识,并多次写信给颜光敏推销自己书坊印行的书籍、笺简,信中附有其书房刊行书籍目录，其中有“《广字汇》，每部十二本”一条[5-6]。黄强在论及书目中《广字汇》一书时，因为没有见到原书，推断其为李渔论著，并认为该书仍有可能存世[7]。新发现的《广字汇》证实了该书存世的猜测，同时也表明该书实为陈淏所撰，而非李渔著述。

三、三畏堂翻刻《广字汇》

该本《广字汇》内封题“三畏字汇/乾隆丙辰新镌/梅诞生先生原本/本堂梓行”，表明其为乾隆元年(1736)重刻本，但其刊行书坊则需要稍作讨论。《字汇》作为明清时期流行的字书，在《康熙字典》出现后仍流行，从明末到民国大量刻印流通。因为刻印的书铺商家很多，所以往往在“字汇”前加一两个字词，通常是刻书堂号、书铺商号、吉祥字词或指明版本特征的词语等，作为区别于其他书坊《字汇》的“商标”，以大字刻于内封，如康熙五十八年(1719)寅畏堂梓行的《寅畏字汇》即以刻书堂号命名，文兴堂梓行的《雯奎字汇》以“文魁”谐音命名，还有《悬金字汇》之“悬金”则以典故夸耀图书编校之质量。“三畏”应是该本《广字汇》的刻书堂号或书铺商号，而内封左下所题“本堂梓行”则表明该本《广字汇》的刻印和发行者即“三畏堂”。据此可知，该本《广字汇》即乾隆元年三畏堂刻本。

“三畏”语出《论语·季氏》:“君子有三畏：畏天命，畏大人，畏圣人之言。”宗族、书坊、文人堂号以“三畏堂”命名者颇多。清代书坊三畏堂，所见刊刻书籍有康熙五十年辛卯(1711)与植槐堂、三元堂合梓《春秋体注大全合参》、康熙五十六年丁酉(1717)刻《礼记大全》、康熙间刻《正字通》、康熙间刻《雪心赋辩讹正解》、乾隆十五年庚午(1750)刻《增订广舆记》等。以上书籍刊印时间集中于康乾时期。三畏堂重刻《广字汇》于乾隆元年，也属于此时间段，推测这些书大部分是由同一家书坊刊刻印行的。

四、据《广字汇》增补的“暮春序本”《字汇》

清代中晚期出现了一类在旧本《字汇》基础上，参考《广字汇》增补字头的增补版本。该类版本卷首多冠有相同的一篇序文，以“字学起于奇偶而详于六书”起首，大多不见署名，只题时间。所题时间诸本各异，见有“康熙乙酉暮春”“康熙己亥暮春”“乾隆壬戌暮春”“乾隆戊子暮春”“道光丁亥暮春”和“道光戊子暮春”等多种。为便讨论，将该序称为“暮春序”，该类版本称为“暮春序本”。

所谓“暮春序”云：“迩者武林陈扶摇作《广字汇》，余尝沉潜其书，因为之次第校阅，稍加增损，凡补三千六百余字。”“暮春序”所谓对《广字汇》的增损，实乃欺瞒读者之言。“暮春序本”其实未作新的增补或修订,只是将《广字汇》所增补的字头及其音释补入旧本《字汇》中,形成新的增补版本,将陈淏《广字汇》增补“三千六百六十七字”据为己有,冒为新增。

“暮春序本”吸收了陈淏增补字头的优点,避免了陈淏删减音释的消极影响,在清代中晚期大为流行,存世较多。笔者所见该类版本最早的是乾隆三十一年(1766)步月楼刻本,可知“暮春序本”的出现不晚于乾隆三十一年,“乾隆戊子暮春”“道光丁亥暮春”和“道光戊子暮春”三种题署时间都是篡改的。经过初步的版本考察,“暮春序本”有八行本、九行本、十行本等多种(参见表1),对比可知是以不同版本的梅氏《字汇》为基础参考《广字汇》增补而成。

表1 部分“暮春序本”《字汇》基本情况

序号	版本	内封	序末题署	正文行款	序言行款	增补位置	备注
1	清乾隆三十一年(1766)步月楼刻本	悬金字汇/乾隆三十一年新镌/宣城梅诞生先生原本/步月楼藏板	乾隆壬戌暮春	半页十行十六字,小字双行三十二字	半页十行十八字	部末	
2	清乾隆五十一年(1786)以文堂刻本	悬金字汇/乾隆丙午年新镌/宣城梅诞生先生原本/以文堂藏板	乾隆戊子暮春	半页十行十六字,小字双行三十二字	不明	部末	
3	清光绪九年(1883)文秀堂刻聚盛堂印本	增补会海字汇/光绪癸未仲夏新镌/聚盛堂藏板/宣城梅诞生先生原本	道光戊子暮春	半页九行十二字,小字双行二十四字	半页九行十六字	部末	版心镌有“文秀堂”
4	清鸿业堂刻本	悬金字汇/宣城梅诞生先生原本/娄东周韦庵先生增补/鸿业堂藏版	康熙乙酉暮春	半页八行十二字,小字双行二十四字	半页七行十五字	不明	

（续表）

序号	版本	内封	序末题署	正文行款	序言行款	增补位置	备注
5	清金山堂刻本	悬金字汇/梅诞生先生原本/长洲汪份武曹先生增订/附补遗备考/金山堂藏版	康熙己亥暮春长洲汪份武曹氏题	半页八行十二字,小字双行二十四字	半页七行十五字	不明	
6	清致和堂刻本	汪字汇补/新增/梅诞生先生原本/致和堂梓行/是书武曹先生所鉴定者也……	康熙己亥暮春长洲汪份武曹氏题	不明	半页九行二十一字	不明	
7	清培德堂刻本	正字通/梅诞生先生原本/长洲汪份武曹先生增订/培德堂梓行	康熙己亥暮春长洲汪份武曹氏题	半页八行十二字,小字双行二十四字	半页七行十五字	集末增补。另补遗一卷,备考一卷	藏于德国柏林国家图书馆(Libri sin. 633/636)
8	清三让堂刻本	新镌增补字汇会海/梅诞生原本/三让堂梓行	道光丁亥暮春	半页九行十二字,小字双行二十四字	不明	部末	

在目前所见的110多种版本的“暮春序本”之中,有金山堂刻本、致和堂刻本、培德堂刻本等少数几种版本的序末题“康熙己亥暮春长洲汪份武曹氏题”,内封题“长洲汪份武曹先生增订”等信息(表1)。其中致和堂刻“暮春序本”甚至直接将内封的书名定为《汪字汇补》,并有内封题记:“是书武曹先生所鉴定者也……”(图2)以上信息表明最初的“暮春序本”可能是由汪份(1655—1720)或伪托汪份的某个书商刊行的。汪份遄喜斋曾编刊《四书大全》等影响较大的多种士子用书,由其合成“暮春序本”的可能性较大,其时间应当在康熙晚期,具体时间是否就是康熙五十八年己亥(1719)还有待更深入的考察研究确认。较晚的书商重刻“暮春序本”时,又数次篡改序言题署年份并删去作者名姓,当是为了冒充最新的增补版本,吸引顾客。

新增
梅誕生先生原本
汪字彙補
致和堂梓行

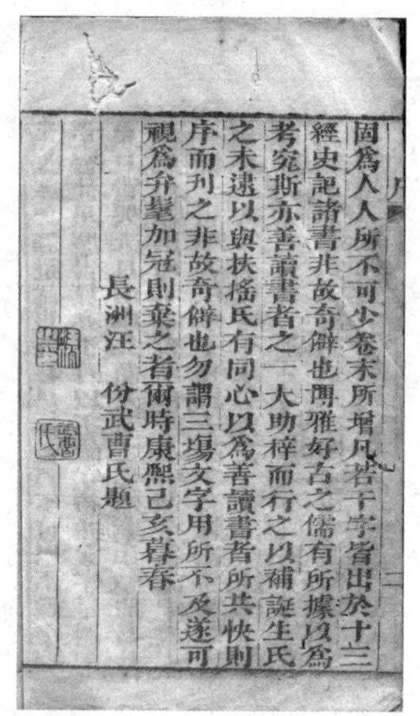
固為人人所不可少卷末所增凡若干字皆出於十三
經史記諸書非故奇僻也博雅好古之儒有所據以為
考究斯亦善讀書者之一大助梓而行之以補誕生氏
之未逮以與抉搖氏有同心以為善讀書者所共快則
序而刊之非故奇僻也勿謂三場文字用所不及遂可
視為弁髦加冠則棄之者爾時康熙己亥暮春
長洲汪　份武曹氏題

图 2　致和堂刻“暮春序本”《字汇》

五、余论

梅氏《字汇》编排得当，便于检索，附录实用，刊行后迅速流行，几乎垄断了明末清初的字书市场。针对梅氏《字汇》失收部分经籍用字的问题，在《康熙字典》刊行之前陆续出现了一批续补、修订及改编之作。张自烈的《正字通》增补字头近四百个，偏重对音释的扩充和详备，博引群书，以致繁冗。吴任臣的《字汇补》针对《字汇》进行了增补字头、增补音义和校讹，增补字头达 12371 字，成为编撰《康熙字典》的重要参考，但其错漏仍较多[8]。在《康熙字典》出现以后，以详备为主旨的《正字通》和《字汇补》就自然被逐渐取代，不再流行。

据陈淏墓志铭，《广字汇》刊行后可能曾风行一时，这得益于其对字头的增补兼顾完备性和实用性。结合李渔推销书籍的书信及存世版本稀见的情况，可知《广字汇》的流行并未保持下去，其对梅氏音释的删减，及对反切标音法的抛弃可能是影响士子读者对其接受的主要原因。据《广字汇》增补的“暮春序本”《字汇》吸收其比较合适的增补字头规模，求精而不求全，较旧本《字汇》进一步提高了实用性，并保持了相较于《正字通》和《康熙字典》来说体量较小的成本优势，满足了不同读者人群对字书的需求，在清代中晚期大为流行。

附记：初稿撰于 2015 年，谨以纪念梅膺祚《字汇》初刊暨《广字汇》编撰者陈淏诞辰四百周年。2016 至 2021 年修改于西安。感谢编审专家的宝贵修改建议。

（李建西，陕西省考古研究院副研究员）

参考文献：

[1]萧惠兰.《字汇》再评价[J]. 湖北大学学报(哲学社会科学版),2002(5):111-114.

[2]苑学正.《字汇》以前的部首笔画法[J]. 铜仁学院学报,2009(3):54-56,63.

[3]阳海清,褚佩瑜,兰秀英. 文字音韵训诂知见书目[M]. 武汉:湖北人民出版社,2002.

[4]王建.《〈花镜〉作者陈淏子考》辨[J]. 文献,2003(2):191-195,250.

[5]上海图书馆. 颜氏家藏尺牍:第5册[M]. 上海:上海科学技术文献出版社,2006:250-259.

[6]黄强.《颜氏家藏尺牍》中的李渔四札:李渔在京城卖书的苦恼[J]. 古典文学知识,2013(4):75-80.

[7]黄强.《颜氏家藏尺牍》中的李渔自列《书目》[J]. 中山大学学报(社会科学版),2014(1):14-24.

[8]张涌泉. 论吴任臣的《字汇补》[G]//李圃. 中国文字研究:第1辑. 南宁:广西教育出版社,1999:371-387.

北京师范大学图书馆藏史部善本古籍未刊题跋辑释

A Study on Unpublished Inscriptions of Historical Rare Books in Beijing Normal University Library

康冬梅

摘　要:本文辑录北京师范大学图书馆藏史部善本古籍部分未刊题跋,并对跋文内容略作考释,呈示学界,以供研究者参考利用。

关键词:北京师范大学图书馆;古籍善本;史部;题跋

北京师范大学图书馆藏有三千五百余种古籍善本,其中不乏批校题跋本,今就所见史部善本古籍七部,整理辑录其未刊题跋,并略作考释如下。

一、《南疆绎史勘本》三十卷、首二卷、《摭遗》十八卷,清温睿临撰,清李瑶勘定,清道光十年(1830)萧山蔡氏城南草堂胶泥活字本

首册书前副页田吴照[①]跋:

是书于己酉八月得之篁村岛田氏,仲桓[②]先生见而好之,十月又于琳琅阁得一有造馆藏本,因以此让归。五硕盦,潜山记。

卷末岛田翰跋:

① 田吴照(1870—1926),即田吴炤,字伏侯,号潜山,别署潜叟。湖北荆州人。清末官员。民国藏书家。自述为宋代藏书家田伟后人。藏书处有“移山堂”“景伟楼”“后博古堂”等。

② 杨仲桓(?—1924),与田吴照一起留学日本,好藏书,曾将所藏珍本古籍以七百元售予日本人。《许宝蘅日记》中多次同时提及二人。

《南畺绎史勘本》三十卷,《摭遗》十八卷,长白端陶斋①制军介绍,获于仁和汪柳门②侍郎。东京岛田翰识于吴中。

由跋文知岛田翰于中国购得此书并带去日本,田吴照在旅日期间从岛田翰处购回,后因觅得另一善本而将此本转给杨仲桓并带回国内,后又辗转流传至北师大图书馆。递藏顺序大致为汪鸣銮—岛田翰—田吴照—杨仲桓—北师大图书馆。田吴照云"己酉(1909)八月"得此书,正是他担任驻日参赞官兼留学生监督期间。这段时间他在日本访书所获颇丰。田吴照于清光绪二十五年(1899)由湖广总督张之洞派往日本游学。光绪二十七年(1901)毕业被续派在日本考察学制,研究教育。光绪二十八年(1902)回国。光绪三十一至三十二年(1905—1906)再次奉命出使各国考察政治和教育。光绪三十四年至宣统三年(1908—1911)任驻日本使署参赞兼游学生监督[1]。他在日本期间遍访书肆、寺院及私人藏家,购回大量流入日本的古籍及日刻汉籍珍本。复旦大学图书馆王亮辑得田吴照舶归书目十九种[2],其中七部为岛田翰旧藏,未见这部活字本《南疆绎史勘本》。田氏藏书后来多散于北京书肆,为公私藏家所得。今中国国家图书馆、上海图书馆、苏州图书馆、台湾"国家图书馆"、台北故宫博物院、清华大学图书馆、美国加州大学洛杉矶分校图书馆、日本宫内厅书陵部等单位均有其旧藏。中国书店、上海国际拍卖公司、上海朵云轩艺术品拍卖公司也上拍过田氏旧藏之书。

二、《鲍氏国策》十卷,宋鲍彪校注,明嘉靖三十一年(1552)杜诗刻本

首册书前副页董增儒③朱笔题跋:

江建霞④太史云嘉靖壬子杜诗刊《鲍氏战国策》十卷,字画清朗,尚为明板中之佳者。因此一语,书贾增重。海上博古订价百番,缺一不可。余数年来求之不得,适丁卯秋归里,吾甥张治通为吾言,有人有此书,索价十二元,闻之欣喜,速以书来见。书六册而封面有"礼""乐""射""御""书""数"六

---

① 端方(1861—1911),字午桥,号匋斋。清末满州正白旗人。官至直隶总督、北洋大臣。晚清著名的收藏家,醉心于古玩收藏,亦喜藏书,且收藏颇富,精品亦多。藏书处曰"宝华庵""陶斋"。

② 汪鸣銮(1839—1907),字柳门,号郎亭,一作郋亭。浙江杭州人,侨寓吴门。同治四年(1865)进士,喜藏书,建藏书楼名"万宜楼"。编有《万宜楼善本书目》。其部分藏书于光绪末遇火被焚,余书以八千元售予日本人。伦明《辛亥以来藏书纪事诗》称其"蕞尔八千袁氏币,万宜楼闭宋元沦"。

③ 董增儒,江苏高邮人。民国初年国会众议院议员。喜藏书。

④ 江标(1860—1899),字建霞,号萱圃,江苏元和(今苏州)人。清光绪十五年(1889)进士。曾任湖南学政,参与创办时务学堂,并出版《湘学报》,宣传变法维新,变法失败被革职。工诗词古文,精金石版本,富收藏。著有《灵鹣阁诗稿》。生平事迹见李浚之《清画家诗史》、胡思敬《江标传》、叶昌炽《江标建霞事实》。

字,信为全帙,固不虞其短少魏七、韩八两卷也。因置笥中,越岁戊辰,检阅始悉。往沪上与博古商借钞补勒,不之应,会来青主人新得吴楚生[①]遗书,有此一种,篇末脱去《李文叔书后》三页,故不知为杜刻本。因以廉价获归,携之太原,客于俞大斋中,日书三四篇不等,两月足成。己巳春重游故都,付厂肆翰文代为装订,挟以俱归。连年饥罢,驱人所有,稍善之本已于庚午鬻诸海上。惟时以此系复有,未之与人,今日启视敝簏,偶阅及此,不胜凄然,因志源流,一以明非妄作之补,一以示人得书之难。辛未孟冬,莼翁董增儒记于扬寓贞松斋中。

前记来青所获之本所脱叶亦为景补,鬻之海上受古书肆矣。莼翁又记。

"辛未孟冬",即1931年冬。由跋文知董增儒曾藏有两部《鲍氏国策》。丁卯(1927)秋归里购得一部,后又于来青阁购得吴楚生旧藏一部。两部均为不全之本,遂于客居太原期间用时两个月将两书抄补完毕,并在途经京城时交由琉璃厂翰文斋重新装订。后因生计所迫,于庚午年(1930)在上海售出所藏善本书,购于来青阁的《鲍氏国策》被售予受古书店,查1932年《受古书店旧书目录》,中有多部董增儒藏书出售,未见此本,推测在此之前已被售出。此书现藏上海图书馆,书中亦有董氏长跋,对得书、抄补之事叙述更详。现照录如下:

曩读江氏汇刻三家书目,谓杜诗所梓之鲍注《国策》尚为明板中之佳者,心焉识之。丁卯年在乡,外甥张镜波忽示余六册,书面各系以"礼""乐""射""御""书""数"等字,索价十二番,谓为其堂兄所有。余一见诧为贱品,又以甥舅关系,不复查对,急以洋易书。比后携来扬寓玩读,始知脱去《魏策》《韩策》全篇,其时情景,殆真孔子所云"吾末如之何已"。戊辰秋九月,游沪来青阁书肆,忽有此书,中间仅脱去《李文叔书后》三页,彼遂不知为杜诗刻本也。往返议价,以二十六金得之。冬月,有太原之行,日坐俞大斋中,借钞补为消遣,两本互脱之页始获完全。返经旧都,付翰文书铺装订成册。两年之间,窃幸完其抱残补阙之志,贫陋如余,不诚快然于心耶。然尚不知原藏图记为何如人。日昨偶玩《盔山书影》,见《忍经》一篇,载明陆廷灿旧藏,因忆及此,遂检《丁志》,知为吾苏嘉定人,官福建崇安知县,著有《艺菊谱》(见《丁志》子部八《历代名画记》提要)。虽不叙明朝代,而以国初收藏一语证之(见《丁志》《忍经》提要)。可决知其非乾嘉以后之人矣。今早至斋前小坐,姬人抱恙,哼痛之声达于户外,无心校正《温公文集》,乱检群籍,

① 吴楚生(1859—?),名式钊,号楚生。云南保山人。清光绪二十九年(1903)进士,官至候补道。后被贬出京。庚子事变后,因精通英文奉调回京,参加与八国联军谈判事宜。

偶触此编,顿忆源流,遂漫记之。

己巳冬十一月望后一日,莼翁董增儒书于丁家湾贞松斋中,其时阴晦寒冷,而莺声尤沥沥可闻也。[3]298-299

“己巳”即1929年。由两篇跋文可确知北师大图书馆藏《鲍氏国策》中抄补的魏卷第七、韩卷第八为董增儒本人墨迹。上海图书馆藏本有陆廷灿①藏书印,并有董氏跋文中对陆氏考订之语。《中国古籍善本总目》著录上图藏本为“明嘉靖三十一年杜诗刻本”[4],2002年上海图书馆郭立暄撰文指出杜诗本实际是龚雷本的剜改后印本[5]。龚雷本跋后原有“嘉靖戊子后学吴门龚雷校刊”篆文牌记,杜诗得龚雷旧板后将龚氏原牌记抽换,改为“嘉靖壬子吴郡杜诗梓”,并重刻后跋三页,后世之人遂误认为杜诗刻本。《上海图书馆善本题跋真迹》即依此著录为“明嘉靖七年龚雷刻本”[3]297。

三、《战国策》四卷,明张居正评订,明陆树声评注,明卢之颐校正,明末刻本

首册内封有王屋山人②跋:

《战国策》四卷,壬寅岁除得之市井,人竟体评阅迨遍,书法古劲,时见娟秀,不着姓氏。予细观神理,当是西河③中年时所为,鉴赏家定以为不爽也。王屋山人记。

由跋文内容可知王屋山人对毛奇龄的书法很是了解,能通过字体神理判断其写成时间。毛氏书法功底深厚,骨力峻健、笔势挺拔,儒雅清奇、个性强烈,是文人书法家中很有代表性的一位。

四、《史通注》二十卷,唐刘知幾撰,明陈继儒订注,明末刻本

书前副页王孝咏④跋:

《史通》向无善本,宋锓者余未之见。此本字画尚为工整,而中间讹谬舛错触手即是,不仅以壮月为牡丹,如亭林顾氏所诃也。盖嘉靖后,士大夫浮

① 陆廷灿(1678—1743),字秩昭,号幔亭。江苏嘉定(今属上海)人。官至崇安知县。广涉茶事,有“茶仙”之誉。喜著书、藏书、刻书。有室名曰“寿椿堂”。自撰并刊刻有《续茶经》《艺菊志》《南村随笔》等。

② 王屋山人未知何人,既然提到毛奇龄,当为毛氏以后之人,从墨迹判断或为清末藏书家所记。

③ 毛奇龄(1623—1716),原名甡,字大可,号初晴、秋晴、晚晴等。浙江萧山(今属杭州)人。以郡望西河,学者称“西河先生”。博览群籍,蓄书甚富,建藏书楼为“冰香楼”“友汉居”等。著有《西河合集》四百余卷。

④ 王孝咏(1690—?),字慧音,江苏吴县(今苏州)人。清乾隆间诸生。喜藏书,多著述。有藏书处名“煮石山房”。著有《岭西杂录》《后海堂杂录》《后海堂遗文》。

慕著述,虚名刊书,全不校勘,疑误学者非鲜,故有明中叶以后之书,几于一无可观。披读之下,辄为随笔改正,其有不能臆定者,俟购有佳本再为对校详改,今姑阙疑。乾隆己卯五月夏至后一日七十叟孝咏识。

《史通》在宋、元两代流传不广,部分学者对宋刻本存世的真实性一直存疑。直至明嘉靖十四年(1535),陆深据蜀藩司刻本重刊后,方始流传渐广,并出现多种版本。其中影响较大、为后人所重的主要有陆深刻本和张之象刻本两大系统。明代学者在校刊同时,亦开始关注此书的注评工作,如郭孔延、李维桢的《史通评释》。而陈继儒的《史通注》,又称《史通订注》,明清公私书目均未见收录,有学者考证,系明末江南书贾假借陈继儒名号刊刻的伪书,实际乃郭孔延《史通评释》的改头换面而已。《中国古籍善本书目》著录此书为:"《史通注》二十卷,明陈继儒撰,明末刻本。"[6]跋文作者对明中叶以后刻书情况的评论虽然有些以偏概全,但明代后期图籍的总体出版水平确实不如宋代,士子受心学影响,追求浮华奢靡,好空谈,喜坐而论道,这种风气蔓延到刻书工作,势必影响成书质量,使得后人对明代后期所刻之书颇多微词,甚至有"明人刻书而书亡"之语[7]。清代学者顾广圻跋《广弘明集》云:"明中叶以后刻书无不臆改,刻成又不复细勘,致令讹谬百出。"[8]叶德辉的《书林清话》亦有多篇评论明版书刊刻低劣的文章。此篇跋文作于乾隆己卯(二十四年,1759),王孝咏于跋文末自称七十叟,如此年纪尚能握笔作跋,可见其身体状况很是不错,这在当时年代是颇为难得的。

五、《水经注》四十卷,北魏郦道元撰,清康熙五十三年(1714)至五十四年(1715)项氏群玉书堂刻本

书前副页金凤清①跋:

是书于同治甲子年得于沪上坊间,板刻至精。原有"香山小隐"印记。全书均经批点,但不知小隐者为何许人。惜批点时未将订正诸家善本逐一校勘,余于壬申冬日雪窗展读,为之爽然,因将赵氏诚夫②、戴氏东原③二本互校互正,庶成善本。桐园居士识。

由跋文知金凤清于同治三年(1864)购得此书,于八年后即同治十一年

---

① 金凤清,字淑芷,号桐园居士。浙江桐乡人。清道光至同治间人。金锡鬯仲子。曾任河南柘城、孟县知县。工六法,精鉴别,喜藏书。增辑并校刻有《疑狱集》。著有《桐园卧游录》《澹复虚斋画缘录》。

② 赵一清(1709—1764),字诚夫,号东潜。浙江仁和(今属杭州)人。赵昱之子。少承家训,学于全祖望,从事根柢之学。著有《东潜文稿》《水经注释》《水经注刊误》《直隶河渠志》等。

③ 戴震(1724—1777),字东原,又字慎修,号杲溪。安徽休宁人。清代学者。所校《水经注》,解决了长期以来经文、注文混淆的问题。梁启超、胡适称之为中国近代科学界的先驱者。

(1872)作此跋。跋文中提及的赵一清、戴震,均为乾隆年间研治郦学之名家。金凤清据赵一清本和戴震本校正所藏之书,并过录二人校语及题跋,确可称为成就善本之举。书中钤"香山小隐""香山草堂"印,或为清人沈钦韩[①]之藏书印。吕济民主编的《中国传世文物收藏鉴赏全书·古籍善本》上卷收有汲古阁刻《南唐书》,钤有"香山草堂"和"沈钦韩"两枚藏印。沈钦韩喜藏书,曾住居香山,并辑有《香山草堂丛钞》。国家图书馆藏有沈钦韩撰稿本《水经注疏证》四十卷,可见其专门研究过《水经注》。

六、《帝京景物略》八卷,明刘侗、于奕正等撰,清刻本

书前副页英敛之[②]跋:

1914,庚寅二月下浣,书贾送至此书。先于书肆见一明版者,因纸张残朽未购,嗣后即千寻百觅不得。今得此本,故价极昂贵,视同奇货矣,特识之。敛之英华记。

1914年,正是英敛之隐居北京香山之时。英敛之出身于北京的旗人家庭。幼年家贫,未接受正规教育,自幼习武从军。后成为一名虔诚的天主教徒,并自学法文。1900年3月至7月任法国驻蒙自领事馆馆员。1902年在天津创办《大公报》。1912年,因不愿与袁世凯政权合作,离开《大公报》,与家人隐居香山静宜园,从事宗教、教育及慈善活动。创办香山慈幼院,赞助其夫人创办静宜女学,亲自担任香山静宜园女子初等小学校长。创办辅仁社及公教大学(后更名为辅仁大学)。辅仁大学在1952年院系调整中被撤销,校址划归北京师范大学。北师大图书馆藏古籍中有英敛之与其子英千里藏书,当为辅仁大学创办之初父子二人所捐赠。

七、《石墨镌华》八卷,明赵崡撰,明万历四十六年(1618)刻本

书前副页邹存淦[③]跋:

右明刻本《石墨镌华》八卷,同治壬戌避乱山阴陡亹镇时购得之,惜其刷

---

① 沈钦韩(1775—1832),字文起,号小宛。原籍浙江吴兴(今湖州),迁居江苏吴县(今苏州)。清嘉庆十二年(1807)举人,官安徽宁国训导。著有《两汉书疏证》《左传补注》《三国志补注》《苏诗查注补正》《韩昌黎集补注》《王荆公文集注》等。

② 英敛之(1866—1926),名华,字敛之,号安蹇斋主、万松野人。北京人。《大公报》创办者,创立辅仁大学并为第一任校长。

③ 邹存淦(1829—?),字俪生,号俪笙氏,浙江海宁人。清末民初医学家、藏书家。有藏书处名"勤艺堂"。著有《外治寿世方》《田家占候集览》《己丑曝书记》《耕暇堂琐谈》《客居所居堂稿》。

印不佳,初订竟不齐线,复为修订者所切损,以致本有大小,不能齐一,故随常置之乙部中。今年将各书厨移入东梧草堂度藏时,偶一翻阅,则又为蠹所蚀,因复修整一过,改订三册,盖距得书时已四十二年矣。是书鲍廷博氏曾刻入《知不足斋丛书》,近甬上亦有重刻,然究竟原板足重,不可不珍视之也。光绪癸卯长至日海宁邹存淦俪笙氏识于古杭寓舍,时年七十有五。

同治壬戌即 1862 年,这年正月,李鸿章练成"淮军",清廷宣布"借师助剿",开始大肆镇压太平军,遂跋文有"避乱"之语。光绪癸卯即 1903 年,邹氏自言已七十五岁,实应为七十四周岁,由此推知其出生年应为 1829 年,而非通常所谓的 1819 或 1849 年。

《石墨镌华》初刻于明万历四十六年(1618),邹氏所藏为初刻后印本,有些字迹明显因为书版年久失修而模糊不清。此书于乾隆道光年间被收入长塘鲍氏《知不足斋丛书》及清人李元春所辑《青照堂丛书》。民国年间,上海古书流通处有影印本出版。

(康冬梅,北京师范大学图书馆副研究馆员)

参考文献:

[1]秦国经. 中国第一历史档案馆藏清代官员履历档案全编:第 8 册[M]. 上海:华东师范大学出版社,1997:695.

[2]王亮. "伏佚在东精力所聚":田吴炤书事钩沉[J]. 中国典籍与文化,2008(4):86-92.

[3]上海图书馆. 上海图书馆善本题跋真迹:第 4 册[M]. 上海:上海辞书出版社,2013.

[4]翁连溪. 中国古籍善本总目:史部[M]. 北京:线装书局,2005:306.

[5]郭立暄. 古籍版本中的剜改旧版现象(上)[J]. 图书馆杂志,2002(10):75-78,20.

[6]中国古籍善本书目编辑委员会. 中国古籍善本书目:史部[M]. 上海:上海古籍出版社,1989:1508.

[7]叶德辉. 书林清话[M]. 上海:上海古籍出版社,2012:156.

[8]张秀民. 中国印刷史[M]. 杭州:浙江古籍出版社,2006:376.

听蛙鸣室春　典守善本闻

——评李国庆先生《古籍清话》

Book Review: *Guji Qinghua (Notes on Ancient Books)* by Li Guoqing

向　辉

摘　要:《古籍清话》是一部古籍研究与讨论论集。该书是李国庆先生四十年古籍职业生涯所见所闻、所知所想的学术成果,是李国庆先生研究古籍版刻工人、藏书家、古籍版本鉴定、古籍整理出版,以及参与"中华古籍保护计划"的亲身经历和学术思考。这些经历与思考,不仅是李国庆先生本人职业生涯的文字记录,也是我国图书馆古籍保护事业四十年发展历程的文字见证;不仅是个人的学术探索,也是整个古籍保护工作的组成部分。该书是一个古籍从业者用他几十年如一日的艰辛写就的一部古籍保护的精彩篇章,不仅具有个人的学术探索意义,更具有古籍保护工作的学术参考价值。

关键词:古籍清话;古籍;保护;研究

《古籍清话》一书是天津图书馆研究馆员李国庆先生退食后出版的一部力作[1]。

国庆先生是古籍界的长者,是全国古籍保护工作专家委员会委员,四十余年职业生涯一直与古籍为伍,终身致力于古籍善本的保护与研究。他敬职专精,治学专门,于公于私,为人处世等,无不令人钦佩,令人敬服。在繁杂日常职业生涯中,在漫长的古籍保护实践旅途上,国庆先生一直善于思考,勤于撰述,以刻工资料搜集为抓手,以表彰先贤为鹄的,以优秀传统文化传承为己任,先后出版了多种著作,获得了业界的一致赞誉。2018 年底,国庆先生在天津图书馆办理了退休手续,又应天津师范大学之邀,任该校兼职教授,同时担任该校古籍保护研究院特聘导师。2019 年下半年,国庆先生的《古籍清话》一书初版印行,业界同仁奔走相告,一时间洛阳纸贵,数月之内,该书即行重印再刷。该书以古籍善本为主题,汇集国庆先生四十多年从业研究成果 125 篇,包括:(1)卷一"古籍的书工及刻工",15 篇;(2)卷二"古籍的整理与编目",15 篇;(3)卷三"古籍的编印及出版",20 篇;(4)卷四"古籍的公私藏书",20 篇;(5)卷五"古籍的研究一得",29 篇;(6)卷六"古籍的四库遗韵",15 篇;(7)附录"古籍的域外故实",11 篇。图书馆的古籍工作者并不以撰述论文为长,凡有述作多因工作实务而来,上述 125 篇文章的七大版块涉及古籍保护方方面面,既有作者的工作心得,也有研究思考,反映了一名图书馆古籍保护工作者长期实践的经验与体会,展示了当代人在古籍善本研究方面的若干特点与风格。笔者有幸获赠该书,今以陋见,择要简述一二,以就教于同道。

一、追踪版刻工匠的四十年

古籍善本的鉴定离不开细节,刻工乃其中之一。自从版本鉴定成为一门专门的学问,刻工的著录与搜集就成为关注的焦点。为了推动版本鉴定的科学化,近代版本学家将眼光不断扩展开来,刻工成为版本鉴定中牌记序跋之外最关键的信息,因此傅增湘《藏园群书题记》,张元济《宝礼堂宋本书录》《涵芬楼烬余书录》,赵万里《中国版刻图录》等皆著录刻工。而从 20 世纪 30 年代以来,收集刻工信息、编纂刻工名录索引也有了明显的成绩,长泽规矩也《宋刊本刻工名表初稿》《元刊本刻工名表初稿》(1934)和《宋刊本刻工名表》,冀淑英《谈谈版刻中的刻工问题》(1959),何槐昌《元刊本刻工名表》(1983),王重民《刻工人名索引》(载《中国善本书提要》,1983),张秀民《历代写工、刻工、印工生活及其事略》《宋代刻工刊书考》(载《中国印刷史》,1989),王肇文《古籍宋元刊工姓名索引》(1990),张振铎《古籍刻工名录》(1996)等论著问世,古籍善本刻工的研究随之深入。国庆先生在这一领域中的贡献是独一无二的。

首先,爬梳史籍,考证刊刻工人名义。刻工,为今人所熟习,就是刊刻书籍的工人。但从唐宋至明清,他们的称谓是变化的,五代有匠人,元代有刊生、刊字生,明嘉靖时有刻字匠、刊字匠、刊工、刻书人、刻匠,明末有刊手、剞劂氏、雕梓,清初有刻字匠人、刊匠、刻工,清末有梓人、刊刻工人、刻者、刻字人,民国时有雕工、刻工人等,还有宗教书籍中出现过铁笔匠等不同的自称和他称。虽然从叶德辉《书林清话》开始,刻工就已经成为版本鉴定的重要依据,但对刻工名义的考察，当为国庆先生发表于《北京图书馆馆刊》的《古代雕版刻工称谓考录》(1993)一文[1]67-70。也就是说，从注意到刻工为鉴定依据，到考察刻工在历代的名义这一问题，经过了一个甲子以上的时间。在此期间，专家学者未曾关注过这一细节，或许正因为古籍工作者日常工作多琐细事务，故能见人所不见。

其次，积年累月，编订刻工工具书。鉴定古籍善本的版本时，若无序跋牌记等标记刻书年月者，则需要鉴定者据书页风格予以判定，举凡纸张、字体、避讳字、刀法等多凭经验观其大概，得出"似某""当某"的结论，若能在疑似之际得到刊刻工人的信息佐证，则可确定为某时某地刻本[2]。因此，刊刻工人的大量数据收集就成为版本鉴定的必需。国庆先生耗费数十年精力，收集了自宋元至明清的刻工资料，先后编订刊工索引。其中，成书的是《明代刊工姓名索引》。该书初版于 1998 年，增订于 2014 年。我馆(国家图书馆)古籍前辈冀淑英先生为该书写有序言一篇。冀先生说，她与国庆先生是同行，又为他的勤业精神所感动，不常为人写序的她，欣然命笔。冀先生对那部书的评价十分中肯："天津图书馆李国庆同志年轻有为，勤奋好学，在从事古籍整理工作中，注意裒集刻工资料，纂有《宋版刻工表》《两宋刻工说略》《中国的雕版刻工在日本》等论文多篇；近年更肆力于明代版刻之研究，编成《明代刊工姓名索引》一书，收录明代从事雕版印刷的先民凡五千七百余人。"[3]该书不仅是明代版刻、印刷史、手工业(雕版)的翔实资料，更是鉴别明版书籍的科学依据。这部著作刊行以来，一直是国内外从事明版收藏鉴定与整理研究的同行们的案头必备书。该书初版印行后的二十余年间，作者继续收集相关资料，至 2014 年增订为《明代刊工姓名全录》，刻工人数从 5000 余人增加到 15000 余人，引用明版古籍从 1132 部增加到 3500 余部，全书字数也从 80 余万字增加到 360 余万字。这样的宏大工程，作者曾于 1990 年提议"在适当时期应组织人力编成一部体例尽善的、资料丰富的、引文可靠的"[1]15 版刻工人姓名索引专书，还建议要将刻工作为重要课题加以研究。最终作者几乎以一己之力，用了三十余年的时间完成了不可能完成的任务。

再次，深入挖掘，开拓刻工学术研究范围。作者提议进行刻工的深入研究，并非谈谈而已。在大量收集刻工信息的同时，他对如何利用刻工信息进行版本鉴定、如何将其变成学术研究信息、如何开展刻工的全方位研究等进行了探索，于是有了刻工家族考察、地域分布研究、杜诗刻工研讨、刻工合作形式与生计研究、刻工家族史梳理等专文，通过这些系列论文，构成了当代古籍善本中刻工研究的最有价值的思考。其中，值得一提的是国庆先生的徽州刻工研究。作者在王立中(1882—1951)、郑振铎(1898—1958)、刘国钧(1899—1980)、王重民

(1903—1975)、张秀民(1908—2006)、冀淑英(1920—2001)、周芜(1921—1990)等人相关研究的基础上，进一步梳理出黄姓家族自第22世至33世共12代336人的刊书事迹，凡姓名字号、生卒年月、刊书书目等皆予以详细揭示，为刻工家族得以重显于古代工艺史做出了巨大的贡献。徽州仇村(虬村)黄氏从明正统年间(1436—1449)到清道光年间(1821—1850)参与刊书活动的匠人经几代学者的考察，终于成为学界所熟知的故事，不仅为出版史提供了详尽的史料，也为古籍善本研究提供了一个样例，即可以通过刻工研究为徽学及相关研究做出贡献。

最后，踵继前贤，以刻工做细致文章。雕版印刷特别是宋元版刻的地域风格最为明显，因此从版刻样式所呈现的特征对古籍书页进行观风望气的眼观判断也一直是古籍鉴定的长期训练目标。比如傅增湘(1872—1949)曾得到了宋刊"眉山《七史》"之《南齐书》，对该书有这样的判断："眉山重修《七史》，九行十八字。摹印极早，字画方整者宋刻，灵活者元刻，而无明补，为《七史》中仅见之书。后有治平三年崇文院送杭州开板行文，是北宋刻于杭，南宋刻于蜀，两处梓人，天水最称良工。"[4]83 又说："宋刻崭方元刻活，成弘修补失锋铓。""宋刻多仿欧体，元刻则易为赵体，持较世间明修诸本，则板滞不足观矣。"[4]1022 如果我们仅读到此处，或许会产生这样的感觉，即傅增湘通过观察版刻风格，判断宋刊《南齐书》是南宋时期的蜀刻本无疑。但是，古籍版本的鉴定并未就此宣告完成，实际上傅氏在其《题宋本南齐书》中尚有新的认识："《七史》世称眉山本，而开板实出杭州，此本卷后附有'嘉祐六年崇文院行杭州开板'牒文可为确证。然此本以字体雕工论，又是南渡后浙中覆刻。惟此语只堪与知者言耳。"[4]1023 也就是说，傅增湘已经明确意识到所谓《七史》北宋时有杭州刻本，因有书中所附牒文而得以确认，而蜀刻本也已然为版刻常识，但所谓的"眉山《七史》"大有疑问。傅增湘对这一问题只给予了答案，并未详细论证。如何论证？刻工就成为极为关键的证据。国庆先生通过对同为"眉山《七史》"的《宋书》展开细致调查，发现张元济曾认定的南宋蜀刻本并非定论。《宋书》中未见他书的刻工六十余人，而见于他书者则有三个不同时期的刻字工人，分别生活在南宋初期、南宋中后期和元初，这些刻工都是可以确定的江浙一带良工。也就是说，世传的《宋书》从南宋初年直到元初一直有修补，且修补工作是江浙刻工所为，进而可以确证将《宋书》定为南宋初蜀刻本并不准确。国庆先生这一论断发表于1991年，他注意到了王国维、赵万里和王重民先生对旧论的批评，并且用刻工证据详细地证实了《七史》为南宋至元初间杭州刻本的事实[1]43-47。这一论证在版本研究上具有重要的意义，它向我们展示了对版本展开科学研究的具体方法。

我们看到,日本版本学者如尾崎康等之所以在版本研究方面取得公认的成绩,无非也采用了这样的办法。专研史籍版本的尾崎康在1983年至1984年发表了关于《七史》的研究,但原文为日文,且仅见于《斯道文库论集》,国庆先生当年应未见其论述。可以说两位研究者各自独立创获,取得了学术界公认的成绩。尾崎康《以正史为中心的宋元版本研究》(1993)及修订本《正史宋元版之研究》(2018)在对《宋书》等《七史》的版本鉴定中,也如国庆先生一样,将刻工情况加以整齐排比,进而证明《七史》的蜀刻本并未见存,而明清以来藏书家、学者所见皆为江浙刻本[5-6]。尾崎康注意到了王国维(1877—1927)、赵万里(1905—1980)、长泽规矩也(1902—1980)、潘美月、阿部隆一等人对此问题的论断,他的书中虽然将傅增湘《藏园群书题记》列为参考文献,但似乎并未注意到傅氏"只堪与知者言耳"的说法。由此可见,古籍善本的研究,是一个不断前行的事业,需要耐心、细致和持久的坚持。

二、藏书人家书事细探寻

古籍善本保存至今,离不开藏书人家。对于古籍善本的流通和鉴赏而言,古籍藏家是确定其价值和历史的重要依据;对于古籍善本研究而言,藏书人家目录的搜集著录、藏书事迹的细致考察、藏书题跋的整理揭示,是揭示馆藏善本、传承藏书文化的核心内容。在这方面,国庆先生以天津图书馆馆藏善本为基础,对纪昀(1724—1805)、卢靖(1856—1948)、梁启超(1873—1929)、刘声木(1878—1959)、金梁(1878—1962)、周叔弢(1891—1984)、王献唐(1896—1960)等人的著述及藏书展开了细致梳理。其中,关于纪昀,主要以天津图书馆藏《纪晓岚删定〈四库全书总目〉》残存稿本为重点,考察四库馆臣编订目录的主要原则、撰述体例、删述条例等,为四库学研究提供了第一手的研究资料。关于卢靖,主要揭示他在筹建直隶图书馆(天津图书馆前身)中的贡献。关于梁启超、王献唐等,则主要揭示天津图书馆所藏的他们的批校本的内容与价值。国庆先生以馆藏善本为依据,展开细致的调查,将前贤的著述、藏书事迹及在古籍保护方面的贡献娓娓道来,为读者了解书籍所承载的历史文化提供了很好的资料。

古籍典守者的职责就是要将藏书人家的事迹予以揭示,将他们的事业发扬光大。国庆先生从业四十余年间,念兹在兹的是周叔弢及其藏书。周叔弢一生以藏书为乐,而更为当代藏书史所津津乐道的是他将全部珍藏捐赠给公藏机构。郑振铎曾在周叔弢捐书之后专门致信,称其捐献善本"琳琅满目,美不胜收",为国家图书馆增加了"一批宝藏",更重要的是"将来学者们如何在这个宝藏里汲取资料,则尤在意中”[7]178。为揭示周叔弢藏书价值、褒扬周氏家族的文化贡献,国家图书馆和天津图书馆同仁及周氏后裔先后编纂了《自庄严堪善本书目》《弢翁捐书目录》《自庄严堪善本书影》《书香人淡自庄严:周叔弢自庄严堪善本古籍展图录》《周叔弢古书经眼录》等多种著作。除参与上述著述之外,国庆先生还以一己之力编著了《弢翁藏书年谱》《弢翁藏书题跋》,主编了《周叔弢批校古籍选刊》。《弢翁藏书年谱》一书始于20世纪80年代末开始整理的《周叔弢藏书题识》《〈弢翁藏书题识〉续辑》[1]396-407,该书将周叔弢先生从1912年至1984年间访书、藏书、鉴别、校书、刻书和捐书等与古籍善本相关的各种事宜逐年排比,创造性地把书与人、人与时代相结合,不仅为我们揭示了一位爱国藏书家的一生事业,也为古籍善本研究开辟了新的方向,即将古籍善本的人物、实物和历史相结合,详尽考察古籍善本的个人努力,为中国的年谱学增添了一个新的门类。

之所以要编纂这部年谱,是出于一名图书馆古籍典守人的责任。国庆先生说,周叔弢藏书中批校本大多藏于天津图书馆,而作者本人就职于古籍部,典守珍藏,不仅要妥善保藏这些典籍,更要揭示这些善本,讲明藏书之家的精神与贡献,为读者提供阅读服务和为学术发展做出贡献。国庆先生说:“如果把这些片段串连起来,编成《年谱》,依年系事,以点观面,以小见大,用以追忆弢翁在保护祖国文化遗产方面所做出的卓越贡献。这样,既可以保存有关弢翁藏书文献,同时又可以表达自己对弢翁景仰之情。”[7]353 于是,从20世纪80年代末90年代初开始,作者用了十余年时间调查、整理,最终完成了一部三十余万字的藏书年谱。这部书的增订版也将于近期问世,可以说国庆先生用了三十年时间来为一位藏书家立传,这是何等敬业的精神!

国庆先生编订《弢翁藏书年谱》并非简单资料的排比,而是要通过表彰先贤去深化古籍的研究。比如,《中国的雕版刻工在日本》(1992)一文,就对周叔弢“我意日本从福建招致刻工,当不止俞(良甫)一人。只俞在一些书上留了名字,故为人所知耳”[7]202 这一句话进行了更细致、全面的考察。该文考察了刻工赴日本刊书的时代背景、京都五山版书籍中的中国刻工姓名、中国刻工日本刻书简明目录、俞良甫在日刻书事迹、在日刻书的题名款式等,详细揭示了远渡重洋谋生的刻书工人所取得的成就,以及他们刻书的基本样貌。又如,刻工研究方面,周叔弢曾在家书中谈到过:“日本人说,明代刻书数人刻一板,一人专刻横,一人专刻直,一人修整。此说未之前闻,恐不可信。照此办理,未免太费事了。如有机会,可到文楷斋刻字铺看看,即可了然。明代刻书,记刻工姓名者不少。偶尔在一书之末记写工、刻工姓名,在中缝记姓名者更少。我曾记录过一些,现在不在手边，无从列举，只从记忆中写几种于下方。”又说：“藏书家注重宋本刻工姓名，因为它可以作断定书之刊刻的时间和地点的旁证。元明以下，书中有刻工姓名者太少，不能起这样作用，遂多不注意及此。”[7]201-202 弢翁或许没有料到有人竟然会用几十年的时间多方搜集明代刻工信息，将明代刻工姓名数量从数百上千增加到了万五千人，但凡明代版本鉴定有不决者，用此索引皆可获得准确的定位。国庆先生说，他经年累月研读周叔弢藏书，特别是对弢翁批校题跋一一细心整理，在这一漫长而枯燥的工作中，他发现“弢翁在藏书过程中，用了很多时间，投入了很大精力对所藏之书进行校勘”。我们不仅要整理批校题跋，还要进一步思考周叔弢读书的方法，比如为何批校，用何本来校，校勘原则为何，于今有何启发等[1]482。如此一来，藏书家一生收集古籍善本的良苦用心和学者殚精竭虑的学术努力，才真正成为我们所能继承的文化遗产。现如今，保藏在各级各类图书馆善本书室的数以千万册计的古籍，无数知名或者不知名的守藏者曾经耗费的心力，正需要国庆先生这样的典守人去探寻，去追索，去研究，去揭示。唯有如此，古籍才可能真正成为先贤留给子孙后代的精神财富，而我们才可能真正地称得上是当代的古籍善本典守人。这方面，国庆先生做出了表率。

三、国藏善本揭示再倡议

近代以来，古籍善本由私入公，越来越多的古籍进入公藏机构，成为国藏善本，揭示国藏也就成为图书馆传承文明的重要举措。上世纪 30 年代，北平图书馆、故宫博物院、中央研究院和北京大学曾筹划联合出版一部《国藏善本丛刊》。傅斯年、袁同礼、王云五、张元济等为之积极奔走，完成了选目、第一批书目提要撰写和书影拍摄工作。由于抗战的紧张局面，这部丛刊仅完成了《景印国藏善本丛刊样本》即宣告结束[8]。傅斯年、袁同礼等人认为，将公藏机构所藏善本揭示出来，是书林盛事。北平图书馆等公藏机构所藏古籍善本，“举先后六朝，历年数百，宸扆所征求，臣工所进御，州郡所括访，柱史所留贻，集宫殿台阁之珍，充甲乙丙丁之库，神物呵护，存此菁英。设令久付缄縢，何以发扬典籍？用是载披簿录，妙选精华，勒为丛书，公诸当世。……所采皆学人必备之书，所摹为流传有绪之本。非仅供儒林之雅玩，实以树学海之津梁。搜奇采逸，期为古人续命之方；取精用宏，差免坊肆滥竽之诮”（《景印〈国藏善本丛刊〉缘起》）。傅斯年、袁同礼等人认为，国藏善本要为学术服务，为社会服务，为国家文化事业服务，就需要应用现代技术化身千百，需要图书馆界、学术界和出版界相互配合，形成合力，让深藏于禁宫和书库的善本获得新生。如此一来，中华文化的研究得到了宝贵的资料，传统文化得到了更大程度的发扬。

限于时代条件，《国藏善本丛刊》最终未能编成，前辈古籍保护工作者的努力付诸东流，这从一个侧面反映出古籍保护事业的艰难处境。但凡一个项目的倡议、推进和成功，必将面临着各种人为的和非人为的因素的影响。而不论成与不成，倡议者和探索者的功绩都是值得我们纪念的。所以，时至今日，《国藏善本丛刊》仍是图林传奇，而它的故事还在延续。我们甚至可以说前贤在上个世纪所设想的中国梦在新世纪得到了初步的实现，这就是国庆先生倡议、国家图书馆出版社刊印，纳入“中华古籍保护计划”成果的《中国古籍珍本丛刊》。

2008年，国庆先生发表《关于编印〈中国馆藏珍贵古籍丛书〉的建议》一文[1]343-347，力主通过编印一部新时代的大丛书实现各馆珍藏古籍的资源共享。国庆先生倡议，该丛书以收藏机构为单位，量力而行，化整为零，分批出版，最后形成规模。这套丛书将超过清人《四库全书》的规模，成为当代文化事业特别是古籍保护事业的一大标志。2011年，经国庆先生再次倡议，该项目终于在国家图书馆出版社通过立项。目前，该丛刊除天津图书馆之外，已有安庆市图书馆、澳门大学图书馆、广东省立中山图书馆、西南大学图书馆、河南大学图书馆、武汉大学图书馆、保定市图书馆、东北师范大学图书馆、复旦大学图书馆、孔子博物院等十数馆参与。

作为《中国古籍珍本丛刊》的开山之作，天津图书馆卷2013年正式出版。该书由国庆先生亲自操刀，遴选天津图书馆古籍善本179种，含明刻本65种、稿抄本98种，其中经部13种、史部58种、子部30种、集部69种、丛部9种。作为该项目的倡议者，国庆先生说：“《丛刊》的编辑出版，可以实现各馆珍贵古籍的资源分享，可以实现馆际合作，可以体现互利互惠精神，可以拓展业务范围。”[1]348 这是对该项目的一个期许，也是对各馆古籍保护工作的一个倡议。未来，随着越来越多的国藏善本通过这种形式进入流通市场，成为学术研究的必备资料，必将对优秀传统文化传承和弘扬起到良好的促进作用，而国庆先生的首倡之功则可以与民国时期傅斯年、袁同礼、张元济等人相提并论。

国庆先生之所以有此倡议，该倡议之所以能得到业界同仁的积极响应，与他多年来致力于国藏善本的实践成绩密切相关。《古籍清话》一书中收录了他主持、主导或参与的多项国藏善本整理出版工程，比如《天津图书馆藏清史图片集》《中国历代人物像传》《天津图书馆藏家谱丛书》《天津图书馆珍藏清人别集善本丛刊》《天津图书馆孤本秘籍丛书》《清代科举人物家传资料汇编》《天津地区图书馆编印旧版书目汇刊》《天津日本图书馆馆史资料汇编》等。除参与上述项目外,周叔弢的思想也当有一定影响。弢翁说:“《总目》(《中国古籍善本书总目》)审定之后,保护和传播就应提到议程上来。传播不外影印和排版。影印亦保护之一种方法。”[7]231 弢翁还说,他曾与徐森玉、赵万里等一起向全国人民代表大会建议影印古籍善本,不过当时尚处在建设时期,无暇顾及于古籍保护。进入新世纪以后,特别是党的十八大以来,党和政府把古籍保护事业提到了优秀传统文化传承和弘扬的高度,古籍保护工作也在此机遇下迅速发展起来。国庆先生与若干同道一起,为这一事业的发展做出了很大努力。

国庆先生不仅策划和参与项目,还为这些项目撰写了出版说明或前言、编例、编纂说明,通过这些文字,我们可以看到图书馆人如何想方设法地让国藏善本不再深藏禁宫、不可获取。这才是国藏善本保藏者、典守者应尽的责任。国藏善本的守护者们,不仅要把前贤千辛万苦收集来的珍本善本保护好,还要让它们在当代更好地发挥其价值,更好地为学术、为文化、为教育服务。

四、见证“中华古籍保护计划”实施

进入新世纪以来,古籍工作得到了党和政府的高度重视。全国古籍保护工作开展起来之后,在标准规范、古籍定级、古籍普查、《名录》评审、古籍修复、人才培养、古籍数字化等诸多方面都是不断摸索前行。2007 年初,中央政府启动“中华古籍保护计划”,中华优秀传统文化传承和弘扬在全国范围内有序展开。古籍工作迎来了前所未有的机遇,从中央到地方,从大型公共图书馆、博物馆到小型专业图书馆、文化馆,从专业研究人员到普通工作者,在统一机构、统一规划的指导和指引下,因地制宜,分步实施,有序推进。近十五年,古籍保护事业在国庆先生等无数图书馆人的共同努力下,取得了前所未有的成就。

我所知晓的国庆先生的故事,当从古籍普查的试点与督导工作开始。随后,在《国家珍贵古籍名录》和“全国古籍重点保护单位”的申报评审、古籍定级等标准规范研制、古籍数字化、古籍展览与宣传、古籍人才培养、古籍整理与研究等事关古籍保护的各个方面,国庆先生和他的同事们无不热心参与,不仅顺利地完成了天津市的工作任务,也为全国古籍保护事业付出良多。《古籍清话》中收录的《〈古籍定级标准〉访谈录》《〈天津图书馆古籍普查登记目录〉前言》《〈中华古籍总目 · 天津卷〉前言》等系列文章,就是国庆先生参与“中华古籍保护计划”的一小部分工作成果。首先,国庆先生是部颁的行业标准《古籍定级标准》(WH/T 20—2006)和国标《汉文古籍特藏藏品定级　第 1 部分:古籍》(GB/T 31076.1—2014)的主要起草人之一。从行业标准到国标,从调研、研讨、斟酌修改到示例,每一字每一句无不经过了反复的打磨,没有同仁的共同努力付出,根本难以完成。古籍定级标准和其他相关标准的制定,是古籍保护工作科学化、规范化的前提,这项工作得到了国庆先生及全国各地专家学者的大力支持,很多人为标准的起草、修订和完善做出了巨大贡献。

其次,国庆先生是天津地区在全国率先完成古籍普查的功臣。古籍普查是古籍保护的重要一步,是开展科学保护和合理利用的前提,而完成这项工作则需要持久的付出。天津图书馆藏线装书 5 万余部 54 万余册,1912 年以前的古籍 31822 部 31 万余册,之所以有如此详尽的数据,是因为该馆经过长达数十年的努力,完成了几乎全部古籍的标准化著录。在国庆先生及其同事们的努力下,《天津图书馆古籍善本书目》2008 年出版,《天津图书馆古籍善本图录》2009 年出版,《天津图书馆古籍普查登记目录》2014 年出版,《天津市十九家收藏单位古籍普查登记目录》2015 年出版,而著录 100 余万册古籍的《中华古籍总目 · 天津卷》也已初步完成。

最后,国庆先生是国家古籍保护中心事业的坚定支持者。十余年来,但凡本中心有工作业务的需要,他总会毫不犹豫地应承下来,满腔热忱,尽心尽力,尽职尽责,令人感佩。古籍展览,天津图书馆的展品总是毫无保留地参展,每次都是国庆先生和他的同事驱车送到;古籍培训,国庆先生是授课教师,每一堂课都精心准备,深得学员爱戴;古籍宣传活动,国庆先生是宣传员和推广人,不仅精心组织天津市的各项活动,对全国各地的活动也多有指导;古籍鉴定,国庆先生是鉴宝人,不仅为各地鉴定古籍出力,还为各地古籍保护建言献策;古籍研究,国庆先生是表率,在为《古籍保护研究》出谋划策的同时也撰写不少高水平的论文,他的个人专著更是很多同仁的案头必备书。

五、结语

《诗》云:“君子之车,既庶且多。君子之马,既闲且驰。矢诗不多,维以遂歌。”《古籍清话》一书是当代中国的一名古籍典守者的工作汇报和研究报告。它的撰述漫长,反映了古籍保护工作者甘于清贫、乐于奉献的职业坚守;它的内容丰富,反映了当代图书馆古籍工作者在业务头绪繁杂中不断深入思考的过程;它的研究细致,反映了当代古籍研究者从细节出发予以严谨论证来推进学术发展的努力;它的文字朴实,反映了古籍从业人员扎实为学并为公众写作的平易学术风格;它的个人特点明显,反映了古籍研究确实可以因人而异、因时而宜地做出成就。从 2007 年结识国庆先生以来,我从一名从事古籍工作的新兵成了老兵,国庆先生也从一线的精兵强将的战斗序列退下来,转战教育战线,专职指导新兵了。在这近十五年的交往中,我逐渐了解国庆先生在平凡的工作岗位上所取得的巨大成绩,我更深刻地认识到古籍工作者日常工作的艰辛。国庆先生和很多同行们用他们任劳任怨、勇于拼搏、不懈努力的敬业精神和承继前贤、不断探索的学术追求,感动着、激励着周围的年轻人。这些是《古籍清话》文字之外的。得之于言外,对古籍善本研究而言,或许是一个真理。

(向辉,国家图书馆研究馆员)

参考文献:

[1]李国庆. 古籍清话[M]. 郑州:中州古籍出版社,2019.

[2]冀淑英. 谈谈明刻本及刻工[M]//冀淑英文集. 北京:北京图书馆出版社,2004:87.

[3]李国庆. 明代刊工姓名全录[M]. 上海:上海古籍出版社,2014:1083.

[4]傅增湘. 藏园群书题记[M]. 上海:上海古籍出版社,1989.

[5]尾崎康. 以正史为中心的宋元版本研究[M]. 陈捷,译. 北京:北京大学出版社,1993:42-51.

[6]尾崎康. 正史宋元版之研究[M]. 乔秀岩,王铿,编译. 北京:中华书局,2018:97-119,488-496.

[7]李国庆. 弢翁藏书年谱[M]. 合肥:黄山书社,2000.

[8]刘波,林世田. 守藏集[M]. 北京:国家图书馆出版社,2021:300-328.

研究生论坛

文化传承视域下两种古籍修复人才培养模式的探讨

A Comparison of Two Talent-Training Models of Ancient Book Restoration from the Perspective of Cultural Inheritance

王媛媛

摘　要:通过对古籍修复技艺传承历史的回顾,可以看到我国古代古籍修复人才的培养方式是师徒制,而现代古籍修复人才的培养方式主要是学历制。师徒制与学历制的培养方式各有优劣,学历制弥补了师徒制中的学生数量少、理论知识缺乏、古籍修复技能单一的不足,师徒制可解决学历制中实践少、培养的人才不能独当一面的问题。只有两相结合,在接受学历制培养后跟随师父继续学习古籍修复技艺,或在跟随师父学习古籍修复技艺后进行有针对性的理论知识学习,才能成为更适应我国古籍保护事业需求的应用型人才。

关键词:古籍保护;古籍修复;人才培养;师徒传授;学历培养

古籍修复是一门传统的技艺。在古代,修复人才的培养主要依赖师徒间的口授心传。这种传统的教学模式对于手工技艺的传承起到了非常重要的作用。到了近代,社会动荡不安,民不聊生,古籍修复事业亦每况愈下,从业人员数量不断减少,这种状况直到 1949 年后才逐渐得到改善。但面对大量亟须修复的古籍善本,古籍修复从业人员的培养仍然是一个重要的问题。自 2007 年国家古籍保护中心成立以后,在古籍修复人才培养方面,打破了传统的师父带徒弟的单一培养方式,各级院校的学历制培养成为现如今古籍修复人才培养的另一种主要方式。现已有数十家院校开设了从中专到博士研究生各层次的古籍修复与保护相关专业,学界对此已有所探讨[1]。然而,无论是单一的传统的师徒传授还是现代的学历培养,都存在一定的局限性,难以满足行业发展的要求。本文拟对此问题作一系统探讨,供学界参考。

一、古籍修复技艺的历代传承

我国的古籍修复事业历史悠久。唐代以前,由于古籍装帧形式以卷轴装为主,古籍的装裱、修复被称作装潢、装褙。唐末五代,由于雕版印刷术的普遍使用,书籍的印刷也随之兴盛,书籍出现了多种装帧形式。卷轴字画的装裱和修复与册页书籍的装订和修复分工逐渐明显,卷轴字画的装裱和修复多在裱褙铺,而册页书籍的装订和修复则集中在书铺、书肆、书坊等书籍经营场所。因此,古籍修复应该包括字画修复和书籍修复两个方面[2]。因唐以前古籍装帧形式的限制,在后来的很长一段时期里,与古籍修复相关的论述性文章都与装裱技艺的论述分不开。因此,书画修复技艺不分家,也是二者同源发展的一种体现。

据史料记载,魏晋南北朝时期是装裱工艺的萌芽期,古籍修复技艺可考的历史距今已有1700多年,现所见最早的有关古籍修复的文字,出自北魏贾思勰的《齐民要术》卷三:“书有毁裂,鬴方纸而补者,率皆挛拳,瘢疮硬厚。瘢痕于书有损。裂薄纸如薤叶以补织,微相入,殆无际会,自非向明举而看之,略不觉补。”[3]其中的“略不觉补”便是对当时书画修复质量进行判断的重要依据之一,即破损的书画修复后,几乎看不出修复的痕迹。这也从侧面体现出书画修复者需要具备高超的技艺,修复精细入微,才能做到“略不觉补”。

唐代张彦远《历代名画记・论装背褾轴》:“自晋代已前装背不佳,宋时范晔,始能装背。”[4]这里的“装背”即“装褙”“裱褙”。据《唐六典》记载,秘书省设熟纸匠、装裱匠各十人[5],专职从事宫廷中书画修复与装裱工作。

宋代是中国书画装裱史上的一大高峰,宫廷内除有专门管理国家藏书的秘书省,还设立了“翰林书画院”。因宋徽宗喜爱书画,保护古籍字画的事业也受到重视,闻名中外的“宣和裱”便产生在这一时期,并成为宫廷内装裱的代表样式。宋人吴自牧在《梦粱录》卷十三中记有“朱家裱褙铺”,在卷二十中记有“裱褙陈三妈”[6],说明宋代在民间已经有了装裱行业。明代以后,以仁智殿作为御用画院,宫廷的“装背所”也随之设立。明人周嘉胄在《装潢志》中,系统地介绍了书画装裱与修复过程中的具体工艺及各类工序中的注意事项。《装潢志》在卷首说:“故装潢优劣,实名迹存亡系焉。窃谓装潢者,书画之司命也。”[7]其意为,书画装裱技艺水平的优劣,直接关系到书画名作的存亡。书画装裱匠是掌握书画命运,并使之流传下去的决定性因素。

清代是中国书画装裱技艺繁盛发展的时期,宫廷装裱和民间装裱异彩纷呈,各具特色。在北京、苏州、扬州、上海、天津等地,出现了许多书画装裱店铺,装裱工艺也形成了多个流派。民间的书画装裱行业不断发展,除之前的书铺、书肆外,在经济、文化发达的北京,还有"裱褙胡同"的出现,从事书画修复装裱行业的人员聚集于此。到了清末民国时期,因列强入侵、连年征战,书画装裱店铺急剧萎缩,古籍修复行业每况愈下,从业人员不断减少。

从上述的古籍修复简史中,虽未体现出古籍修复技艺的传承是师父带徒弟的方式,也没有文献明确记载古籍修复技艺的传承是以何种方式,但在中国传统技艺的传承中,都有着师徒制的存在。《穀梁传·昭公十九年》:"羁贯成童,不就师傅,父之罪也。"这应是"师傅"之名最早出处。韩愈《师说》:"师者,所以传道授业解惑也。"古代师徒制存在于各行各业中。例如,孔子门下弟子三千,贤者七十二人,世代相袭,将中国传统儒家文化传承至今;土木工匠的鼻祖鲁班传授工匠技艺成就突出,使得土木建造的精湛技艺得以传承下来。在古籍修复行业,故宫古籍文献修复师张旭光,其外公刘定之,父亲张耀选,三代的技艺传承都是师徒传授。可见,古籍修复技艺作为我国传统技艺中的一项,其传承方式也不会例外,仍然是以师徒传授的方式传承至今。

二、古籍修复人才培养的两种模式比较

长期以来,古籍修复人才的培养一直沿袭着师徒传授的方式。随着时代的进步,文化理念的改变,古籍修复的技术手段不断更新,古籍修复技术规范与质量要求也与古代的标准不同,从业人员需具备的能力也需要与时代相适应。国家图书馆杜伟生老师就古籍修复工作标准问题,对古籍修复技术规范及修复质量等各个修复细节作了详细说明[8]。在从业人员需具备的学科理论知识方面,陈红彦老师在《国外古籍修复人才的科学培养对我们的启示》一文中指出:"从事古籍修复不仅需要心灵手巧,需要技能、技术,更需要中国书籍史、目录学、版本学的基本知识,同时也需要有与古籍修复密切相关的生物学、化学、物理基础,从而对纸张等建立分析,使古籍修复真正走上科学化、规范化的轨道。"[9]可以看出,现如今若想真正推动古籍保护事业的科学发展,需要在古籍修复的实践中不断形成适应本时代的修复理论成果。古籍修复工作有了新的执行标准,且理论知识不能只局限在基础知识的掌握,还要参考国外最先进的修复理念,懂得更多学科中有益古籍保护的相关知识。确立了这样的古籍修复人才培养的方向后,各级院校开启了符合当代古籍修复人才培养理念的学历教育的探索。

为使我国古籍保护事业持续发展，国务院办公厅在2007年1月颁布了《关于进一步加强古籍保护工作的意见》。随后，在国家图书馆召开了全国古籍保护工作会议，成立了国家古籍保护中心。同年，“中华古籍保护计划”正式启动。在国家的大力支持下，我国当代古籍修复人才培养机制主要有三个途径：一是由国家古籍保护中心主办的全国性的古籍保护修复技术培训班，对古籍公藏单位的在职人员进行技术培训，通过循序渐进的初、中、高级古籍修复技术培训，培养了一支公藏单位古籍修复的专业队伍。二是2013年国家图书馆挂牌成立“国家级古籍修复技艺传习中心”，国家图书馆的8位修复馆员正式拜国家级非物质文化遗产项目古籍修复技艺代表性传承人杜伟生为师，技艺上获得了很大提高。2014年至2020年6月，在全国设立国家级古籍修复技艺传习所32家，聘请传习导师28人，收徒241人，累计修复古籍1万余册(件)，形成了一支技艺精湛的古籍修复队伍。三是在教育部注册的各类学校，开设的不同学历学位有关古籍保护方面的专业，依托高等院校，让传统技艺的传承进入学历教育的培养机制。

(一)师徒制培养方式的特点

师徒传授作为中国古代技艺传承的主要教育机制，贯穿于我国整个古代技艺传承的历史进程，对我国传统技艺的传承与发展起到了重要的作用。其教育方式特色鲜明，主要表现如下：

1. 亲师合一

在我国的古籍修复技艺传承过程中，拜师学艺是主要的技艺习得方式。为使技艺在师门内薪火相传，其关键是建立亲密的师徒关系。在情感发挥着重要作用的前提下，起初师徒传授局限于父子相传，后来逐渐过渡到师父收养孩子为徒，最后慢慢发展到一般的师徒关系。在传统的师徒传授观念中，有着明显的伦理观念内容。在相对保守的伦理观念中，师徒关系等同于父子关系，便有了“一日为师，终身为父”的说法，进而保证了技艺的不外传。

2. 言传身教

所谓言传，是师父将技艺的传承历史、操作细节、技艺特点等用言语的方式传授给徒弟。身教是指师父通过具体的操作行为将技艺演示并传授给徒弟。徒弟从模仿开始，先练习基本功，给师父打下手，经过一段时间对师父技艺操作的观察与模仿后，才可慢慢进入修复工作。师父带徒弟的几年甚至十几年中，以言传身教的方式将丰富的修复经验传授给徒弟。

3. 因材施教

在师徒传授过程中，师徒二人长期工作、生活在一起，有利于师父了解徒弟的各方面特点,根据徒弟的优势与不足,制定合适的培养方案。徒弟也可在长期的技艺学习中,了解师父的修复理念,还可以观察到师父工作中的习惯、修复遇到问题时对细节的处理。

4. 以心传为核心

在师徒传授的过程中,除了言传与物传(师父为徒弟提供范本及实操演示,让徒弟看到整个技艺的操作过程),心传才是徒弟掌握技艺中精髓的最重要途径。心传没有范本,没有模式,没有言说,只能依靠传授者与领悟者之间的心理传授和领悟来完成。这种方式是要考验徒弟的悟性,在多年的培养中,锻炼其修行。这就是人们常说的"师父领进门,修行在个人"。受教者一旦心领神会,便能在传承中以心源为师,不断思考,不断创新,为技艺赋予源源不断的生命力,为后世的传承者们留下可参考的修复技艺。

(二)师徒制培养方式的利弊

古籍修复人才培养过程中,师徒传授的人才培养方式是利弊共存的。

1. 师徒制培养方式的优势

第一,亲密的师徒关系,有利于"师道"的传承,有利于徒弟观察师父在操作中细节的处理,掌握解决棘手问题的方法。例如,一册酸化严重的套版印刷的明代画谱,在修复前,师父要做一个简单的古籍档案记录,选定修复用纸,处理书页酸化问题、彩色版画固色问题等。修复时,面对书口断裂、虫蛀、天头地脚缺失、书脑过窄等诸多问题,制定不同的修复方案。师徒关系的紧密性,成为此项技艺传承中不可或缺的部分。

第二,长期的古籍修复实践,有利于师父在言传身教中将丰富的经验更好地传授给徒弟。徒弟可以系统地学习整个技艺的过程,了解师父的工作习惯、修复理念、价值观念。徒弟熟练掌握师父的技艺后,在师门的影响力下获得业内认可,才能将本门技艺发扬光大。徒弟须在遵循礼数的前提下守护与传承"师道"。

2. 师徒制培养方式的劣势

第一,古籍修复技能传承单一。古籍修复技艺传承至晚清民国时期,门派众多,有京派、沪派、浙派、扬派、蜀派、徽派等十几个门派,每个门派各有所长,每位老师都有不同的修复风格,技术是多样化的。在亲师合一的教育过程中,因传统道德的约束,徒弟的技艺只能在师父限定的范围内施展,无法取众家之长。在代际传承的过程中,随着时代的发展,修复理念的革新,材料的不断丰富,不适合的修复方式就会被舍弃,一个门派的技艺留下可传承的就会变得越来越少,技艺在传承过程中就无法延续了。

第二,选徒的局限性,使得学生数量偏少。为使技艺和秘诀在师门中薪火相传,亲密的师徒关系发挥着重要作用,起初师徒传授都是父亲将技艺传承给儿子,后来逐渐过渡到师父收养孩子为徒,最后才发展到一般的师徒关系。这样的选徒方式,人才培养的数量是受限的。一师一徒,易使技艺后继无人,技艺失传。

第三,核心内容很难学到。师父很少单独传授每道工序,徒弟掌握技艺大多是在随机性的情况下,因此学习的周期很长,效率低下。而且,师父在传授技艺时往往层层设限,不愿将绝技传给徒弟,也使得很多技艺失传。

第四,理论知识缺乏。古籍修复在古代是作为一门技艺而传承的,师父大多文化水平低下,他们在古籍修复技艺的传承上更重视实践,理论知识是不受重视甚至是缺失的。如今,古籍修复已成为一门学科、一门艺术。正如杜伟生老师所说,古籍修复涉及多学科知识,不仅要掌握高超的修复技术,还应掌握一定的物理、化学、印刷、造纸等学科的知识[10]。理论与实践,二者是缺一不可的,传统的师徒传授方式无法推进古籍保护事业持续发展。

(三)学历制培养方式的特点

据查,至今已有数十家院校开设了古籍修复相关专业的各层次学历培养(见表1)。这些分层次的学历培养机构在具体课程设置、培养目标、人才就业去向等方面呈现出了不同。下面针对师带徒人才培养模式的弊端,根据各类院校学历培养古籍修复人才培养目标进行研究,以课程设置作为侧面参考,分析出学历制培养相较于师徒制培养的利与弊。

表1 开设古籍修复相关专业的学校统计表

序号	学校	培养目标	学历
1	南京市莫愁中等专业学校	专项技能型人才	中专
2	上海市商贸旅游学校	专项技能型人才	中专
3	上海工会管理职业学院	专项技能型人才	高职
4	苏州艺术学校	专项技能型人才	高职
5	莱芜职业技术学院	专项技能型人才	高职
6	天津轻工职业技术学院	专项技能型人才	高职
7	天津艺术职业学院	专项技能型人才	高职
8	浙江艺术职业学院	专项技能型人才	高职
9	山西旅游职业学院	专项技能型人才	高职
10	保定师范专科学校	专项技能型人才	高职

(续表)

序号	学校	培养目标	学历
11	太原理工大学	专项技能型人才	专科
12	首都联合职工大学国家图书馆分校	理论、实践相结合型人才	专科
13	首都师范大学	理论、实践相结合型人才	本科
14	南京艺术学院	理论、实践相结合型人才	本科
15	金陵科技学院	理论、实践相结合型人才	本科
16	吉林艺术学院	理论、实践相结合型人才	本科
17	廊坊东方职业技术学院	理论、实践相结合型人才	本科
18	上海视觉艺术学院	理论、实践相结合型人才	本科
19	山东艺术学院	理论、实践相结合型人才	本科
20	复旦大学	高层次的理论、实践相结合型人才	硕士、博士
21	中山大学	高层次的理论、实践相结合型人才	硕士
22	中国社会科学院大学	高层次的理论、实践相结合型人才	硕士
23	天津师范大学	高层次的理论、实践相结合型人才	硕士
24	沈阳师范大学	高层次的理论、实践相结合型人才	硕士
25	安徽师范大学	高层次的理论、实践相结合型人才	硕士
26	浙江大学	高层次的理论、实践相结合型人才	硕士
27	辽宁大学	高层次的理论、实践相结合型人才	硕士
28	吉林大学	高层次的理论、实践相结合型人才	硕士
29	南京师范大学	高层次的理论、实践相结合型人才	硕士

在这数十家开设古籍修复相关专业的院校中,人才培养目标是不同的。笔者将古籍修复人才院校培养划分为三个学历层次进行论述:第一种为中专、高职和专科学历,第二种为本科学历,第三种为硕士研究生与博士研究生学历。

1. 中专、高职和专科学历层次培养

现阶段我国开设古籍修复相关专业的中专、高职和专科学校已有多所。中专学校以南京市莫愁中等专业学校为例,其开设的文物修复与鉴定专业,教育目标为培养古籍修复技能型人才,使学员在从业以后具备扎实的修复技能。在课程的设置中,以实际操作课程为主,有古籍修复、雕版印刷、金陵剪纸、篆刻等。专科院校以首都联合职工大学国家图书馆分校为例,其课程的设置更加全面一些,除古籍修复、字画装裱等实践课程外,理论知识课程包括古代汉语、古籍版本鉴定、古籍鉴赏、古籍保护、古籍数字化、中国文化史、目录学等。这类的技能培训可补充从业人员数量，但不能完全满足古籍保护行业对高层次人才的需要。

2. 本科学历层次培养

我国开设古籍修复专业的本科院校亦有数所。金陵科技学院是我国最早培养古籍修复人才的本科院校，其开设的古典文献（古籍修复）专业培养的古籍修复人才具有文物古籍整理、鉴定、修复、文献编研的能力，培养目标为理论、实践相结合型人才。实践课程包括古籍修复、书画装裱、书法篆刻、国画技法等，理论课程包括古代汉语、中国古典文献学、古籍版本鉴定、校雠学、民国文献保护、文物摄影、古籍数字化、文献编纂学等。本科学历培养的人才，在理论与实践中可互为指导，知识的综合性有突出的优势，但实践操作时间少，经验不足，从业后难以独当一面。本科制的人才培养方式对于古籍修复人才的全面培养具有推动作用。

3. 研究生学历层次培养

在国家的支持与重视下，国内多所大学申请设立了文物与博物馆相关专业的硕士点、博士点。杜伟生老师在 2011 年接受《新京报》的采访时，回顾了古籍修复人才培养的发展历史，同时对当代的古籍修复人才学历教育培养提出建议，他认为，“古籍修复不仅是一门手艺，它涉及版本、历史文献、古汉语、美学、造纸等多个领域的知识，学生文化水平高，学起来才快”，并呼吁“国内古籍修复以研究生教育为主”[11]。事实上，专科与本科学历教育中虽然也试图进行理论与实践结合，但从业后学生依旧面临很多修复中的问题不能自己解决，集中表现为专科缺乏全面的理论知识，本科缺乏深入的实践练习。现如今国内要求的古籍修复高层次人才须具备的各类素养，在研究生的学历层次中逐渐凸显，但在近十年古籍保护学科理论成果产出中仍以国内此领域的专家为主，研究生的学术成果产出占比较少。因此，高校在此类人才的培养目标上，需要更加系统科学化。

古籍修复人才培养的学历教育到了硕士研究生与博士研究生阶段，学生对于专业上的知识会有更深入研究，实践相对本科会稍多一些，而且师生关系较为亲密，这样的方式类似于师徒关系但又不局限于师徒关系，可以取师徒传授教育方式之精华，去除其保守与局限之处。由此看出，以研究生学历为主的古籍修复人才培养是非常有必要的。

（四）学历制培养方式的利弊

1. 学历制培养方式的优势

上文从学历层次、课程设置、毕业后的从业能力三方面，对国内古籍修复人才学历制培养进行了分析。可以看出，相对于师徒制的古籍修复人才培养，学历制人才培养是具备以下几方面优势的。

第一，系统的课程配置可以使学生具备较为全面的学科知识。例如在课程的设置上越来越丰富，如前所述，实践课程包括古籍修复、书画装裱、书法篆刻、国画技法等，理论课程包括古代汉语、中国古典文献学、古籍版本鉴定、校雠学、民国文献保护、文物摄影、古籍数字化、文献编纂学等，让学生学会更多与古籍修复有关的学科知识。

第二，各位老师各有所长，学生在技艺学习上有更多的选择。例如在综合性的大学中，师资丰富，由多位老师讲授古籍修复课程，学生在学习过程中，将老师们的长处和技法相结合，作为实践知识的储备。

第三，校内的综合性资源如化学实验室、生物实验室为学生提供了深入研究的平台。现在的修复理念是从保护古籍出发，遵循“整旧如旧”的修复原则，修复材料、工具不能含有对古籍有害的成分。因此很多院校在文物修复与保护这一学科下设立了实验室，对材料进行化学成分分析，对古籍破损程度进行放大观察，对损坏古籍的微生物进行科学检测，进而为修复古籍制定更加科学的方案。

第四，学术成果产出量不断增多，为学科建设贡献力量。在深入的科学研究中，高校修复理论研究成果的发表量，是以前的几倍甚至几十倍，这是学历培养综合发展的一项重要体现。在硕士研究生及以上的学历教育培养过程中，一名导师带几名学生进行实践操作与理论研究，关系更接近于师徒关系，相对于学历培养中的专科和本科有更专注的研究态度，易取得更多的学术成果。

第五，古籍修复从业人员的数量增多。国内的几十所院校开设的古籍修复相关专业，经过多年的人才培养，从事古籍修复的人员不断增多。

2. 学历制培养方式的劣势

第一，在以上三种学历层次培养修复人才的过程中，因老师众多，形成的师生关系相对松散，不利于学生深入学习老师的长处与技法，在后期实践中不能真正地解决遇到的问题。同时，理论研究也面临着不够深入的问题。

第二，古籍修复需要在大量修复实践中积累经验，而在学历制的课程设置过多的情况下，学生古籍修复操作实践的时间少，遇见的古籍修复案例也较少，独立处理问题的能力不能达到高层次古籍修复应用型人才的要求。

第三，国内院校相关专业的课程设置不系统，教材不统一，使得学历培养的古籍修复人才所具备的能力不够全面，在从业过程中不能独当一面。

优秀的古籍修复师不仅需具备高超的实践能力、扎实的理论基础，还需要日积月累的丰富经验。因此，学历培养仍然要从师徒传授的方式中汲取营养，在课程设置与学科建设方面投入更多的时间与精力。

三、结语

无论是师徒制还是学历制，对古籍修复人才的培养都有利有弊。古人在古籍修复技艺的传承与人才培养的过程中，更加注重言传身教、心领神会的教育方式，同时也注重古籍修复的实践操作，但其弊端也成为限制这门技艺传承与发展的一大症结所在。随着时代的发展，修复理念的更新，今人对于文物保护的态度不再停留在技艺层面，古籍修复不但是一门手艺，还是一门学问，一门艺术。除了掌握技艺，理论知识的积累对于成为一名优秀且全面的高层次古籍修复人才也十分重要。学历制的培养方式，虽然革除了传统的师徒传承中的许多弊端，但又产生了新的问题。

本文在论述两种古籍修复人才培养方式的利弊后，发现在师徒制与学历制培养人才的方式中，各自的优势都能规避对方的弊端，二者相辅相成，相得益彰。学历制弥补了师徒制中的学生数量少、理论知识缺乏、古籍修复技能单一的诸多不足，师徒制可解决学历制中的修复实践少，培养的人才不能独当一面的问题。因此，笔者认为须将两种教育模式结合起来，学生在接受学历制培养后跟随师父继续学习古籍修复技艺，或在跟随师父学习古籍修复技艺后，进行有针对性的理论知识学习。只有发挥两种人才培养途径的优势，才能培养出更适应我国古籍保护事业需求的应用型人才。一言以蔽之，在古籍修复的传统中立根，汲取营养，在科学的指引中发掘更适合古籍保护的方法，才是人才培养的良策。

（王媛媛，哈尔滨师范大学美术学研究生）

参考文献：

[1]张建国. 谈古籍修复与人才培养的新途径：以院校合作办学培养古籍修复人才为例[J]. 图书馆工作与研究，2015(7)：91-94.

[2]杜伟生. 古籍修复队伍的建设及发展机遇[J]. 文物保护与考古科学，2008(S1)：100-103.

[3]贾思勰. 齐民要术[M]. 缪启愉，缪桂龙，译注. 济南：齐鲁书社，2009：228.

[4]张彦远. 历代名画记[M]. 秦仲文，黄苗子，点校. 北京：人民美术出版社，1963：46.

[5]李林甫，等. 唐六典[M]. 陈仲夫，点校. 北京：中华书局，1992：294.

[6]吴自牧. 梦粱录[M]. 杭州：浙江人民出版社，1980：117，193.

[7]周嘉胄. 装潢志[M]. 尚莲霞，编著. 北京：中华书局，2012：1.

[8]杜伟生. 阐释《古籍修复技术规范与质量要求》[J]. 国家图书馆学刊，2006(3)：19-25.

[9]陈红彦. 国外古籍修复人才的科学培养对我们的启示[J]. 国家图书馆学刊，2009(4)：75-80.

[10]浦峰，冯雅君. 做文献修复的年轻人：耐得住寂寞，很容易让人爱上这个职业[N]. 新京报，2021-07-20(A8).

[11]杜伟生. 古籍修复教育可以研究生为主[N]. 新京报，2011-03-24(D12-13).

编后记

王振良

复旦大学中华古籍保护研究院、中山大学信息管理学院、天津师范大学古籍保护研究院、贵州民族大学古籍保护研究院共同发起的古籍保护“四校联席会议”正在有序推进。联席会议旨在加强相关高校在古籍保护人才培养、科学研究等领域的交流与合作，实现优势互补，提升古籍保护教育事业的聚合力、传播力和影响力。《古籍保护研究》第九辑，就是在这样的背景下完成的。本辑共刊出稿件 23 篇，分别纳入 9 个栏目。

“古籍保护综述”栏目刊文 3 篇。刘惠平《勠力同心　主动作为　积极推进中国古籍保护事业蓬勃发展——中国古籍保护协会第一届理事会工作报告》，是作者在 2021 年 7 月 20 日中国古籍保护协会第二次会员代表大会上代表第一届理事会所作工作报告，指出中国古籍保护协会自 2015 年成立以来，广泛动员和引导社会力量参与古籍保护工作，在组织导向明确的社会公益活动、开展古籍保护技术研究和标准研制、面向社会开展古籍保护专业培训、服务会员促进业界交流与合作、引导社会公益力量助力古籍保护、建立健全运行管理机制和规章制度、重视专业委员会等分支机构建设、搭建古籍保护宣传推广平台等方面发挥了积极作用。针对今后一个时期如何继续推动“中华古籍保护计划”深入实施，报告提出六点建议。郭晶《第一至六批〈国家珍贵古籍名录〉少数民族文字古籍评审工作综述》，介绍了国务院公布的六批《国家珍贵古籍名录》收录的 16 个文种

1133部少数民族文字古籍情况，探讨了少数民族文字古籍的评审原则，同时分析了《国家珍贵古籍名录》中少数民族文字古籍的编排体例和著录规则，解析了所收录的少数民族文字古籍的特色，最后针对相关保护工作的推进给出具体建议。王沛《第六批〈国家珍贵古籍名录〉碑帖拓本评审略谈》，以第六批《国家珍贵古籍名录》入选的碑帖拓本为重点，结合此前入选的碑帖拓本，介绍了《国家珍贵古籍名录》中碑帖拓本的收录范围、著录项目、编排体例及评审情况，认为做好碑帖拓本的申报评审工作意义重大，今后应进一步加强顶层设计，积极开展碑帖收藏普查，加快碑帖拓本类人才培养。

“普查与编目”栏目刊文3篇。张珂卿《〈全国古籍普查登记目录〉出版述论》指出，2007年全国古籍普查登记启动以来，《全国古籍普查登记目录》出版取得不俗成绩。进而从编辑出版缘起、特点、价值三方面，对《全国古籍普查登记目录》进行分析和论述，指出其具有覆盖范围广，参与单位多，收录古籍全，珍本、善本、孤本全面著录，专业特色和区域特色明显等特点，在文物保护、学术研究、文化传承等方面起到重要作用。陈小青《无锡市图书馆古籍普查札记》介绍了无锡市图书馆古籍普查工作情况，同时从个人编目实践出发，结合“全国古籍普查平台”数据，对《东京梦华录》十卷等案例进行分析，阐述归纳了古籍普查著录中需要注意的问题。周艳《古籍编目中“明刻本”“清刻本”版本具体化问题》指出，无论是《中国古籍善本书目》《中国古籍总目》还是“全国古籍普查登记基本数据库”及正在编制的《中华古籍总目》分省卷，都存在相当数量版本项著录为“明刻本”“清刻本”的条目，其中多数版本信息可以进行完善。文章结合对明刻十二行本《吾学编》的鉴定，认为目前已有条件对面目模糊的“明刻本”“清刻本”予以精确化界定，同时提出了具体的解决策略。

“修复与装潢”栏目刊文6篇。范雪琳、安平《“妙手补书书可春——全国古籍修复技艺竞赛暨成果展”综述》，回顾了2019年至2020年国家古籍保护中心举办全国古籍修复技艺竞赛暨成果展的情况，对参赛的修复师和参赛作品进行了深入分析，总结归纳了近年古籍修复人才培养的经验和成果。王希《古籍修复伦理学体系建构初探》，提出了“古籍修复伦理学”这一古籍修复领域的前沿理论，探讨了其概念、原则、规范及教育与评价管理等内容，初步建构起古籍修复伦理学的理论体系，同时阐释了古籍修复师应当具备的道德自持、责任认知、精神境界及其在修复过程中应该秉持的原则规范。段羿仲、李勇慧《黄丕烈购书修书价格考略》通过梳理黄丕烈855部藏书的题跋，对有关购书与修书价格内容进行细致分析，揭示了清中期苏州地区古书购买与修复的市场价格，并由此管窥黄丕烈为求真求实、遵循旧貌而不惜代价以求良工的护书理念。王岚《古籍修复中的“简修”不简单——浅谈古籍简修的特点与方法》探讨了古籍简修的问题，分析了选择简修的原因（包括文献仅为书皮破损、若干书页有难以打开的折角、书页个别部位有少量破损等），认为简修不必将书册全部拆开，具有修复页数少、修复范围小的特点，同时指出根据不同破损状况，简修方法也要各有不同。安文萱《〈雅尚斋遵生八笺〉修复纪要》通过天津图书馆藏明刊本《雅尚斋遵生八笺》第一册修复实例，探讨了古籍修复中的准备、修复、还原等具体流程，并通过反思修复过程中出现的问题，对修复中的力度把握、随机应变、整体思维及敬畏之心等说法进行了重新认识。张榕榕《不独装池称绝艺——古诗文中的装潢匠人》指出，中国书画装潢历史悠久，蕴含着丰富的民族文化，而装潢匠人作为书画装帧艺术历史的创造者却鲜有记载。文章从古代诗文中辑录书画装潢人物和技法信息，指出装潢匠人“不独装池称绝艺”，还有着科学的装潢修复原则和理念。

“保藏与利用”栏目刊文3篇。李致忠《两宋公牍档册管理制度考论》从两宋公牍档册的管理制度、剔除公牍档册的多种用途、公文纸印书的价值取向三个方面，对当时“公文纸印本”问题进行了论述。文章以《王文公文集》《北山小集》《新定三礼图》为例，指出两宋公牍档册印书是学问家研究当时社会的重要文献，然仅据书页背面文字所反映的年份判断版本年代极易出错，在进行版本鉴定时应格外注意。刘炳梅、侯欣瑜《浅谈图书馆古籍类藏品的点交流程和规范》指出，古籍类藏品不仅历史文物价值高，而且保存现状复杂、资源不可再生，故藏品点交的流程和规范对于古籍的科学保护和管理至关重要，权属交接容不得任何偏差。文章参照目前的文物保护行业标准，总结日常工作经验，针对图书馆古籍类藏品的不同点交情况，从健全规章制度、规范点交单、细化点交流程等方面提出了可供推广的建议。霍艳芳、崔旋《敬惜字纸：古人对废纸的利用探析》探讨了古人敬惜字纸的观念和实践，指出废纸处理除学界熟知的专人回收焚烧之外，实际还有多种处理方式，如利用背面写字和印书、对废纸重新进行抄造、将废纸当作商品出售等。这些处理方式对节约自然资源、保护生态环境起到了积极作用。

“史事与人物”栏目刊文2篇。朱向峰、姜颖、张小锋、邱小红《景培元的图书馆生涯及古籍保护实践》综论近代目录学家景培元的生平和贡献，以景氏在上海震旦大学图书馆、巴黎大学北平中法汉学研究所图书馆、北京对外贸易学院（对外经济贸易大学前身）图书馆的三个任职阶段为切入口，从文献保护、目录学、读者教育和特色馆藏几方面探讨了其在图书馆学领域的实绩。王国香《邱学士及其对津门乡邦文献的贡献》发掘拼接点滴资料，介绍了几乎被遗忘的天津藏书家邱学士，通过邱氏所编《梅树君先生年谱初稿》和所撰四篇书跋，管窥了其藏书和学识状况，探讨了他在保存整理天津乡邦文献方面的成绩。

“名家谈古籍”栏目刊文1篇。沈津《由稿本〈汲古阁集〉而想到影宋抄本》认为，毛晋作为明末清初著名藏书家传世手迹罕见，现藏常熟图书馆的毛氏《汲古阁集》稿本四卷极为珍贵。文章由此展开对影抄本、汲古阁影宋抄本的深入探究，认为汲古阁影宋抄本在影抄本这一版本类型中质量精善，地位重要，特点鲜明，影响带动了钱曾述古堂、徐乾学传是楼、黄丕烈士礼居、汪士钟艺芸书舍的影宋抄本、影元抄本。因此，分析汲古阁影宋抄本的抄写方式、存藏数量与保护状况，对于丰富与深化对影抄本的认识有着重要意义。

“版本与鉴赏”栏目刊文3篇。宋世瑞、赵华超《宋代建本蜀本字体考——以傅增湘宋本字体论述为中心的考察》针对宋刻本研究中建本、蜀本属于何种字体的三种观点进行辨析，并以著名版本学家傅增湘关于宋刻本字体的论述为主要研究对象，考察其对宋代建本、蜀本字体的评论文字，同时参照见存南宋时期闽、川两地刻本书影157种（宗教类除外），最终得出建本、蜀本主要流行颜体字，间有欧体、柳体、褚体的结论。李建西《〈广字汇〉及其对清代字书的影响》以新发现的乾隆元年（1736）三畏堂翻刻本《广字汇》残卷为研究对象，认为陈淏编撰、李渔初刊的《广字汇》是最重要的《字汇》增补改编本之一，对清代《字汇》版本系统演变产生了重要影响，清代中晚期流行的“暮春序本”《字汇》即以《广字汇》为增补依据。康冬梅《北京师范大学图书馆藏史部善本古籍未刊题跋辑释》辑录该馆所藏《南疆绎史勘本》《鲍氏国策》《战国策》《史通注》《水经注》《帝京景物略》《石墨镌华》等七种史部善本古籍的未刊题跋，并对跋文内容略作考释，对于古籍收藏流变及相关学术研究颇有裨益。

“书评与书话”栏目刊文1篇。向辉《听蛙鸣室春　典守善本闻——评李国庆先生〈古籍清话〉》认为，作为古籍研究与探讨的专论集，《古籍清话》是作者四十年古籍职业生涯所见所闻、所知所想的学术成果，是其研究古籍刻工、藏书家、古籍版本、古籍整理出版，以及参与“中华古籍保护计划”的亲身经历和学术思考，不仅是李国庆个人职业生涯的文字记录，也是中国图书馆古籍保护事业四十年发展历程的文字见证，有着多方面的学术价值。所评可谓切中肯綮。

“研究生论坛”栏目刊文1篇。王嫒嫒《文化传承视域下两种古籍修复人才培养模式的探讨》通过对古籍修复技艺传承历史的回顾，对古代古籍修复人才的师徒制培养与现代古籍修复人才的学历制培养进行比较，认为两者各有优劣——学历制弥补了师徒制中学生数量偏少、理论知识缺乏、修复技能单一的不足,师徒制则解决了学历制中人才实践缺乏、短期难以独当一面的问题。因此建议要“两结合”,接受学历制培养后继续随师父学习,或随师父学习后再补充理论知识,以便适应古籍保护事业对修复人才的需求。

第九辑稿件编竣,或可云《古籍保护研究》已渐入佳境。2020 年 12 月 15 日,集刊论文开始进入中国学术期刊网络出版总库及中国知网(CNKI)系列数据库。纸质文本和数字文本的叠加传播,不仅迅速扩大了《古籍保护研究》的影响,吸引稿源的能力也日益增强——特色重点栏目“修复与装潢”本辑刊文 6 篇,而无奈转入下辑的稿件仍有 6 篇之多。由此即可看出《古籍保护研究》的蓬勃活力!而所有这些成绩的取得,绝不仅仅属于编辑部同仁,更属于倾情指导的顾问、勤勉约稿的编委、精细审读的专家,还有惠赐佳篇的作者、严谨审校的出版社编校人员!

2022 年 1 月 22 日

征稿启事

《古籍保护研究》集刊的编辑出版,旨在推行“中华古籍保护计划”,为古籍保护工作者搭建一个古籍保护工作与研究成果的交流平台,广泛宣传古籍保护工作的重要意义,总结先进工作经验,及时发表古籍保护研究成果,推进古籍保护工作与学科建设向纵深发展。

本刊由国家古籍保护中心主办,自 2015 年底到 2018 年底共出版三辑。自 2019 年第四辑起,由国家古籍保护中心主办、天津师范大学古籍保护研究院承办,刊期半年,分别于每年 3 月 31 日、9 月 30 日前由大象出版社出版,每辑约 25 万字。

本刊设定栏目为“古籍保护综述、探索与交流、普查与编目、修复与装潢、保藏与利用、再生与传播、人才培养、史事与人物、名家谈古籍、版本与鉴赏、书评与书话、研究生论坛、古籍保护大事记”等。敬希广大古籍保护工作者、专家学者及古籍爱好者垂注并赐稿。

一、稿件要求

1. 稿件必须为原创,要求观点明确,层次清楚,结构严谨,文风朴实。

2. 篇幅一般在 1 万字以内,有关古籍保护方面的重要工作综述、重要研究成果和特邀稿件不受此限。

3. 论文层级一般为三级,采用“一、(一)、1”的形式。文章结构为:文章标题(附英文标题)、作者姓名、摘要(100~300 字)、关键词(3~5 个,用分号间隔)、正文、参考文献、作者介绍。

4. 文章标题用三号宋体加黑,居左;作者姓名用小四号仿宋,居左;摘要、关键词用楷体,居左。正文用五号宋体,1.5 倍行距;小标题加黑,居左空 2 格。

5. 参考文献列于文后，请按《信息与文献　参考文献著录规则》(GB/T 7714—2015)要求标注。

6. 注释采用页下注的形式，每页重新编号，均用圈码(①②③……)表示。

7. 所有来稿请提供作者基本信息，包括姓名、工作单位、职称或职务、联系地址、邮政编码、电子邮箱、电话号码。

二、投稿事宜

1. 请登录本刊网站(https://gjbh.cbpt.cnki.net)，在页面左下方的“作者投稿系统”登录个人账户(首次投稿须注册)，完成“导航式投稿”或“一步式投稿”，投稿后可随时查阅审稿进程。

2. 来稿将在2个月内得到录用或退稿答复；如无答复，作者可转投他刊。

3. 来稿一般采用双向匿名外审制度，本刊将为作者保守个人信息。

4. 来稿一经刊用，即按本刊标准支付稿酬，出版后另寄赠样书2册。

5. 本刊已被中国知网、维普资讯收录，正式出版后所有文章可在中国知网内下载。

三、联系方式

联系人：周余姣　凌一鸣

电话：022-23767301

邮箱：gjbhyj2018@163.com

地址：天津市西青区宾水西道393号天津师范大学古籍保护研究院

邮编：300387

《古籍保护研究》编辑部

2022年1月22日